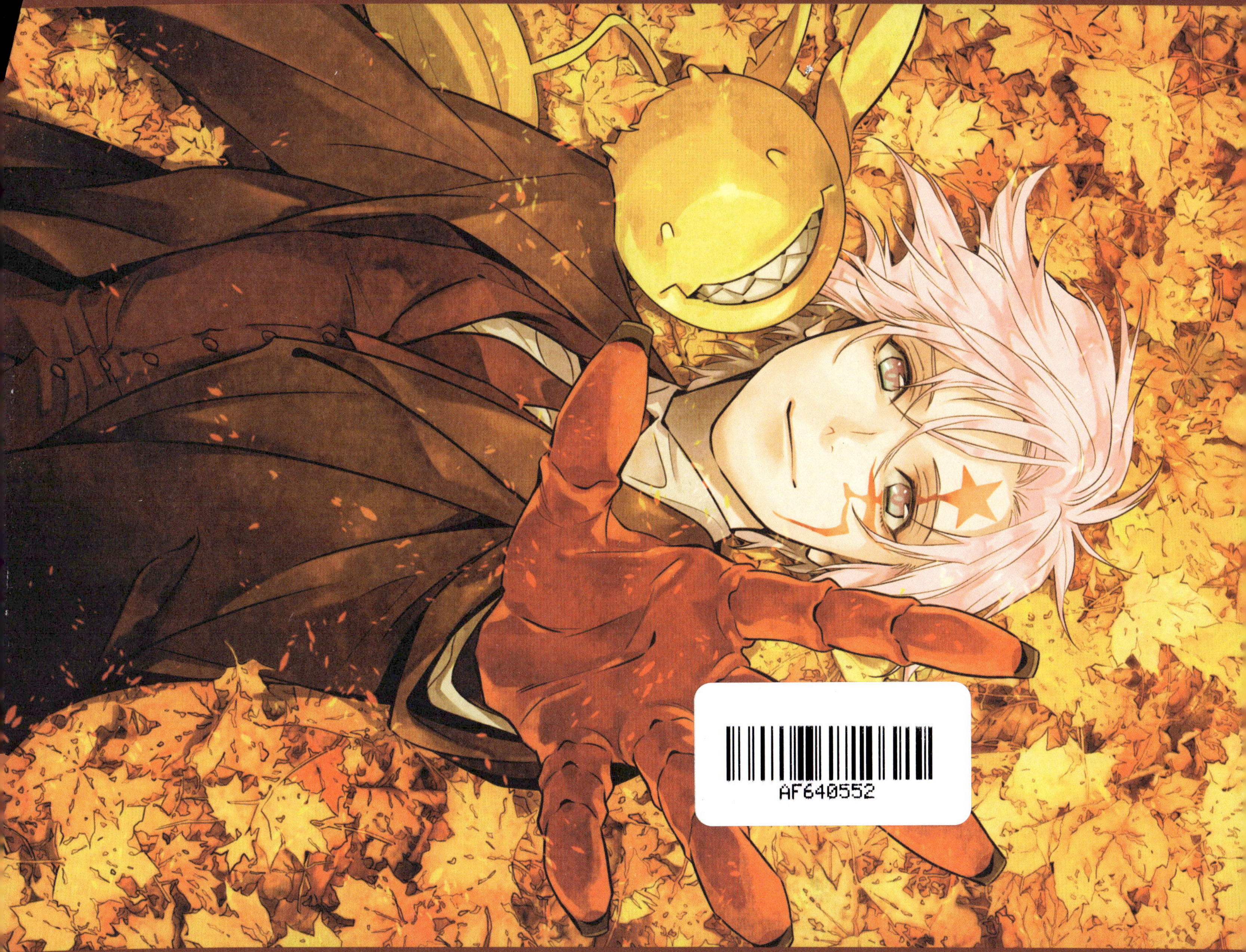

D.Gray-man

SHONEN JUMP MANGA

Katsura Hoshino

Band 28

Rotarm und Mana

TOKYOPOP®

TOKYOPOP GmbH
Hamburg

TOKYOPOP
1. Auflage, 2023
Deutsche Ausgabe/German Edition

Aus dem Japanischen von Hirofumi Yamada

First published in Japan in 2004 by SHUEISHA Inc., Tokyo.
German translation rights in Germany, Austria and German-speaking Switzerland arranged by SHUEISHA Inc.
through VME PLB SAS, France.

Redaktion: Sabine Scholz
Lettering: Vibrant Publishing Studio
Herstellung: Shujun Wong
Druck und buchbinderische Verarbeitung:
CPI–Clausen & Bosse GmbH, Leck
Printed in Germany

MIX
Papier
FSC FSC® C083411

Wir achten auf die Umwelt.
Dieses Produkt besteht aus FSC®-zertifizierten und anderen kontrollierten Materialien.

ISBN 978-3-8420-9150-4

www.tokyopop.de

D.Gray-man

SHONEN JUMP MANGA

vol. 28

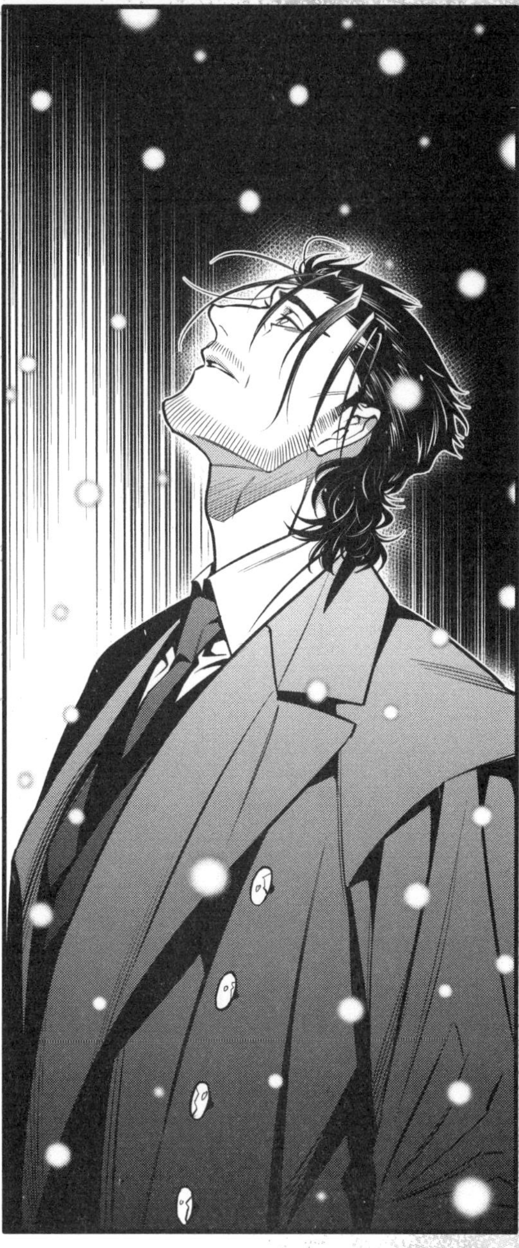

星野桂
HOSHINO KATSURA

D.Gray-man

ディー・グレイマン キャラクターズ

CHARACTERS

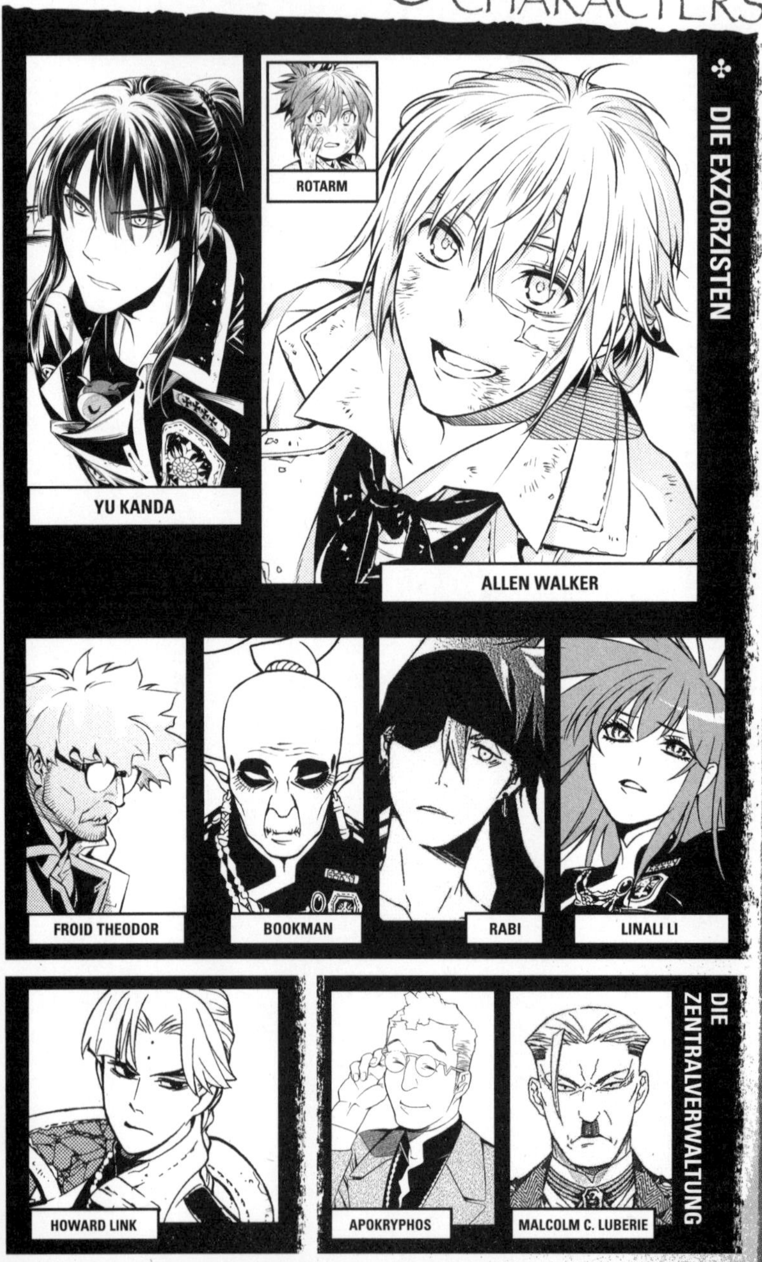

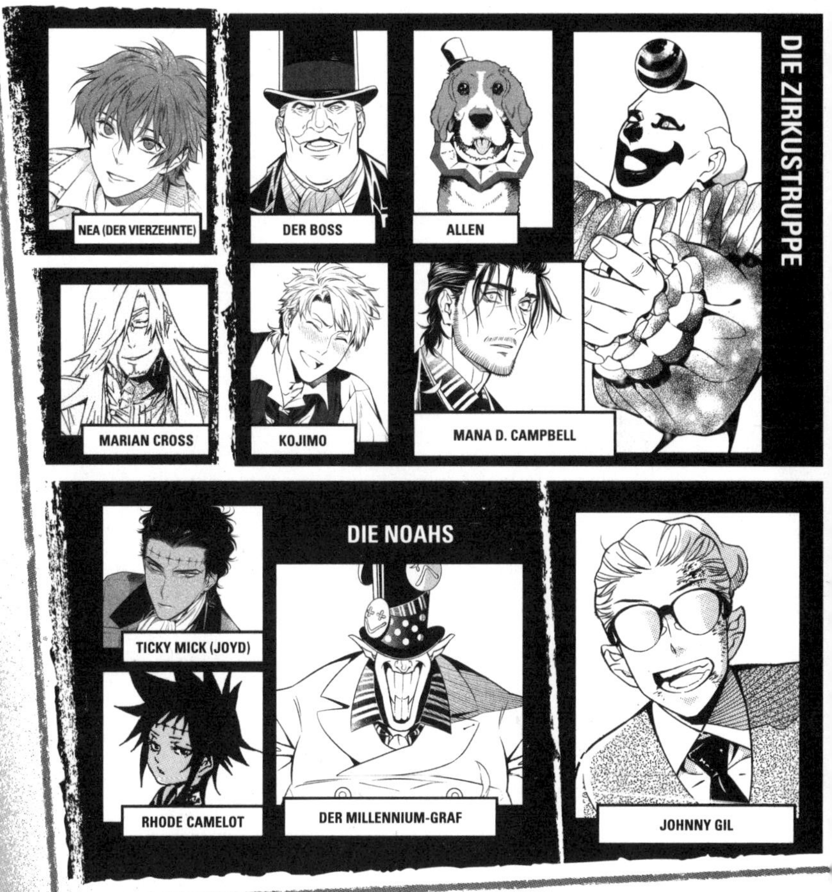

WAS BISHER GESCHAH

Nichts weniger als die Apokalypse ist das erklärte Ziel des Millennium-Grafen und seiner Familie Noah. Gegen sie kämpft der Schwarze Orden in einem nicht enden wollenden Krieg. Die Exorzisten gehören zum Orden. Nur sie haben die Macht, die Akuma niederzuringen. Einer dieser Exorzisten, Allen Walker, hat die Akuma-Werdung seines Pflegevaters Mana zu verantworten. Nea, der »Vierzehnte«, hat Besitz von ihm ergriffen, und während Allens Verwandlung in Nea voranschreitet, plant eine unabhängige Form des Innocence, Apokryphos, sich mit Allen zu vereinen. So flieht Allen vor dem Orden. Johnny und Kanda finden ihn, und als die Noah angreifen, wird Allen von Marschall Theodor gefangen. Er flieht erneut und kehrt zu Allens Ursprung zurück. In Allens Kindheit wurde er vom Zirkus gekauft und dort »Rotarm« genannt. Dabei wurde er sehr harsch behandelt und nur die Freundlichkeit des Clowns Mana und seines Hundes Allen schenkte ihm Seelenfrieden, doch dann …

D.Gray-man

vol. 28

INHALT

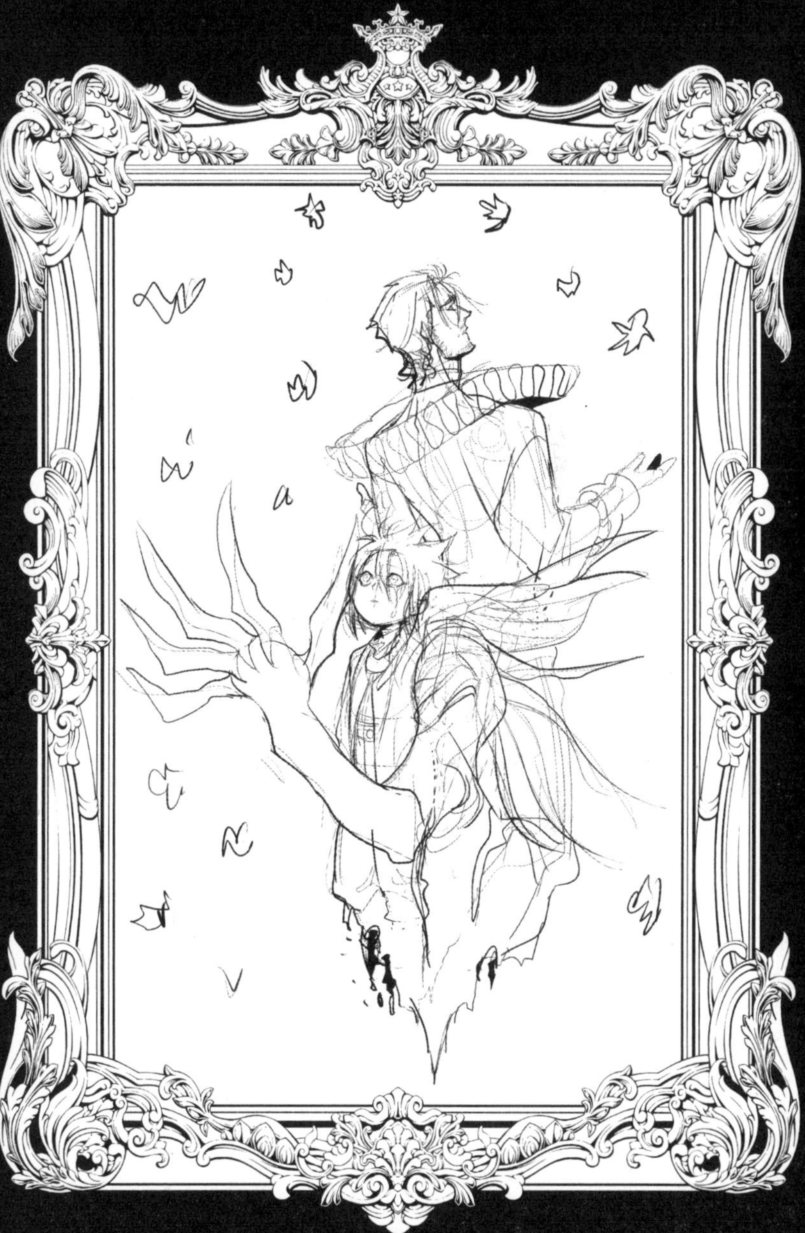

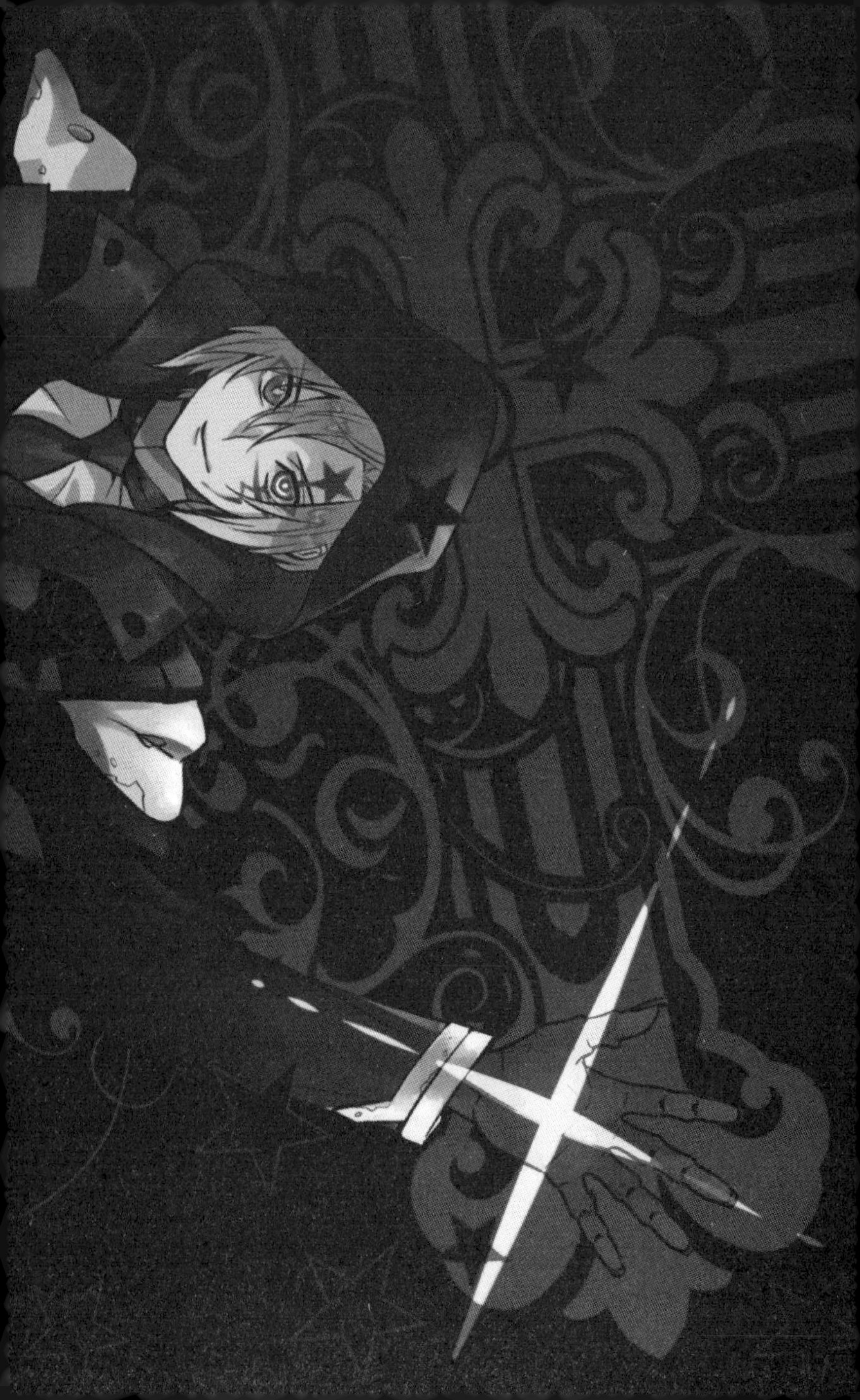

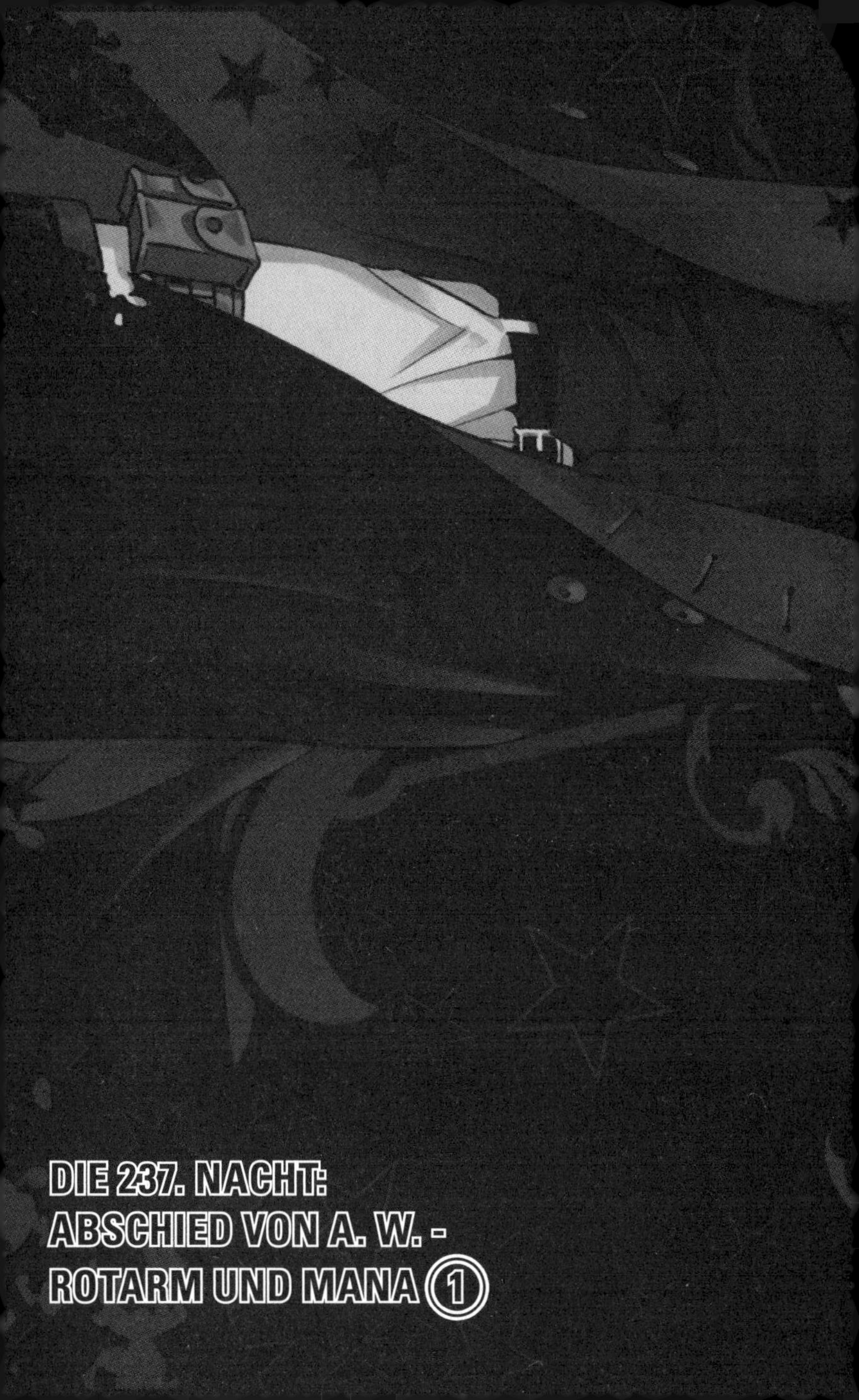

DIE 237. NACHT: ABSCHIED VON A. W. - ROTARM UND MANA ①

D.Gray-man

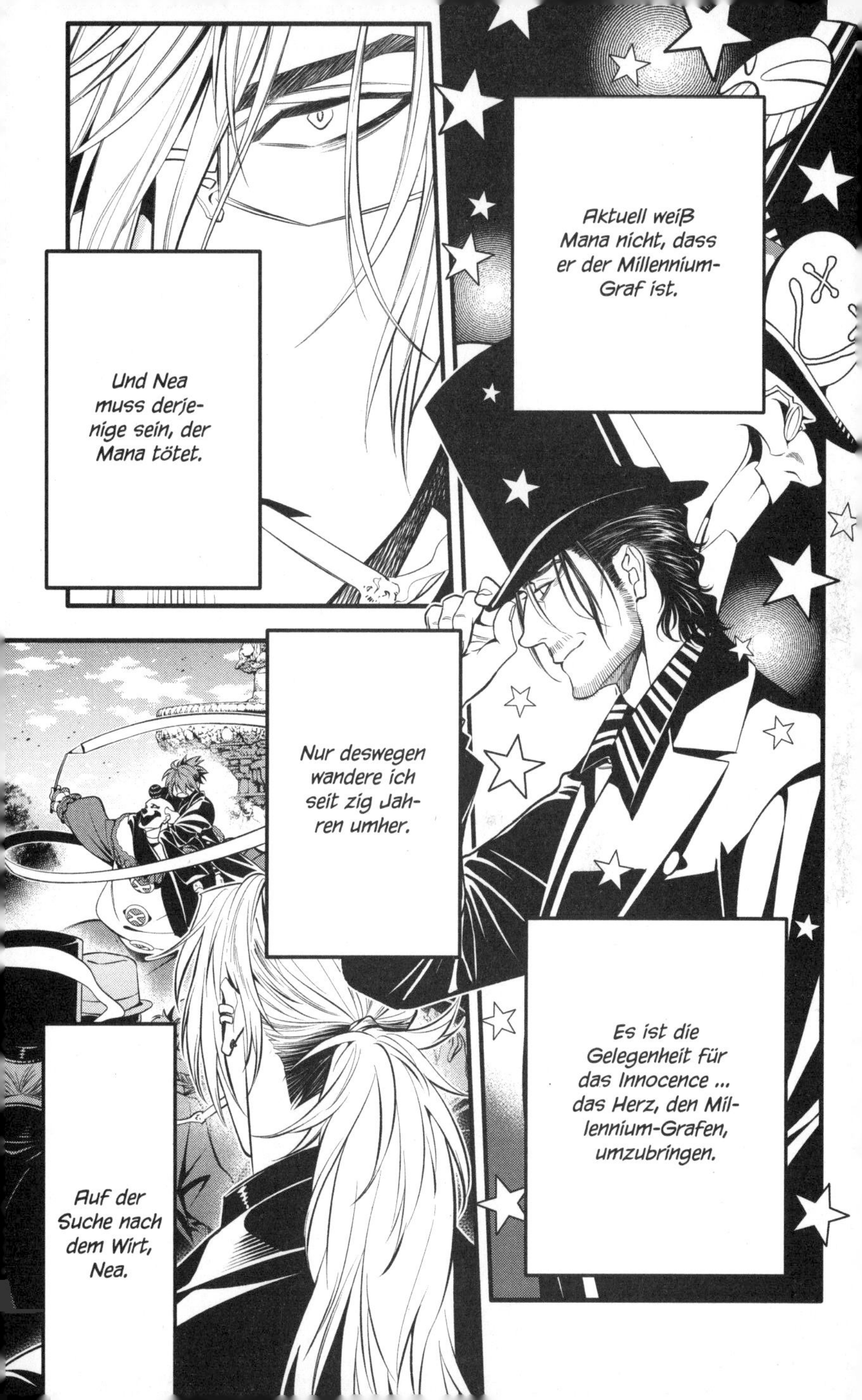
Aktuell weiß Mana nicht, dass er der Millennium-Graf ist.
Und Nea muss derjenige sein, der Mana tötet.
Nur deswegen wandere ich seit zig Jahren umher.
Es ist die Gelegenheit für das Innocence ... das Herz, den Millennium-Grafen, umzubringen.
Auf der Suche nach dem Wirt, Nea.

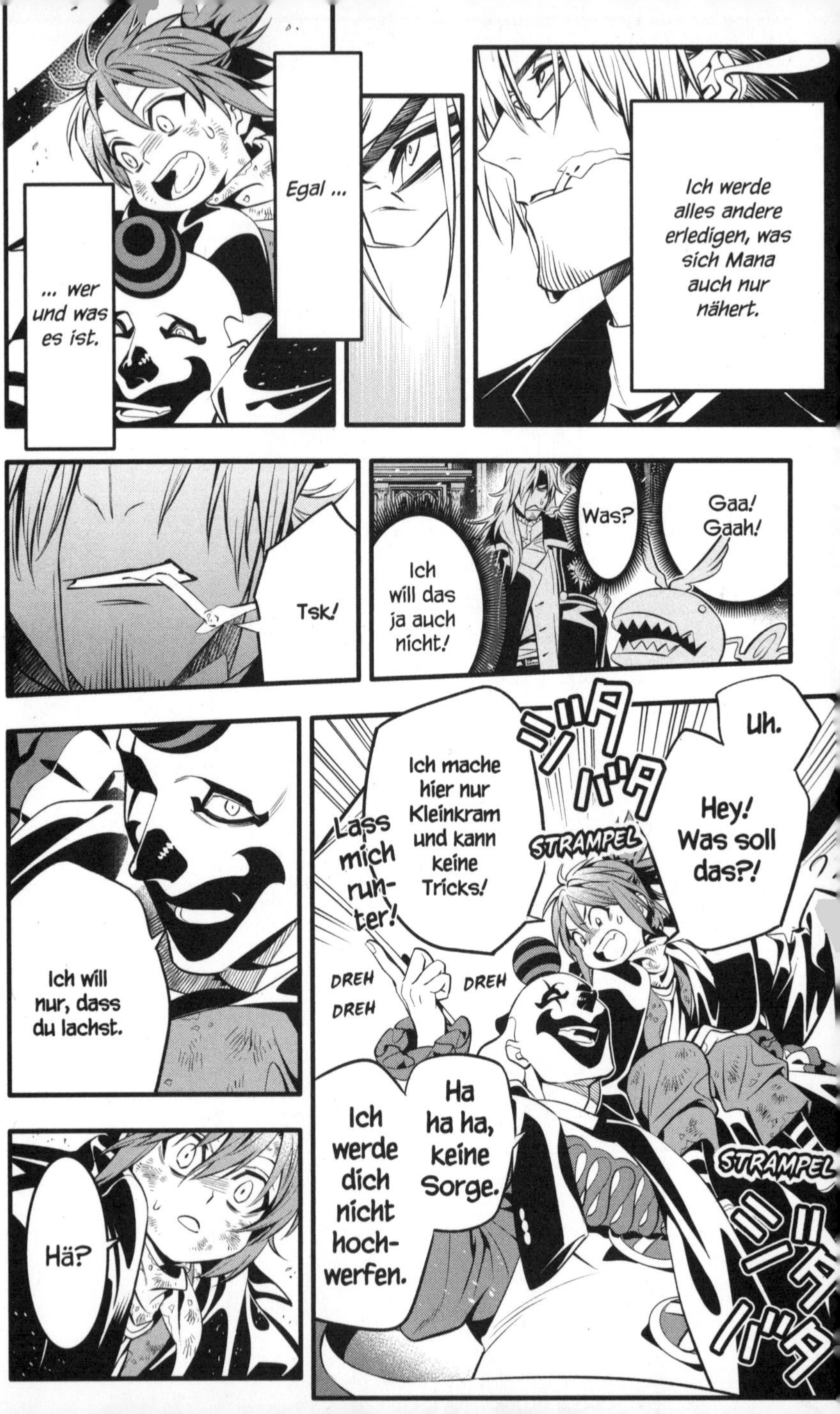
Ich werde alles andere erledigen, was sich Mana auch nur nähert.
Egal ...
... wer und was es ist.
Gaa! Gaah!
Was?
Ich will das ja auch nicht!
Tsk!
Uh.
Hey! Was soll das?!
STRAMPEL
Ich mache hier nur Kleinkram und kann keine Tricks!
Lass mich runter!
DREH
DREH
DREH
Ich will nur, dass du lachst.
STRAMPEL
Ha ha ha, keine Sorge.
Ich werde dich nicht hochwerfen.
Hä?

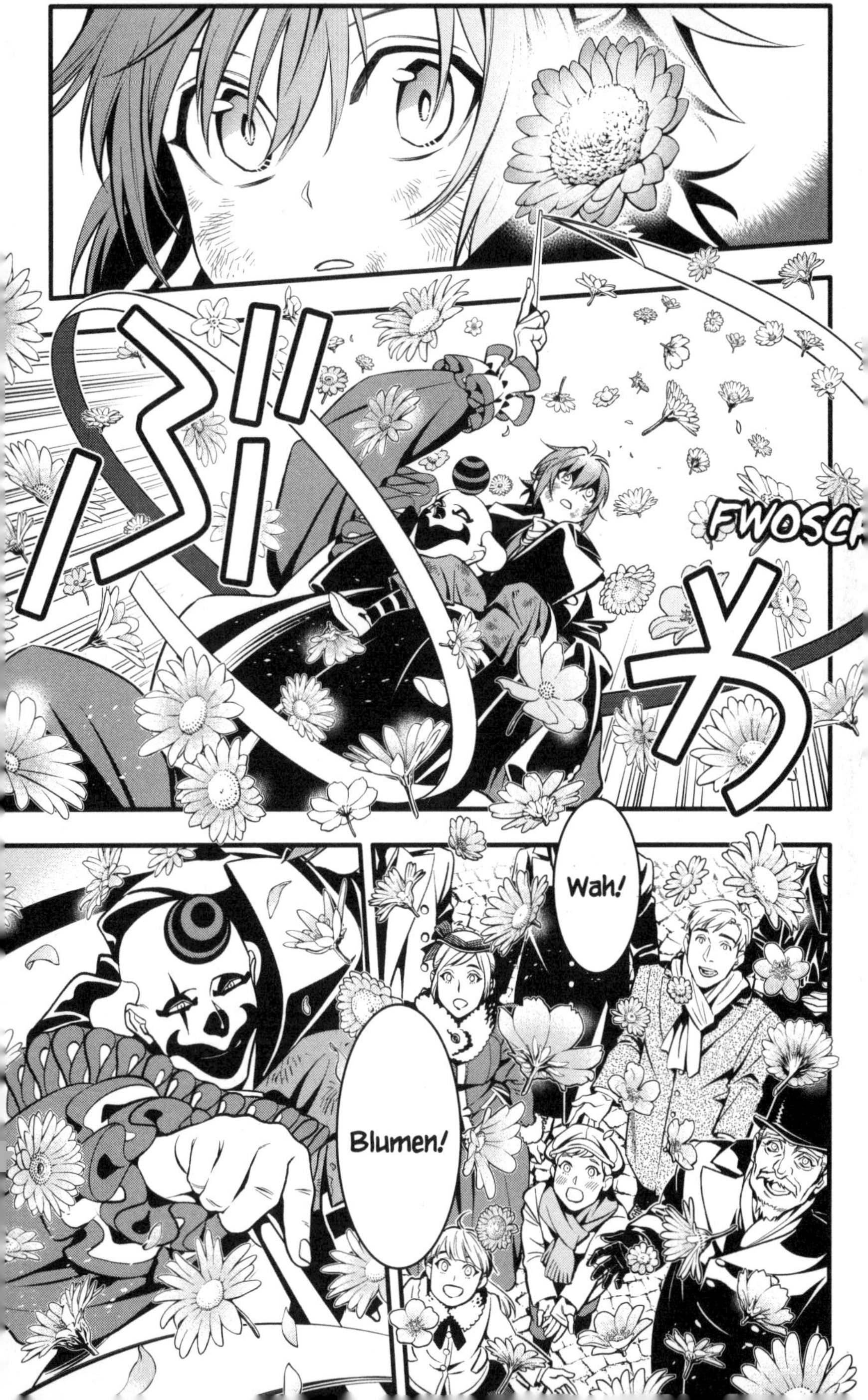
FWOSCH
Wah!
Blumen!

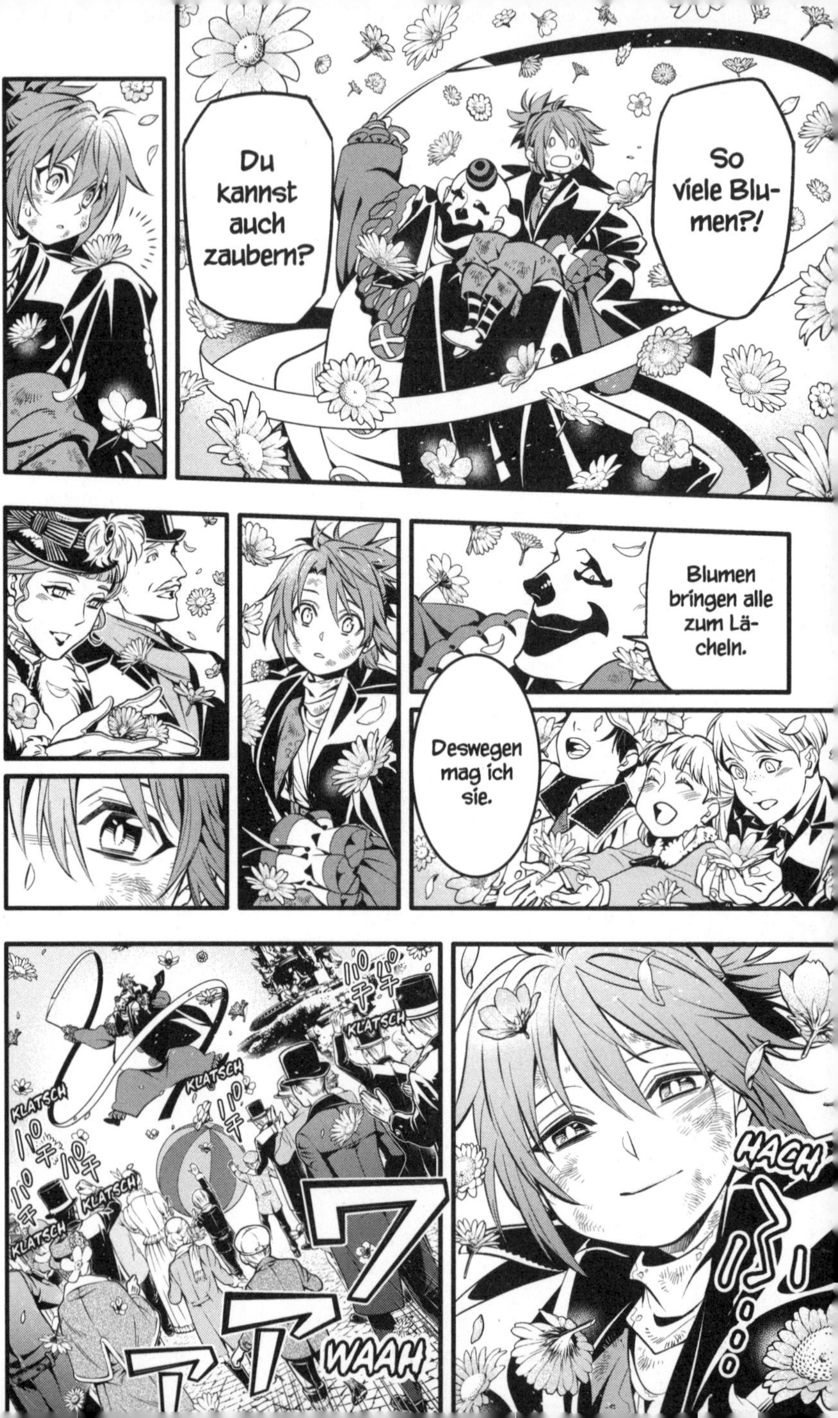
So viele Blu-
men?!
Du kannst auch zaubern?
Blumen bringen alle zum Lä-
cheln.
Deswegen mag ich sie.
HACH
KLATSCH
KLATSCH
KLATSCH
KLATSCH
KLATSCH
WAAH

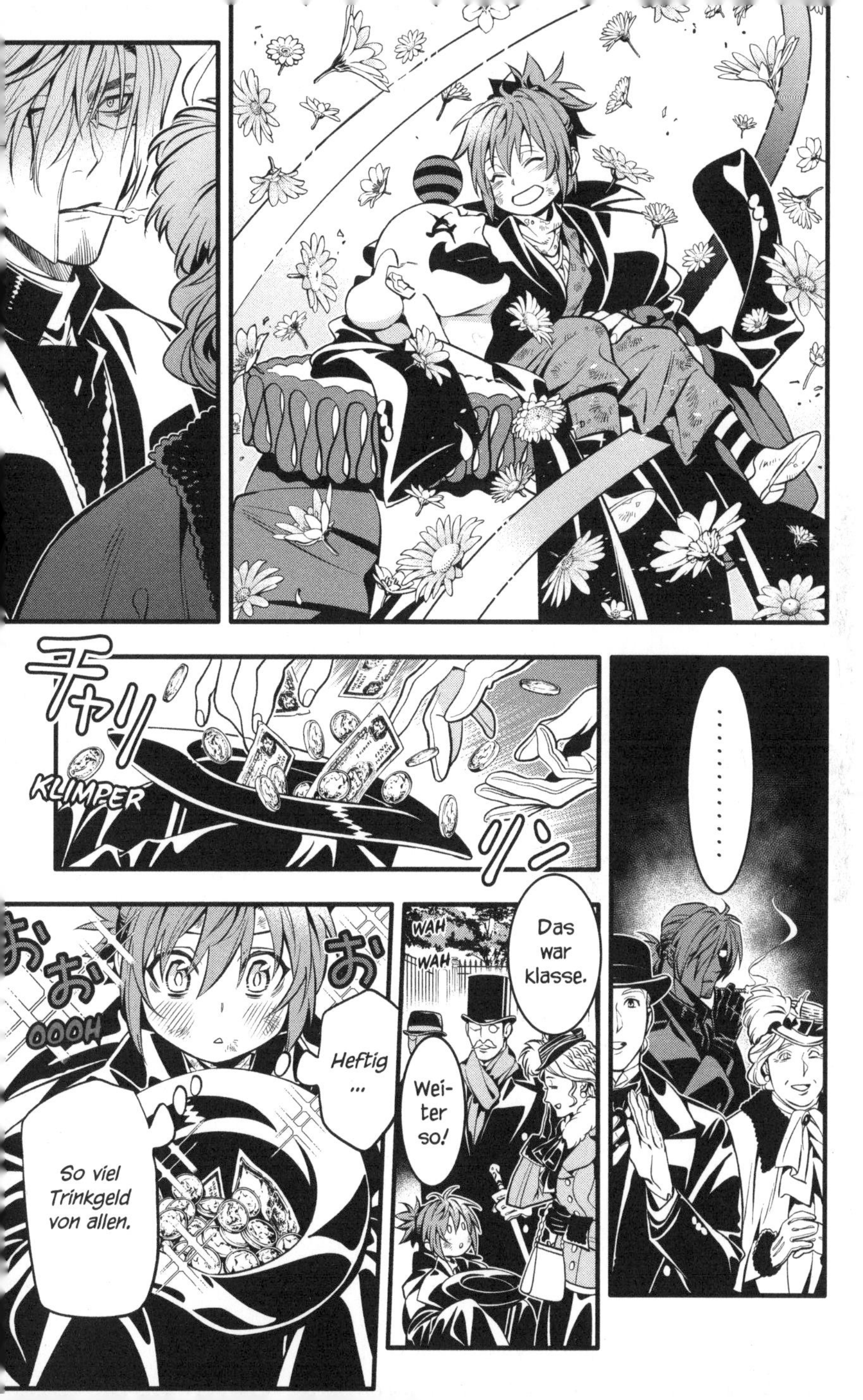
チャリ
KLIMPER
ソ
……………
Das war klasse.
WAH
WAH
Wei-ter so!
Heftig …
So viel Trinkgeld von allen.
おぉお
OOOH

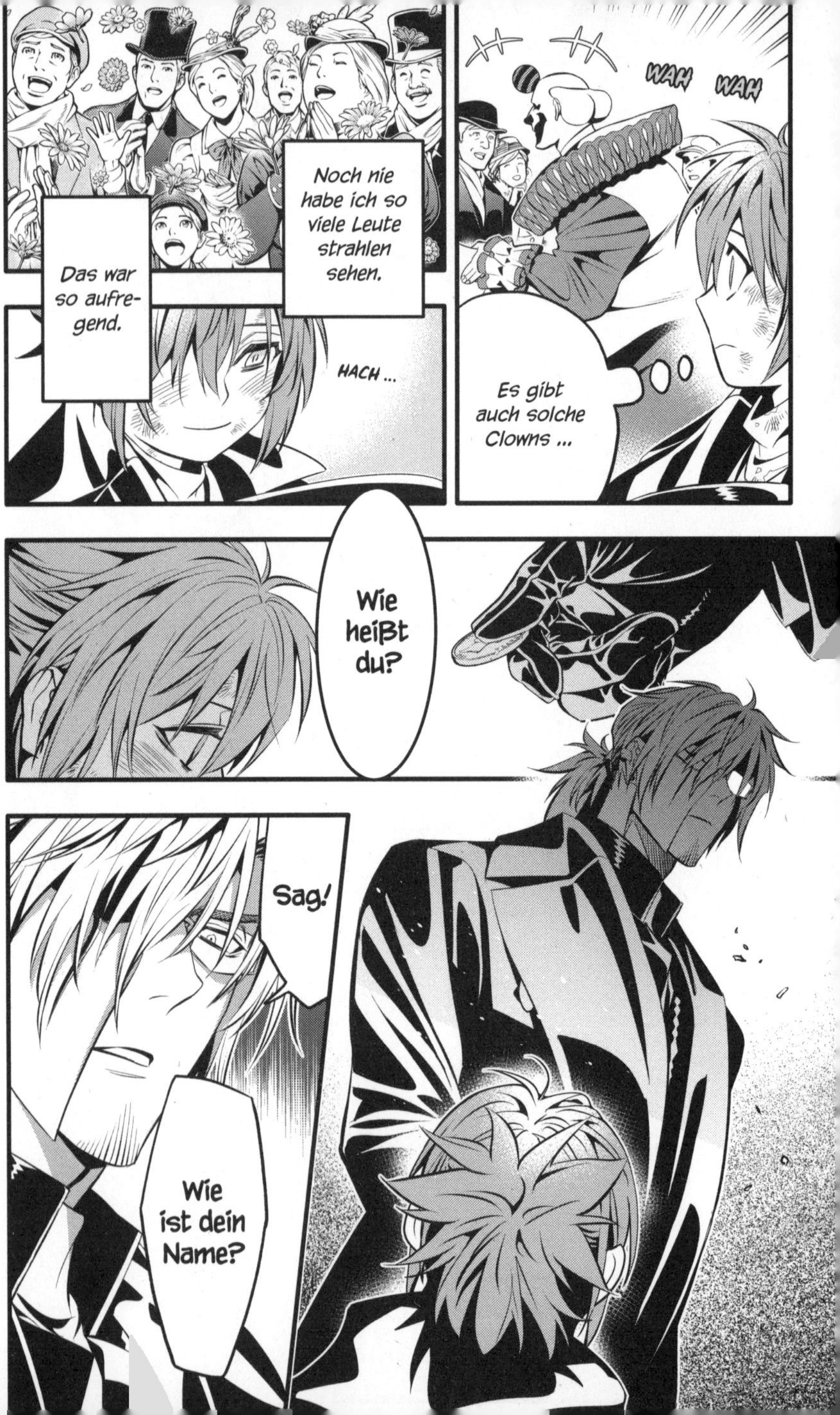
WAH WAH
Es gibt auch solche Clowns ...
Noch nie habe ich so viele Leute strahlen sehen.
Das war so aufregend.
HACH ...
Wie heißt du?
Sag!
Wie ist dein Name?

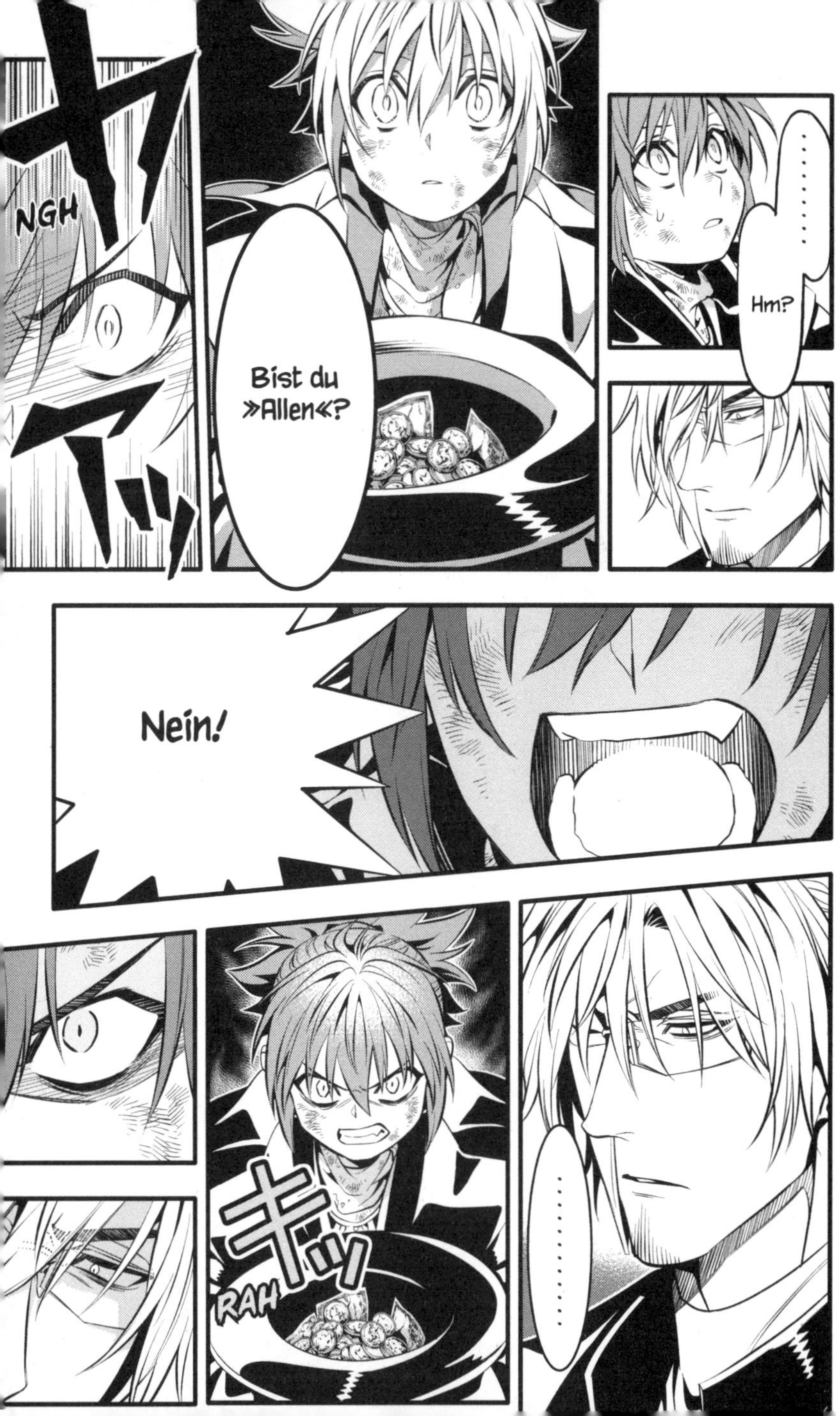
……
Hm?
Bist du »Allen«?
NGH
Nein!
……
RAH

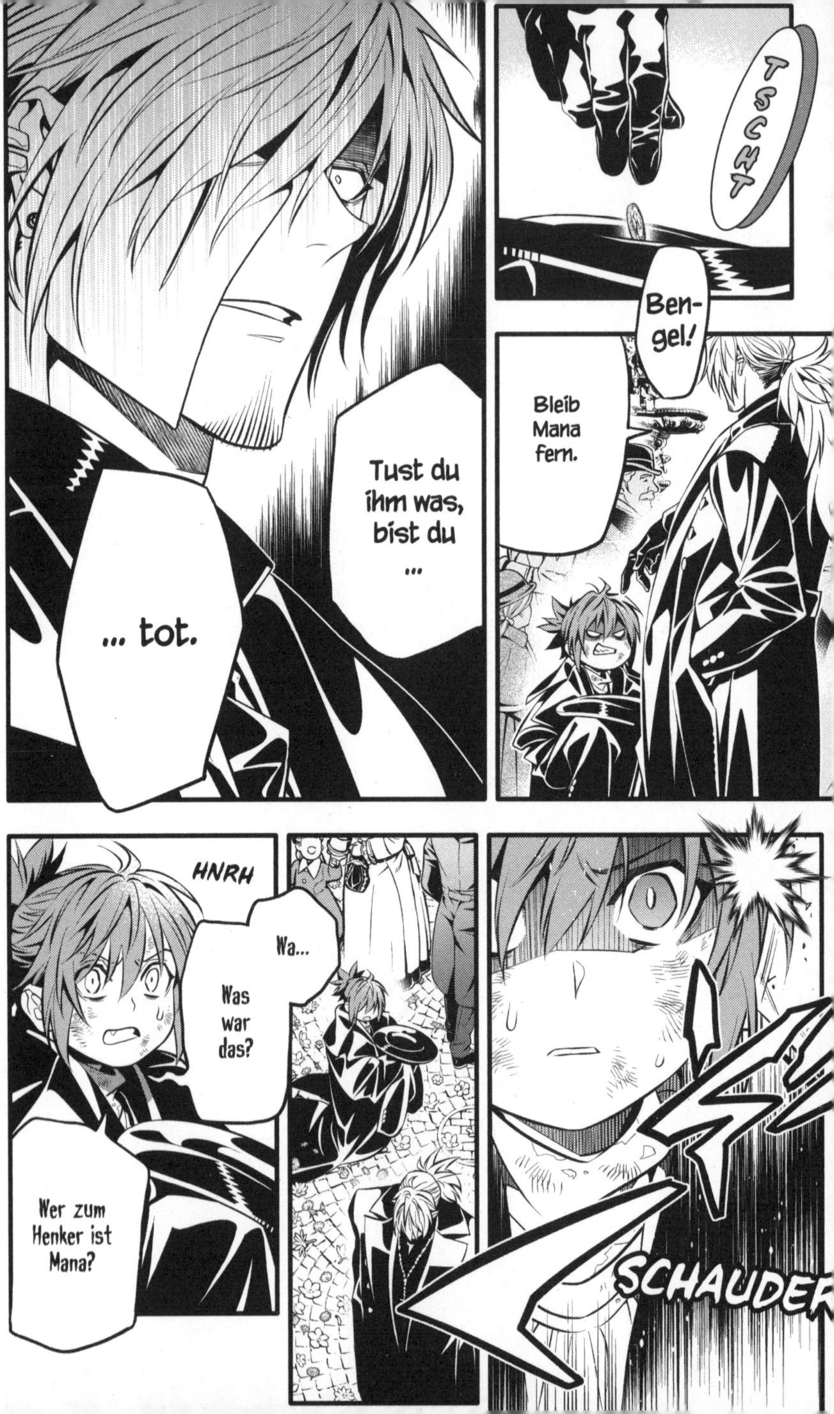

TSCHT
Ben-gel!
Bleib Mana fern.
Tust du ihm was, bist du …
… tot.
SCHAUDER
HNRH
Wa…
Was war das?
Wer zum Henker ist Mana?

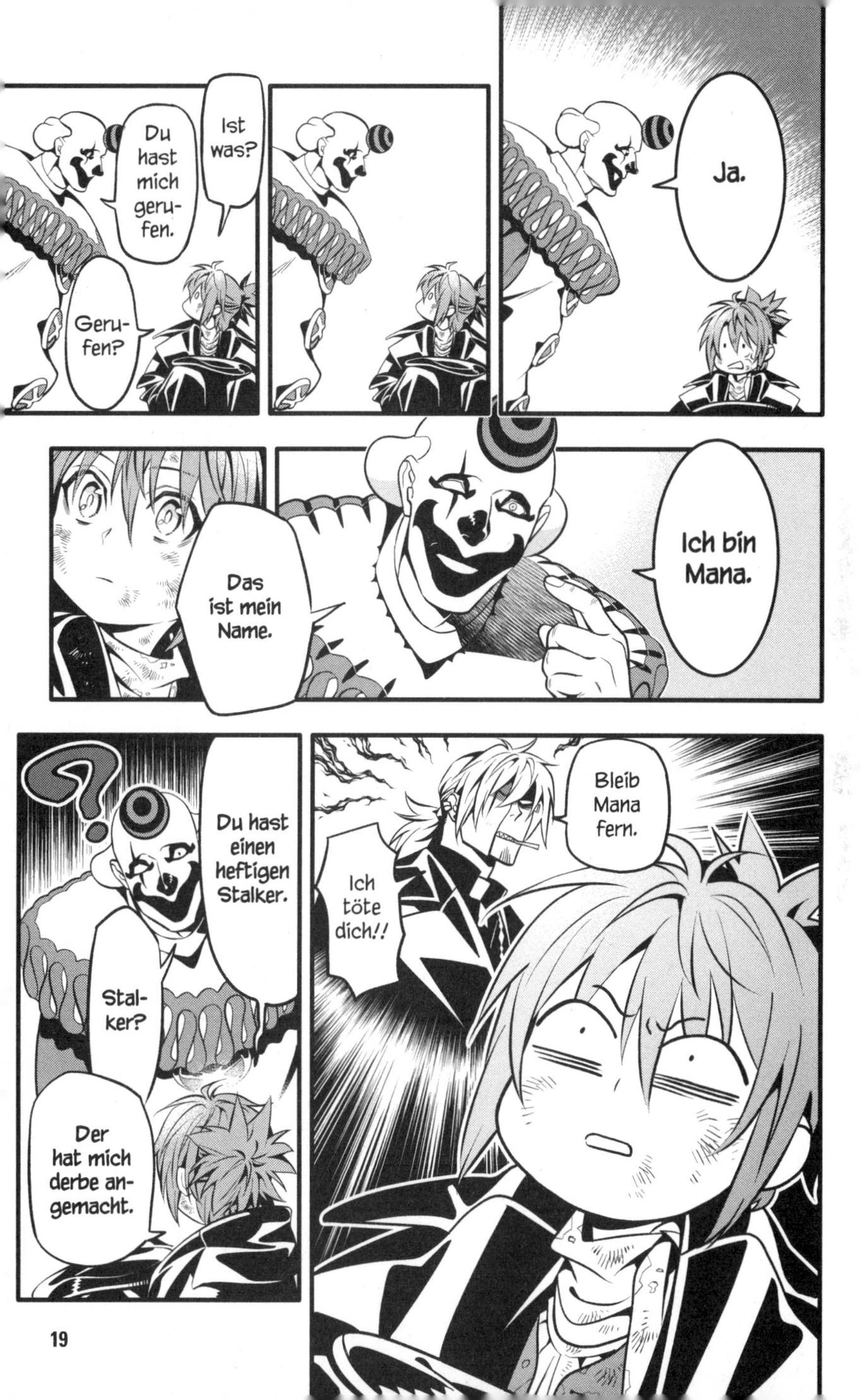
Ist was?
Du hast mich gerufen.
Gerufen?
Ja.
Ich bin Mana.
Das ist mein Name.
Bleib Mana fern.
Ich töte dich!!
Du hast einen heftigen Stalker.
Stalker?
Der hat mich derbe angemacht.

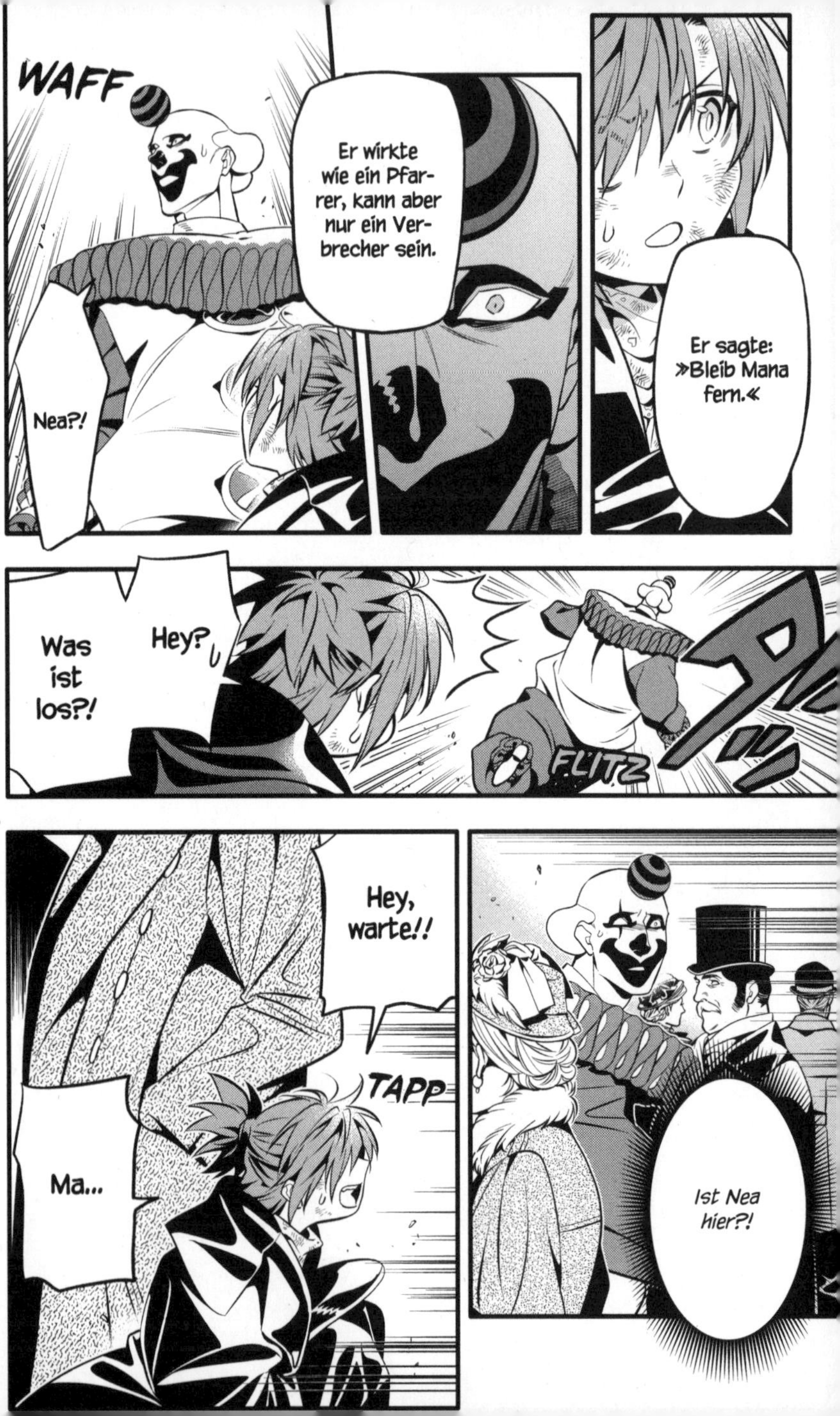
Er sagte: »Bleib Mana fern.«
Er wirkte wie ein Pfarrer, kann aber nur ein Verbrecher sein.
WAFF
Nea?!
Hey?
Was ist los?!
FLITZ
Ist Nea hier?!
Hey, warte!!
TAPP
Ma...

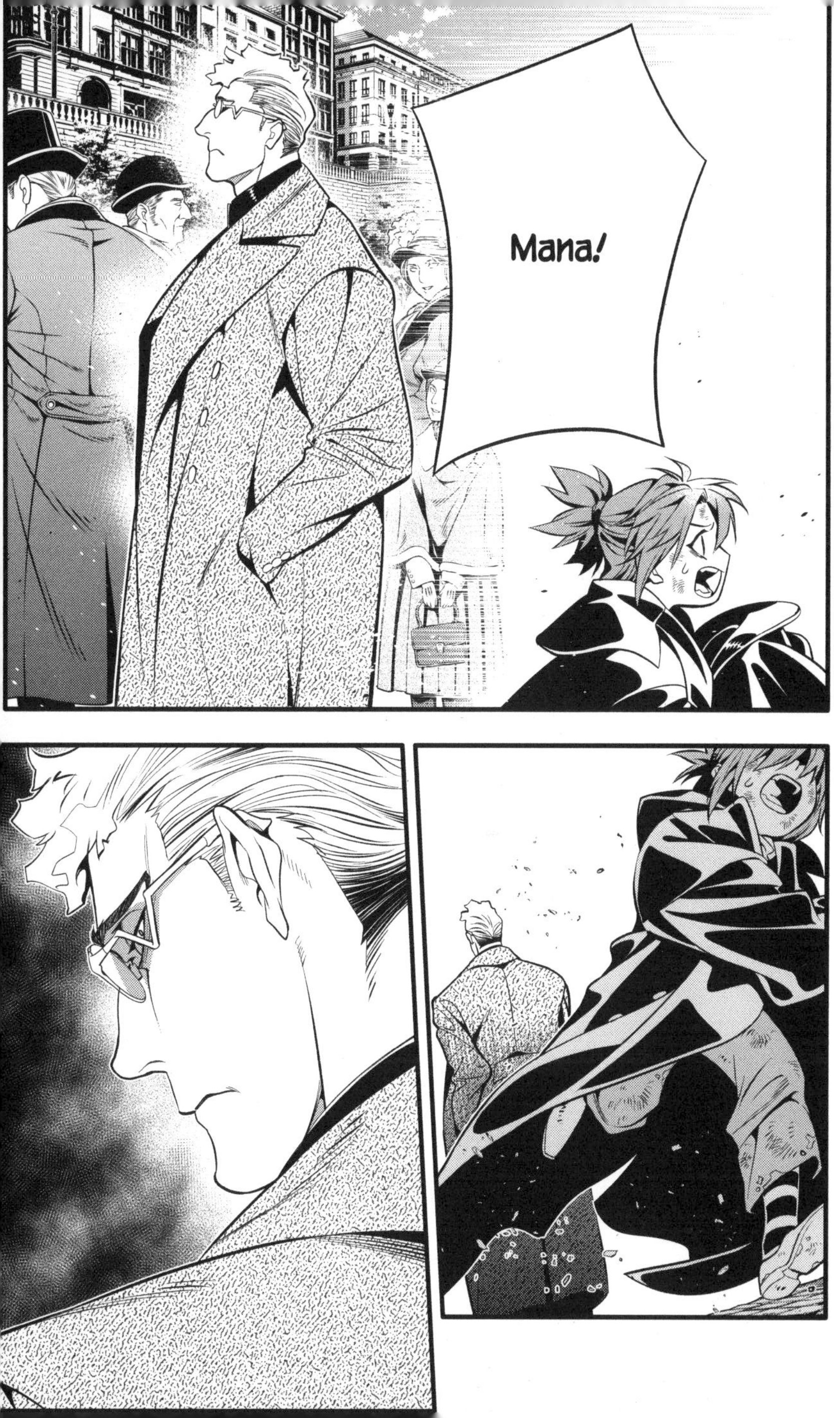
Mana!

Storyboard ♥

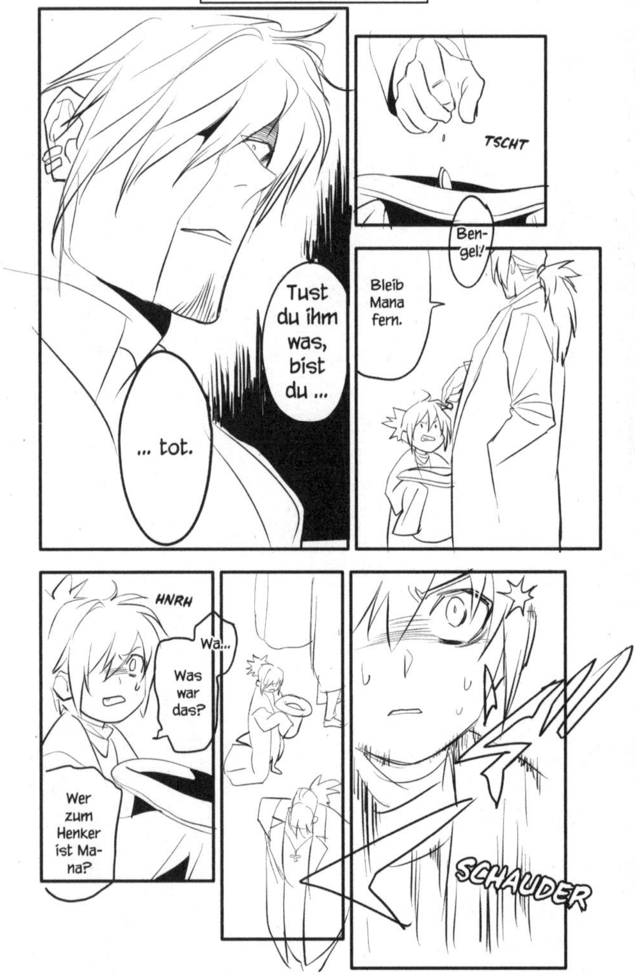
TSCHT
Ben-gel!
Bleib Mana fern.
Tust du ihm was, bist du ...
... tot.
SCHAUDER
HNRH
Wa...
Was war das?
Wer zum Henker ist Mana?

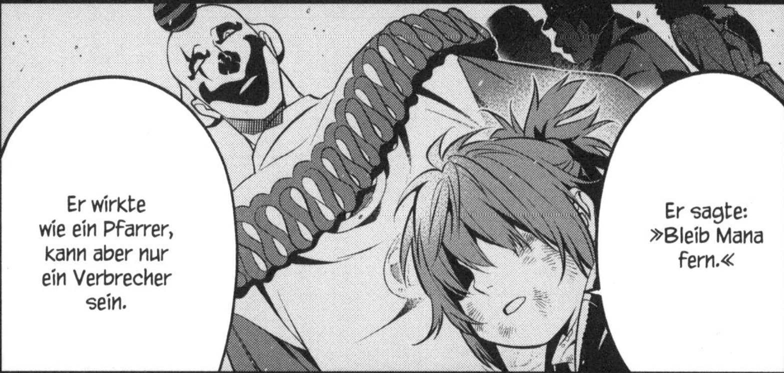

DIE 238. NACHT: ABSCHIED VON A. W. - ROTARM UND MANA ②

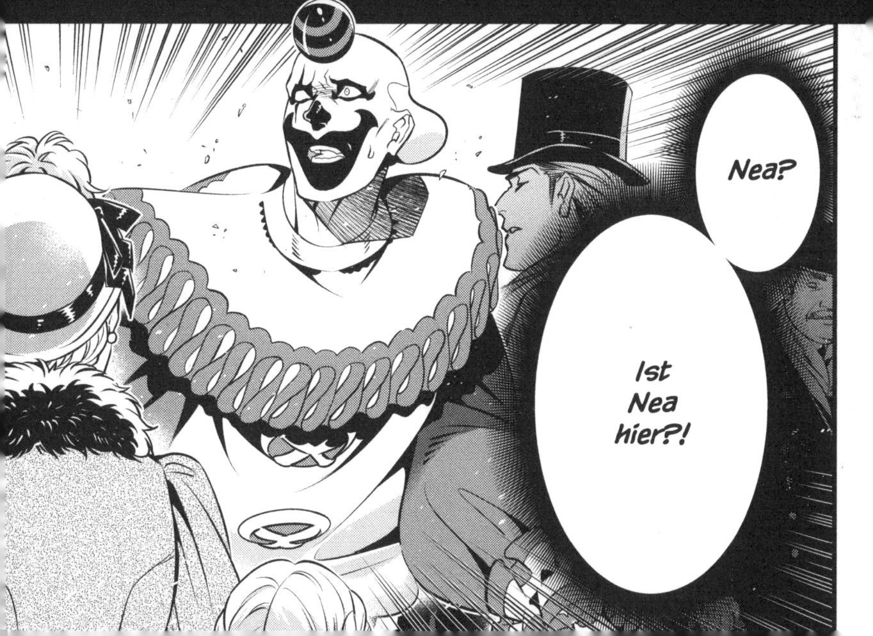

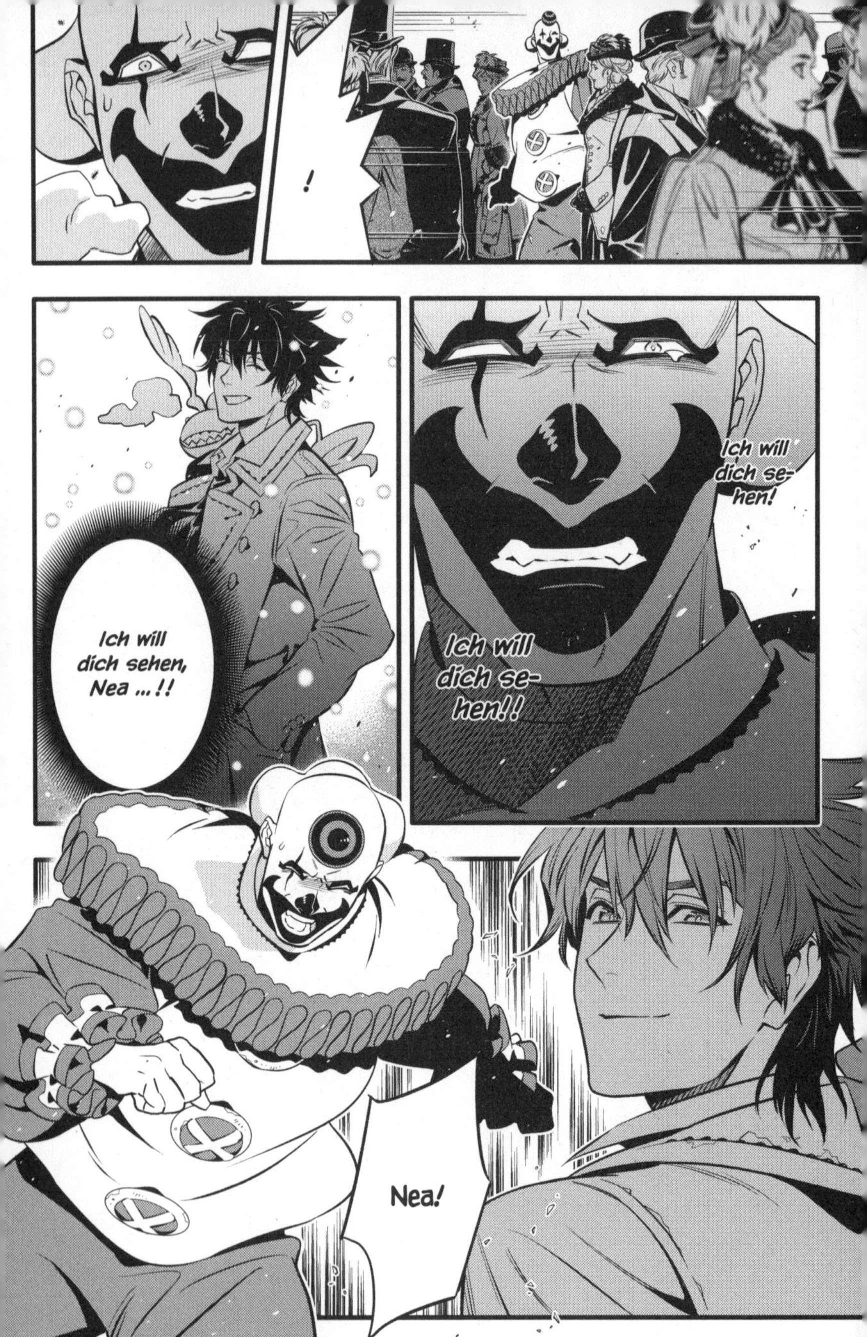
!
Ich will dich se-hen!
Ich will dich se-hen!!
Ich will dich sehen, Nea ...!!
Nea!

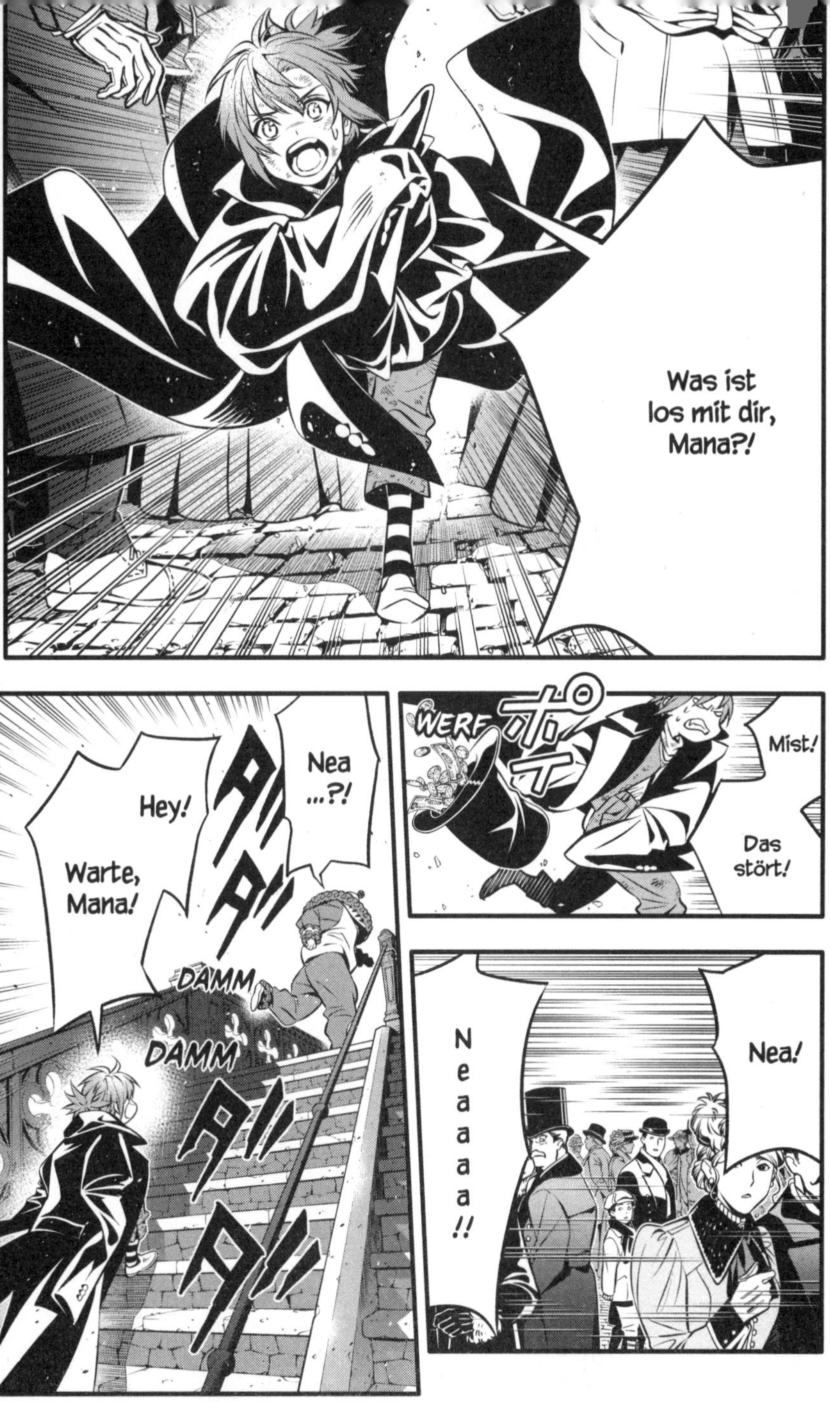
Was ist los mit dir, Mana?!
WERF
Mist!
Das stört!
Nea!
Neaaaaa!!
Nea ...?!
Hey!
Warte, Mana!
DAMM
DAMM

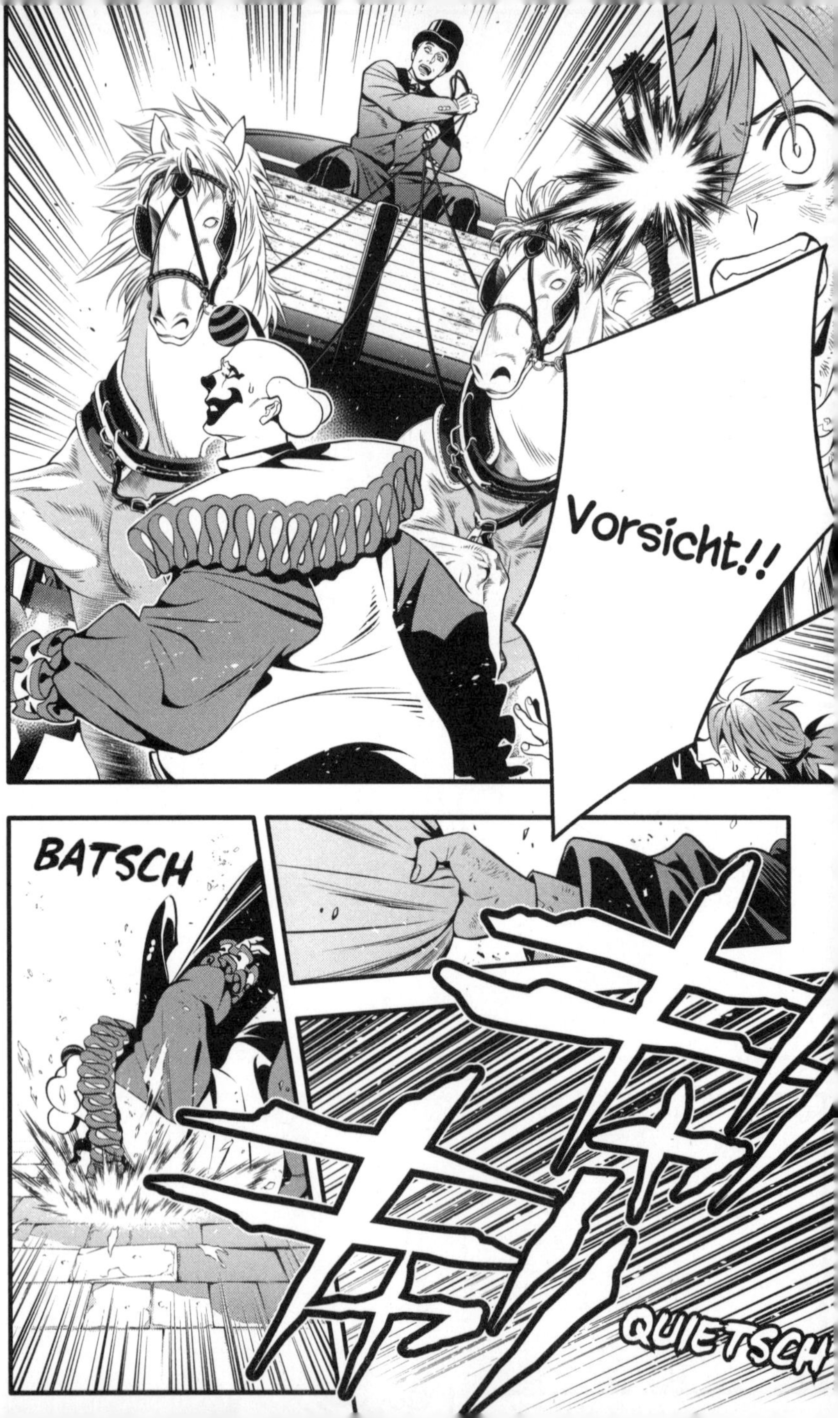
Vorsicht!!
BATSCH
QUIETSCH

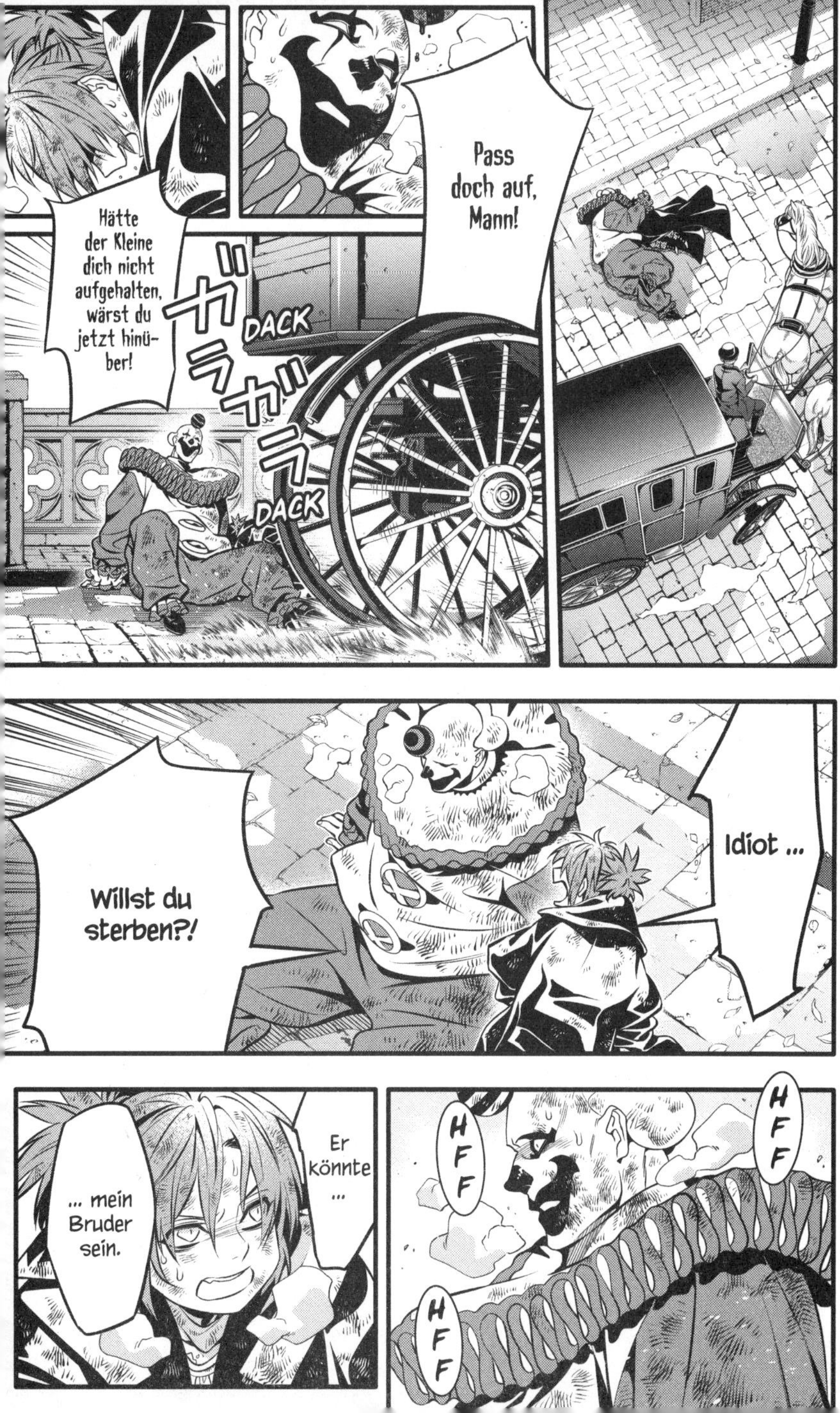
Pass doch auf, Mann!
Hätte der Kleine dich nicht aufgehalten, wärst du jetzt hinüber!
ガラガラ
DACK
DACK
Idiot ...
Willst du sterben?!
HFF
HFF
HFF
Er könnte ...
... mein Bruder sein.

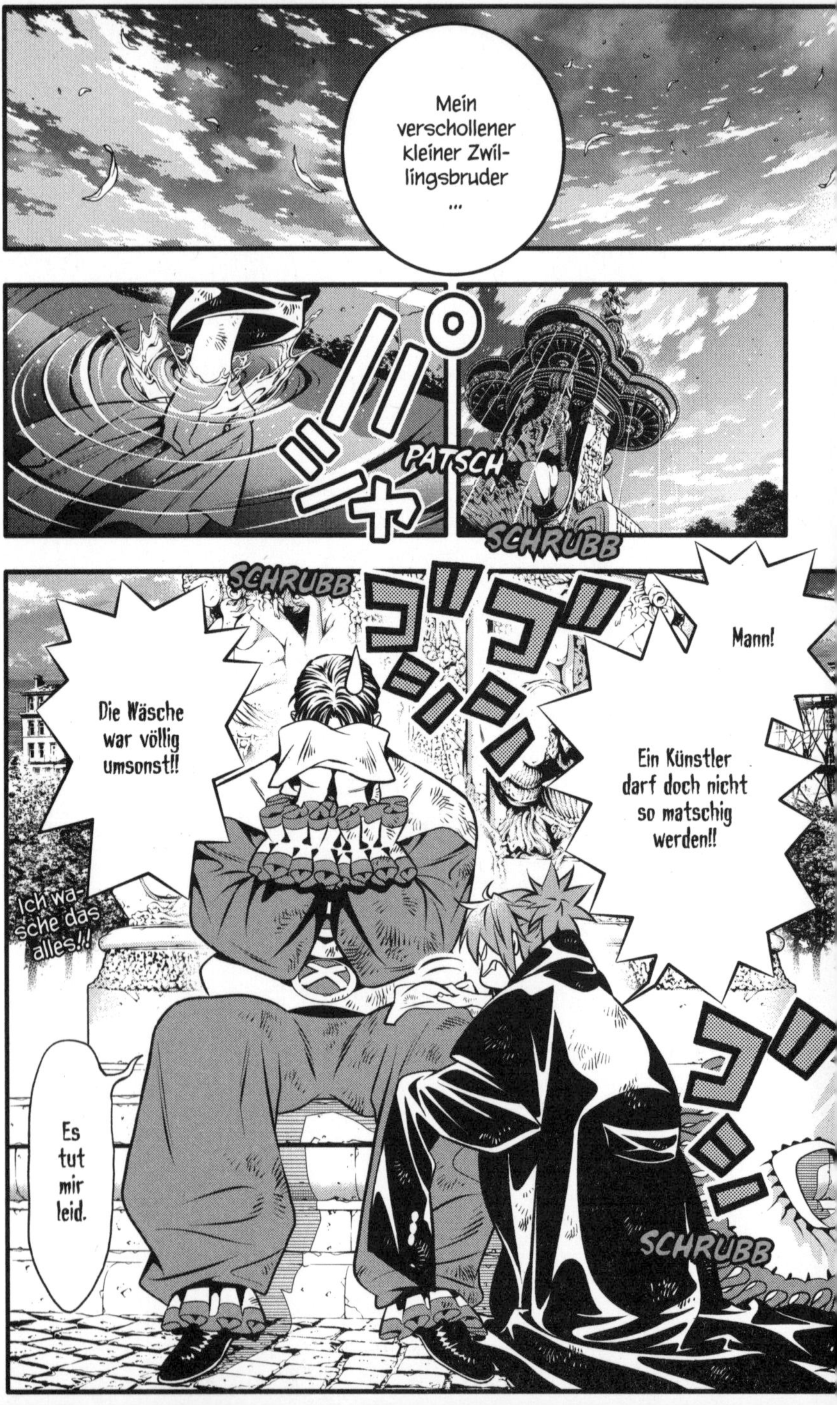

Mein verschollener kleiner Zwillingsbruder ...
PATSCH
SCHRUBB
SCHRUBB
Mann!
Ein Künstler darf doch nicht so matschig werden!!
Die Wäsche war völlig umsonst!!
Ich wasche das alles!!
SCHRUBB
Es tut mir leid.

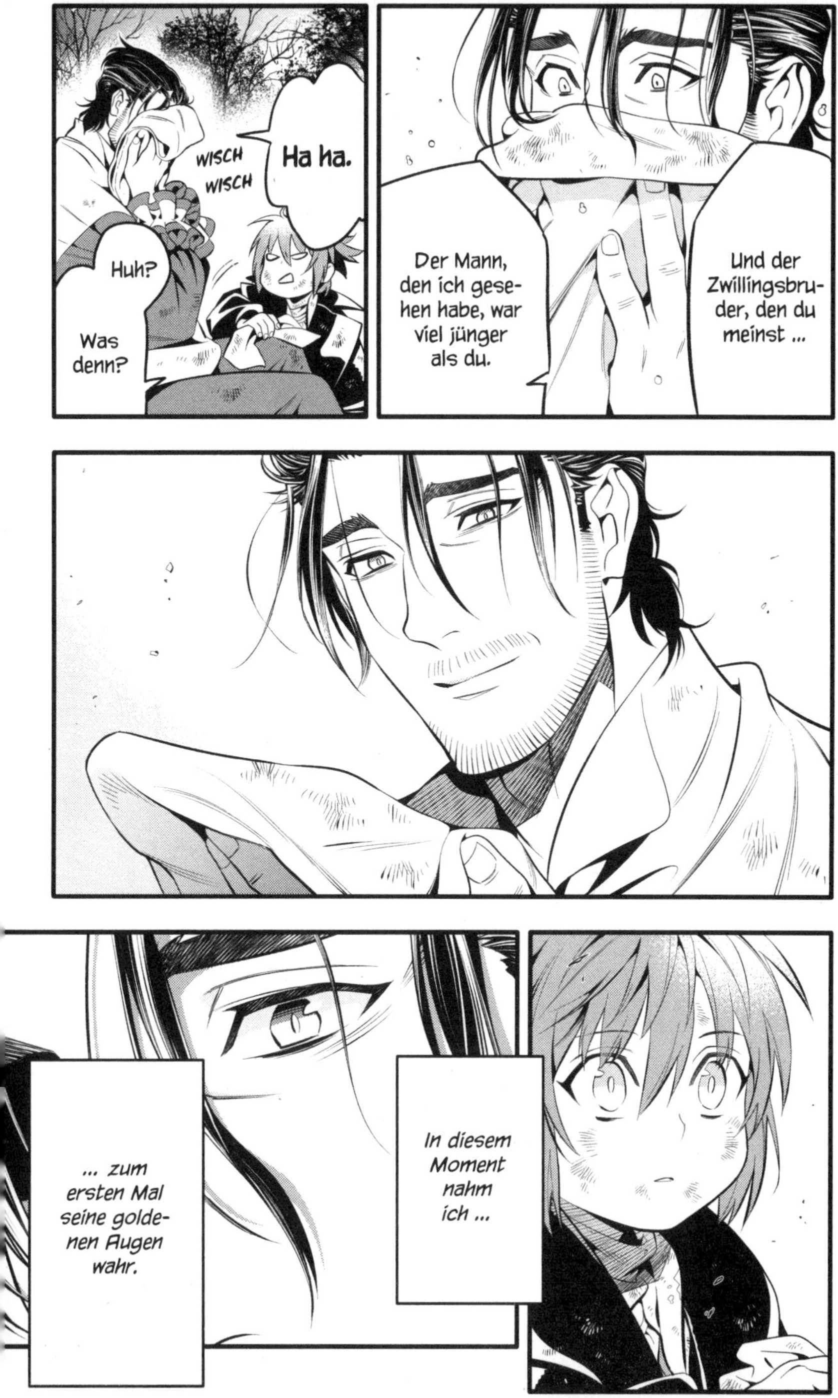
Und der Zwillingsbruder, den du meinst ...
Der Mann, den ich gesehen habe, war viel jünger als du.
Ha ha.
WISCH WISCH
Huh?
Was denn?
In diesem Moment nahm ich ...
... zum ersten Mal seine goldenen Augen wahr.

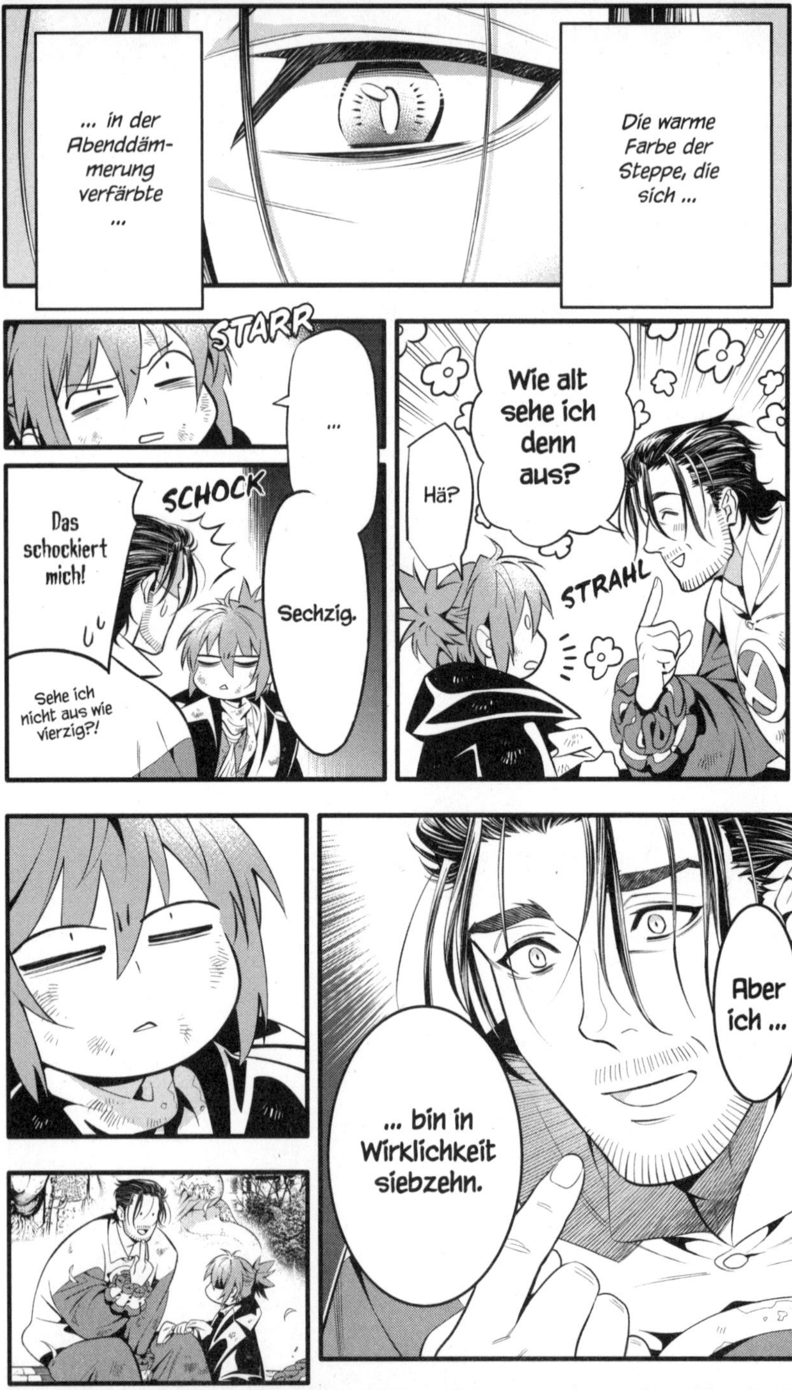
Die warme Farbe der Steppe, die sich ...
... in der Abenddämmerung verfärbte ...
Wie alt sehe ich denn aus?
STRAHL
Hä?
STARR
...
Sechzig.
SCHOCK
Das schockiert mich!
Sehe ich nicht aus wie vierzig?!
Aber ich ...
... bin in Wirklichkeit siebzehn.

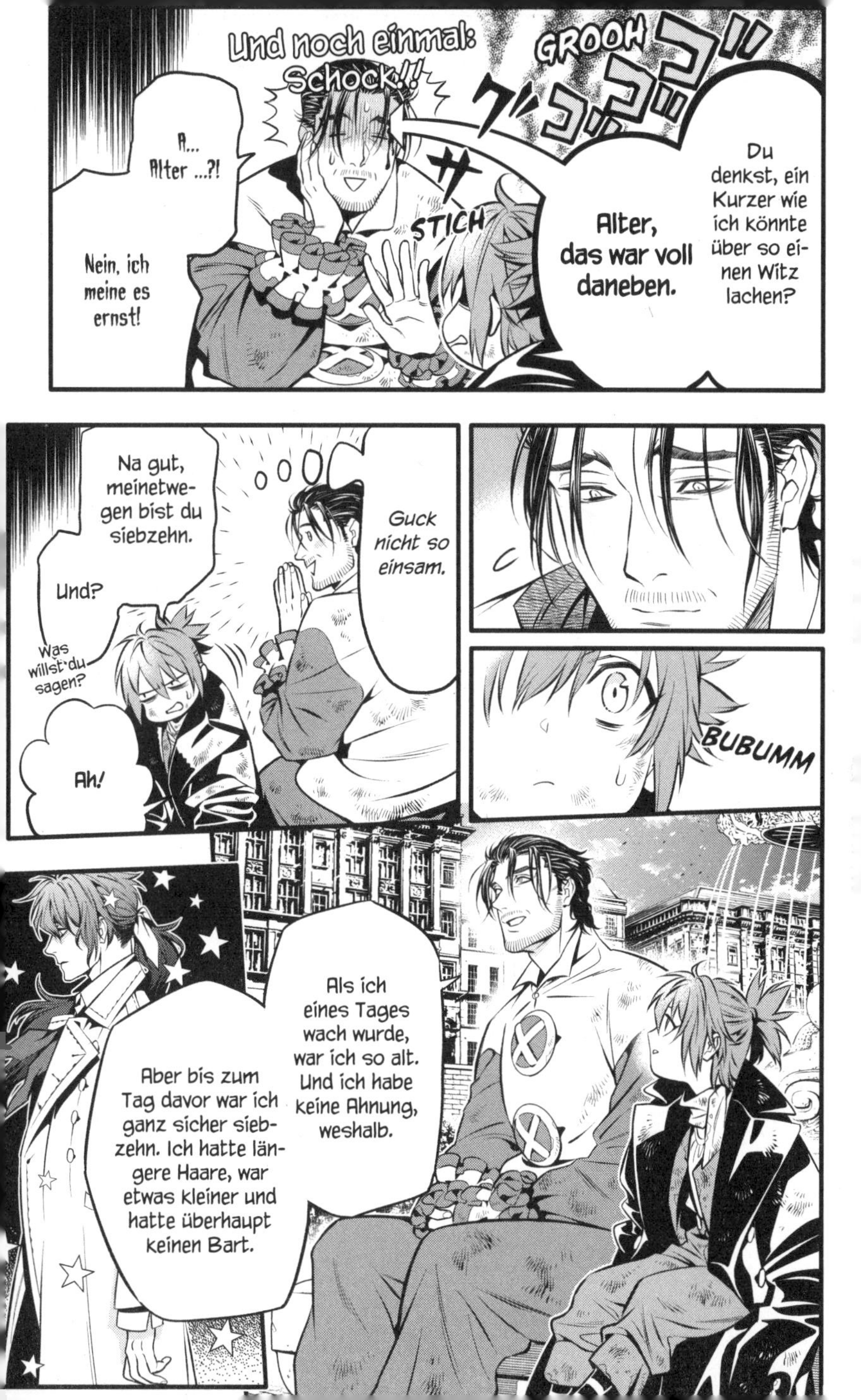

GROOH
Und noch einmal: Schock!!
Du denkst, ein Kurzer wie ich könnte über so einen Witz lachen?
Alter, das war voll daneben.
STICH
A... Alter ...?!
Nein, ich meine es ernst!
Guck nicht so einsam.
Na gut, meinetwegen bist du siebzehn.
Und?
Was willst du sagen?
Ah!
BUBUMM
Als ich eines Tages wach wurde, war ich so alt. Und ich habe keine Ahnung, weshalb.
Aber bis zum Tag davor war ich ganz sicher siebzehn. Ich hatte längere Haare, war etwas kleiner und hatte überhaupt keinen Bart.

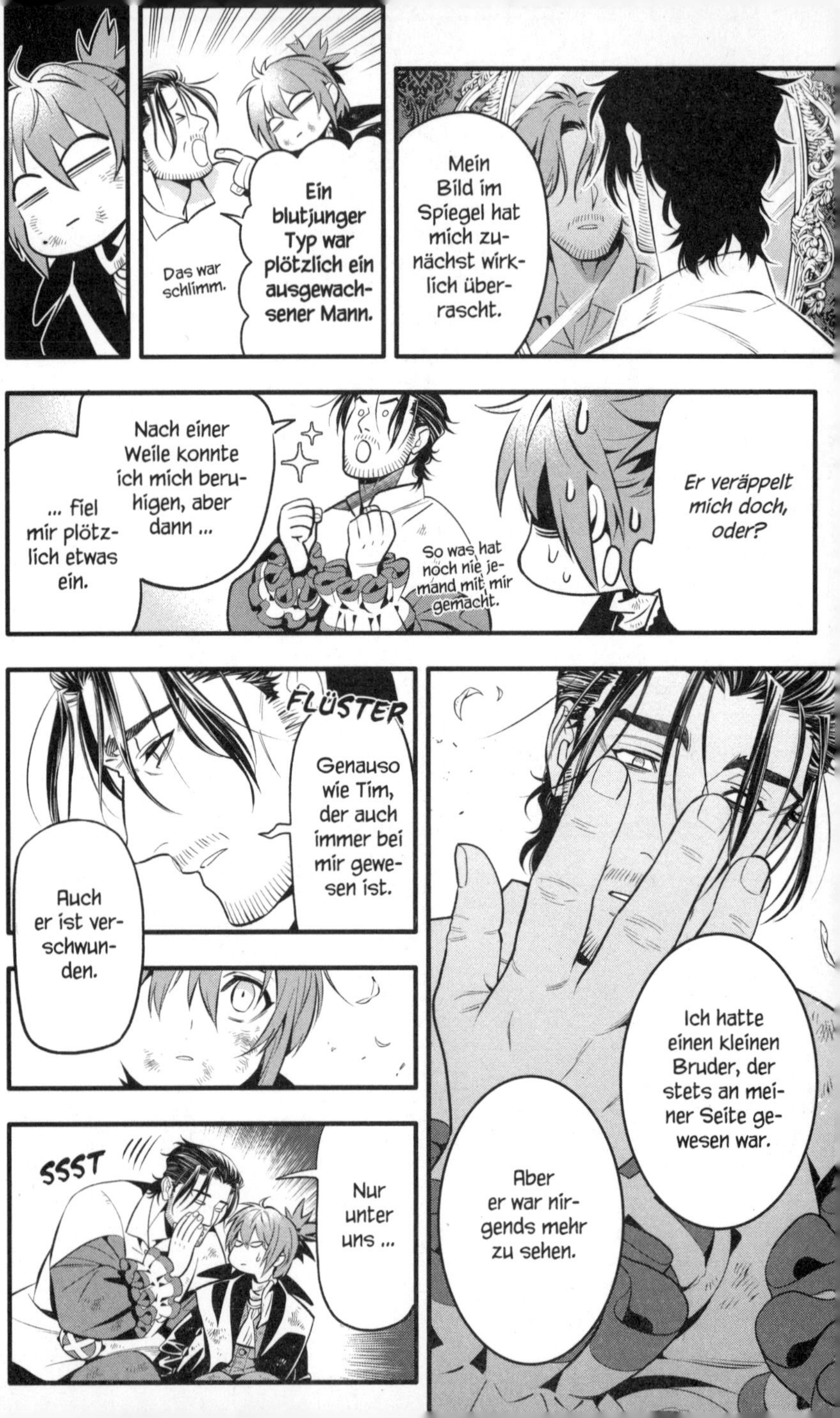

Mein Bild im Spiegel hat mich zunächst wirklich überrascht.
Ein blutjunger Typ war plötzlich ein ausgewachsener Mann.
Das war schlimm.
Er veräppelt mich doch, oder?
So was hat noch nie jemand mit mir gemacht.
Nach einer Weile konnte ich mich beruhigen, aber dann ...
... fiel mir plötzlich etwas ein.
Ich hatte einen kleinen Bruder, der stets an meiner Seite gewesen war.
Aber er war nirgends mehr zu sehen.
FLÜSTER
Genauso wie Tim, der auch immer bei mir gewesen ist.
Auch er ist verschwunden.
SSST
Nur unter uns ...

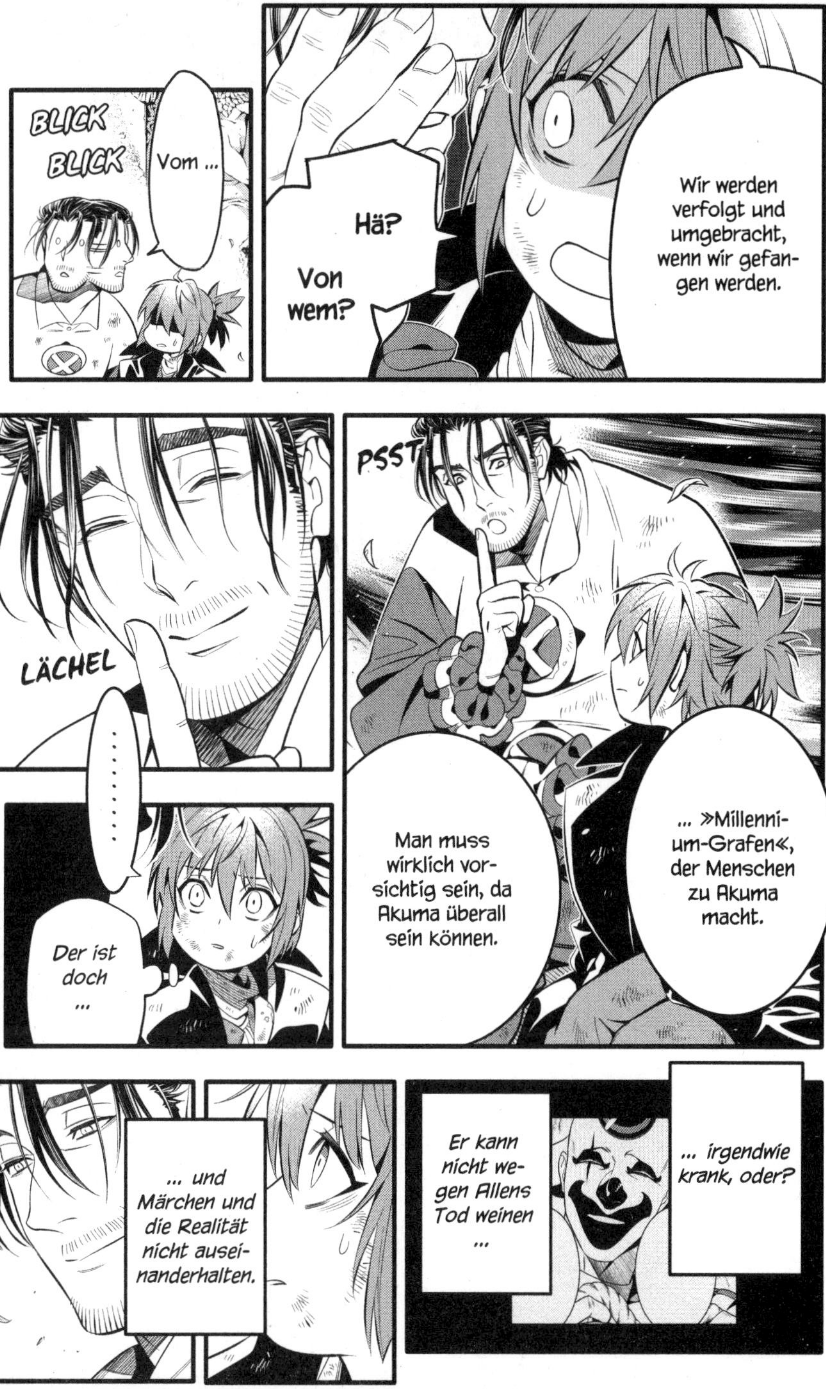
Wir werden verfolgt und umgebracht, wenn wir gefangen werden.
Hä?
Von wem?
Vom ...
BLICK
BLICK
PSST
... »Millenni-um-Grafen«, der Menschen zu Akuma macht.
Man muss wirklich vor-sichtig sein, da Akuma überall sein können.
LÄCHEL
....
Der ist doch ...
... irgendwie krank, oder?
Er kann nicht we-gen Allens Tod weinen ...
... und Märchen und die Realität nicht ausei-nanderhalten.

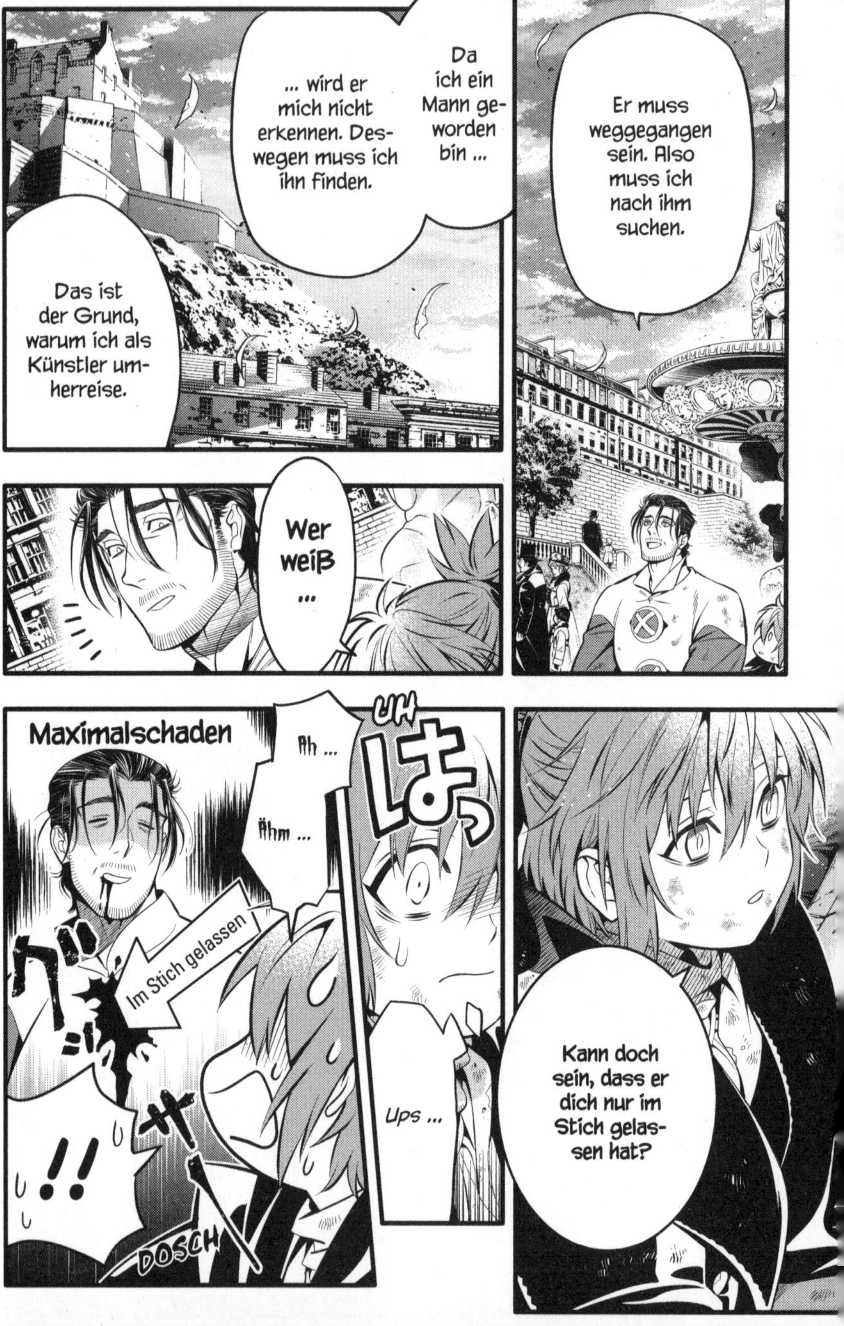
Er muss weggegangen sein. Also muss ich nach ihm suchen.
Da ich ein Mann geworden bin ...
... wird er mich nicht erkennen. Deswegen muss ich ihn finden.
Das ist der Grund, warum ich als Künstler umherreise.
Wer weiß ...
Kann doch sein, dass er dich nur im Stich gelassen hat?
UH
はっ
Äh ...
Ähm ...
Ups ...
Maximalschaden
Im Stich gelassen
DOSCH

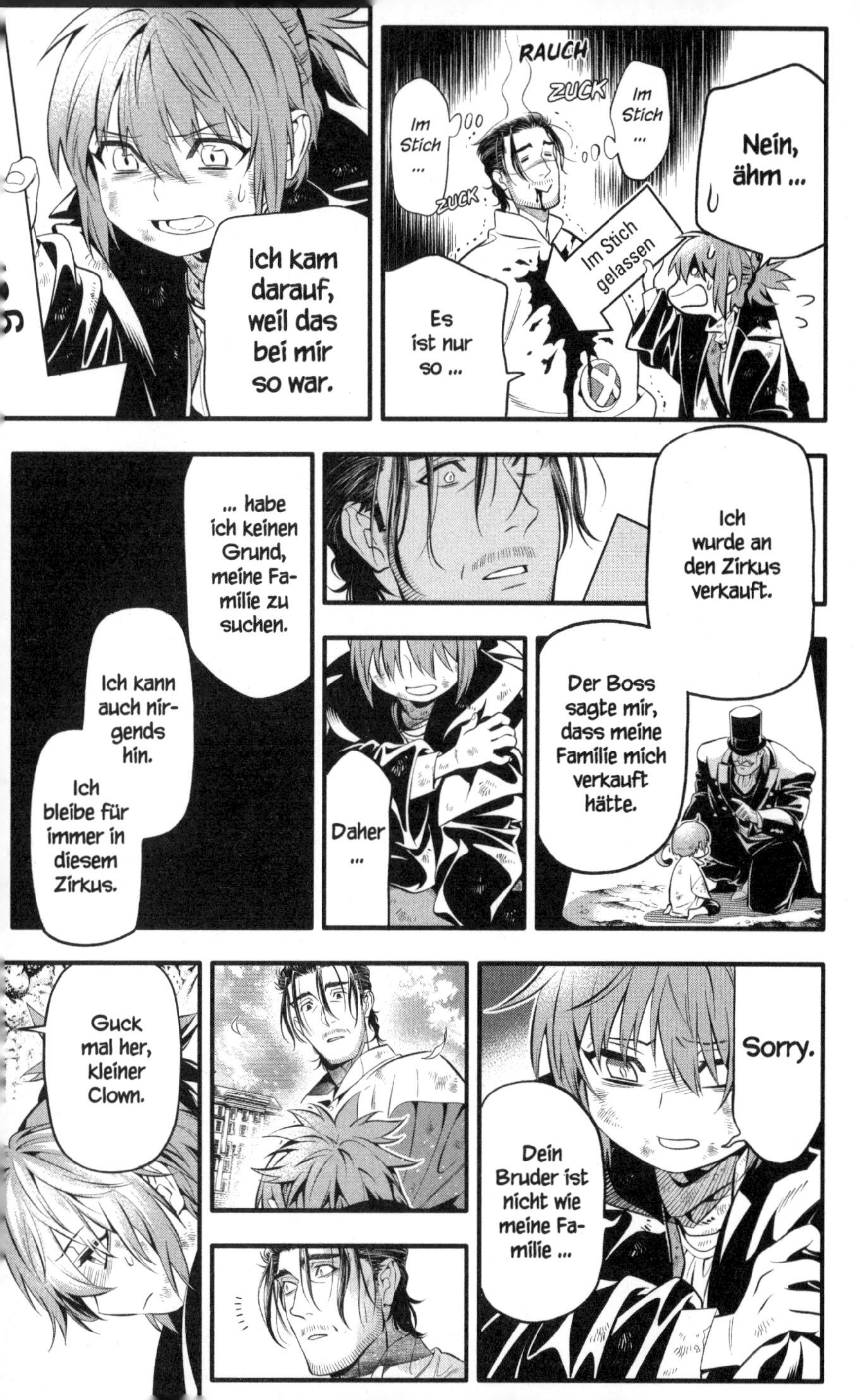
RAUCH
ZUCK
Nein, ähm ...
Im Stich ...
Im Stich ...
ZUCK
Im Stich gelassen
Es ist nur so ...
Ich kam darauf, weil das bei mir so war.
Ich wurde an den Zirkus verkauft.
Der Boss sagte mir, dass meine Familie mich verkauft hätte.
Daher ...
... habe ich keinen Grund, meine Familie zu suchen.
Ich kann auch nirgends hin.
Ich bleibe für immer in diesem Zirkus.
Sorry.
Dein Bruder ist nicht wie meine Familie ...
Guck mal her, kleiner Clown.

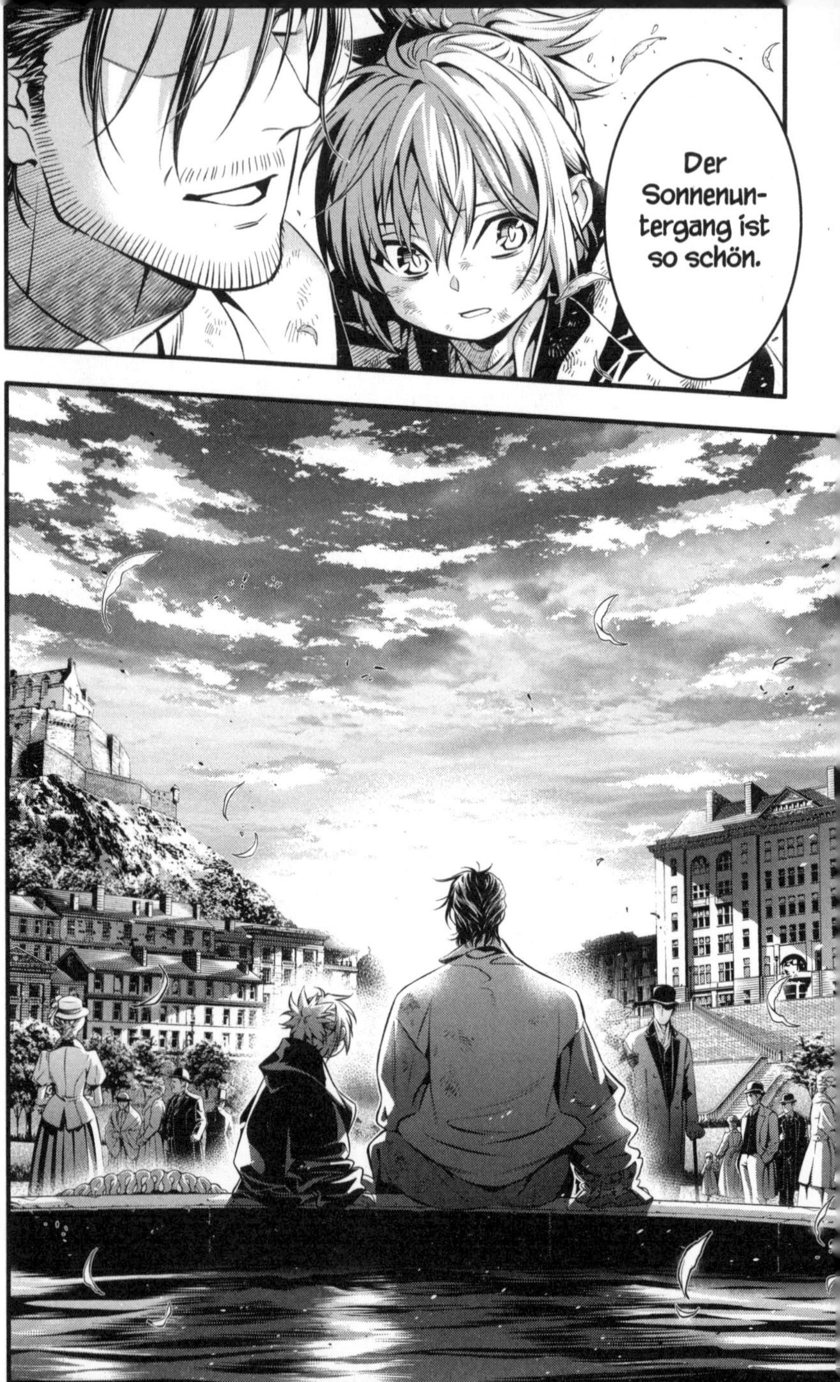
Der Sonnenuntergang ist so schön.

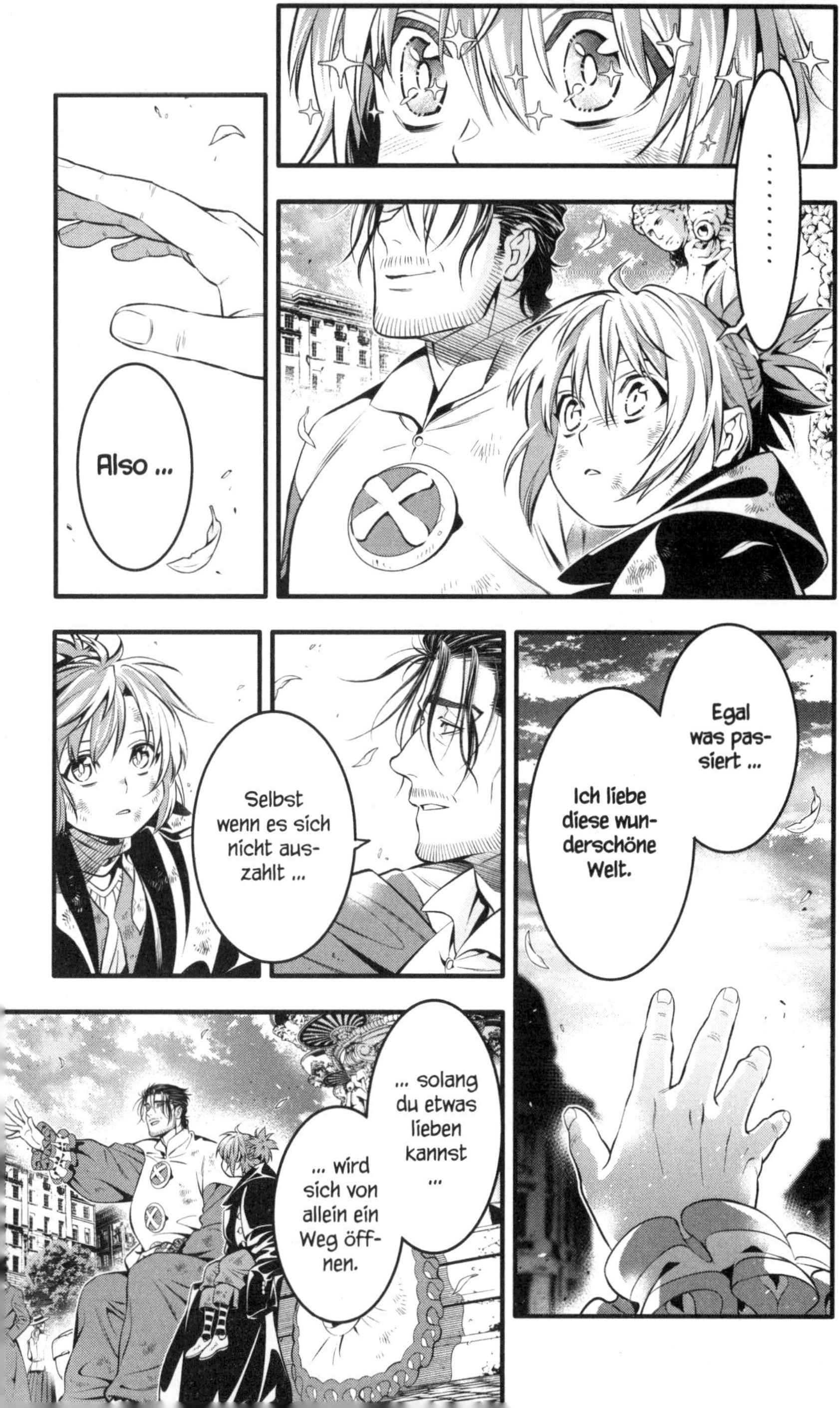
……
Also ...
Egal was passiert ...
Ich liebe diese wunderschöne Welt.
Selbst wenn es sich nicht auszahlt ...
... solang du etwas lieben kannst ...
... wird sich von allein ein Weg öffnen.

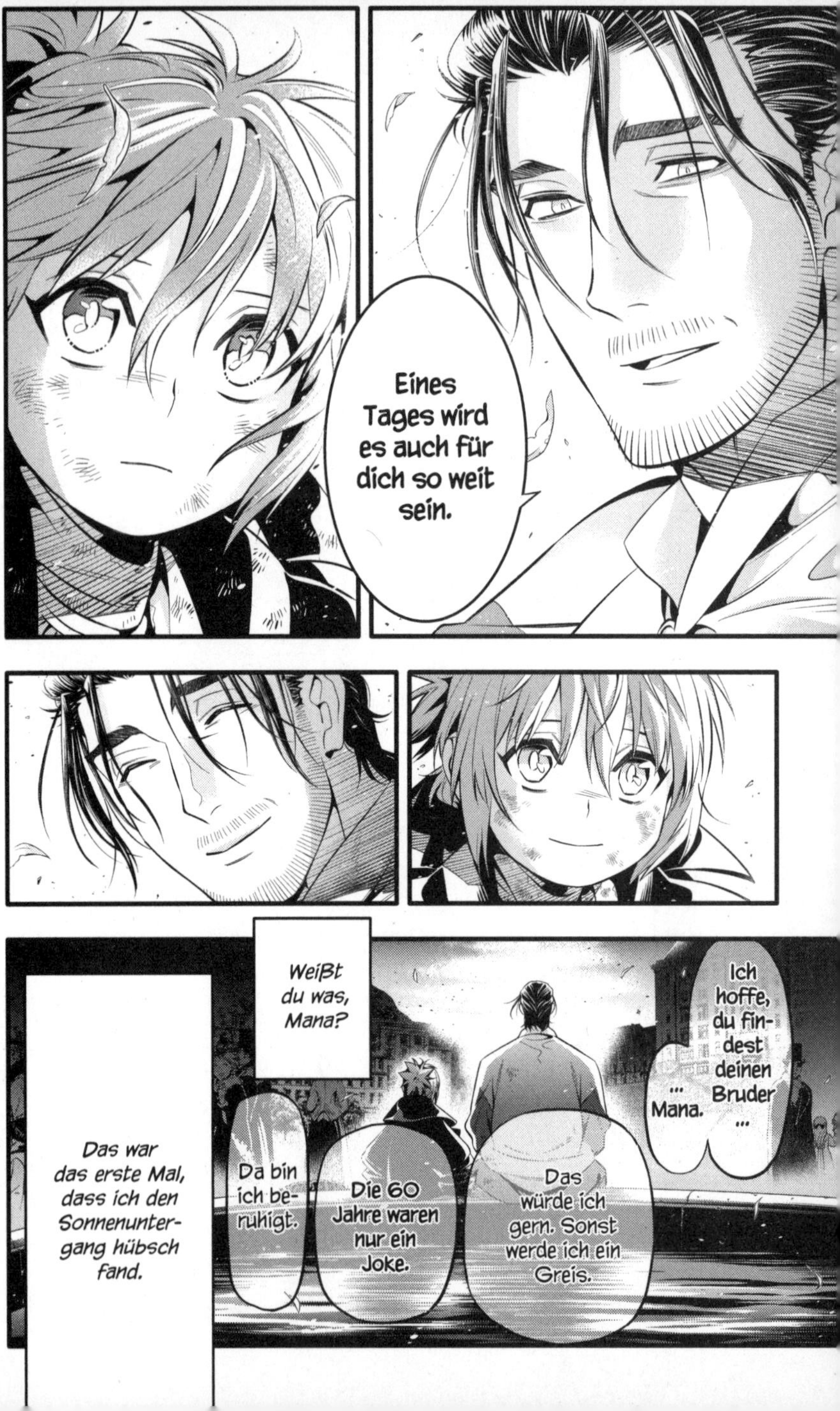

Eines Tages wird es auch für dich so weit sein.
Ich hoffe, du findest deinen Bruder ...
... Mana.
Weißt du was, Mana?
Das würde ich gern. Sonst werde ich ein Greis.
Die 60 Jahre waren nur ein Joke.
Da bin ich beruhigt.
Das war das erste Mal, dass ich den Sonnenuntergang hübsch fand.

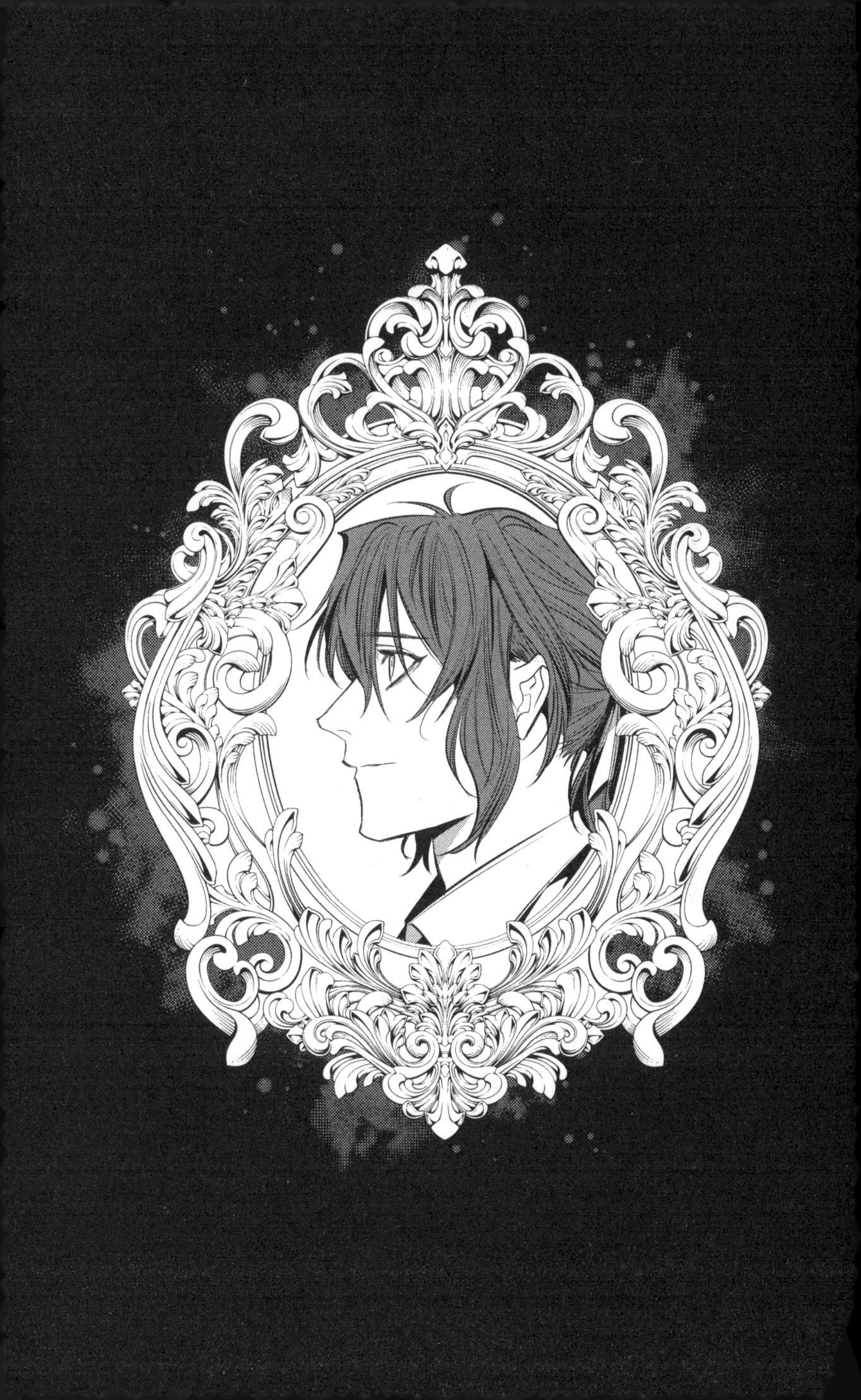

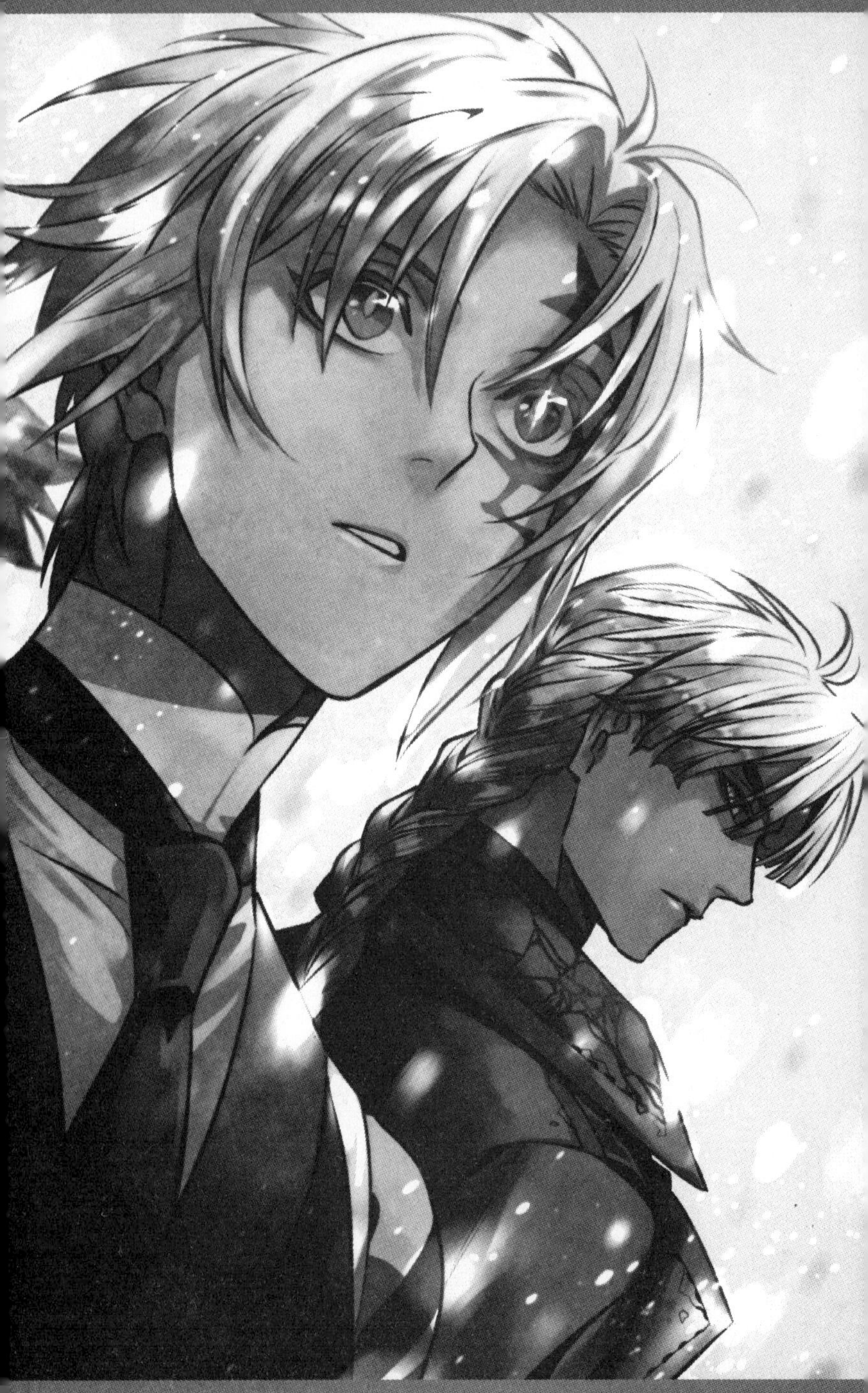

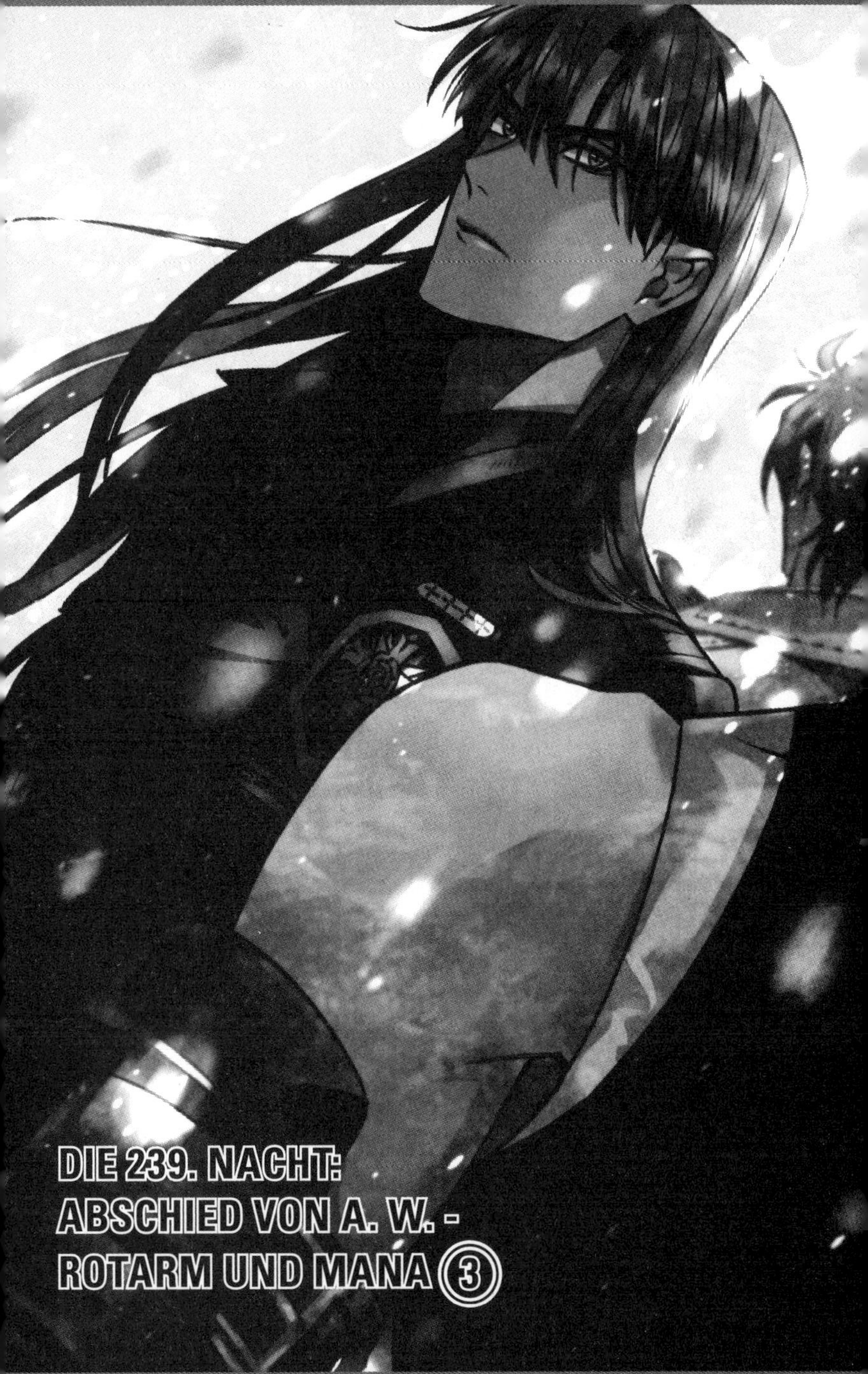
DIE 239. NACHT:
ABSCHIED VON A. W. -
ROTARM UND MANA ③

D
Gray
man

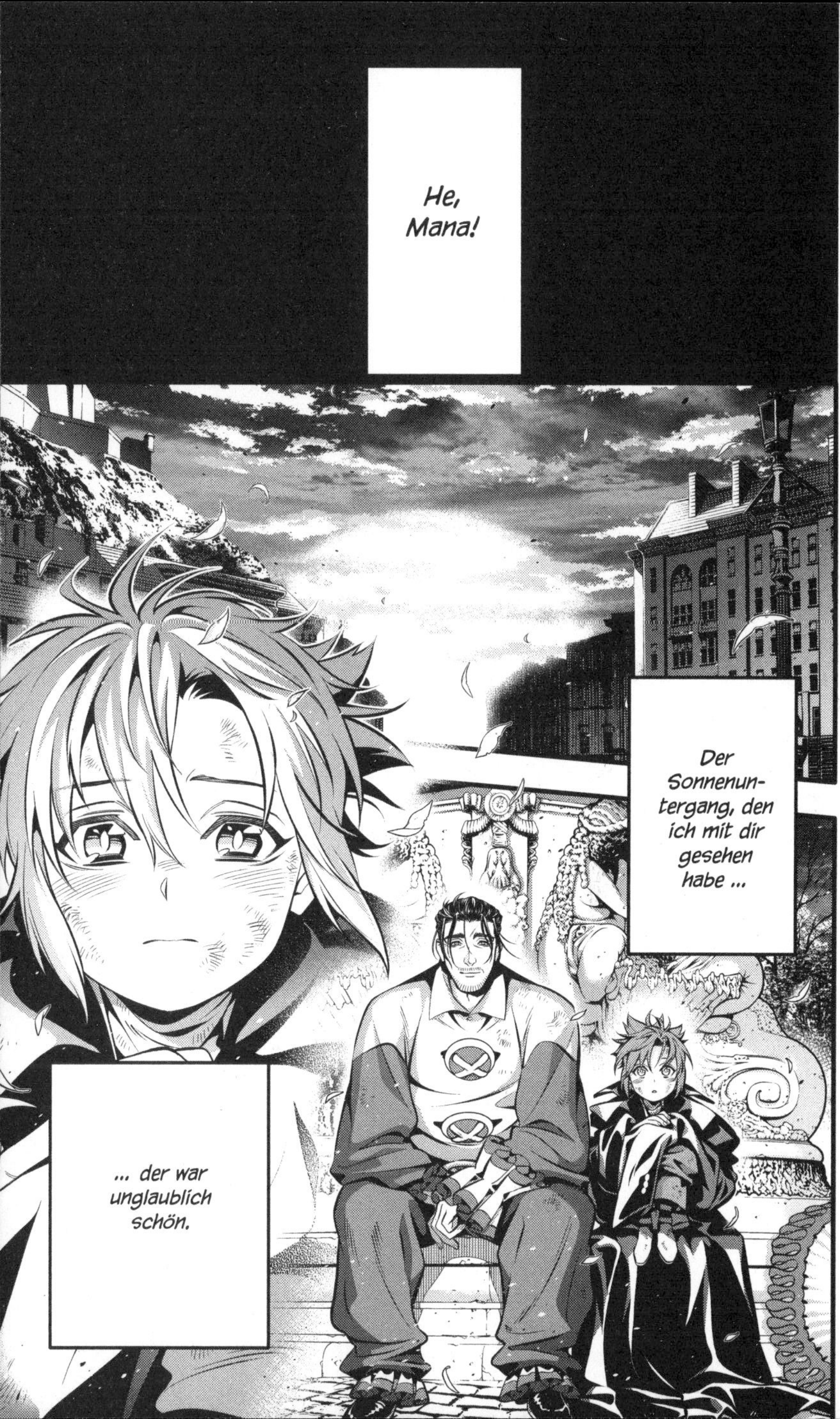
He, Mana!
Der Sonnenuntergang, den ich mit dir gesehen habe ...
... der war unglaublich schön.

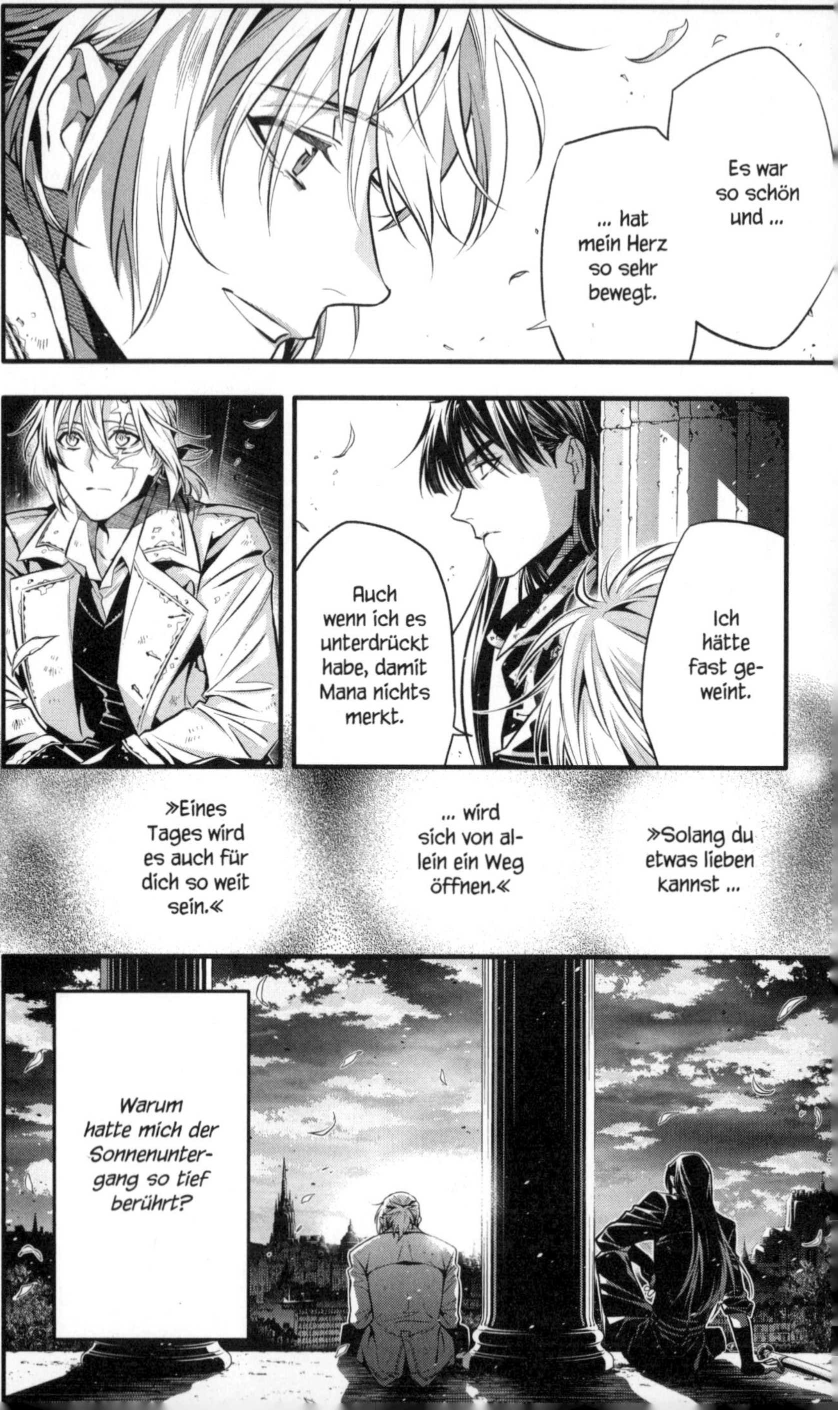
Es war so schön und ...
... hat mein Herz so sehr bewegt.
Ich hätte fast geweint.
Auch wenn ich es unterdrückt habe, damit Mana nichts merkt.
»Solang du etwas lieben kannst ...
... wird sich von allein ein Weg öffnen.«
»Eines Tages wird es auch für dich so weit sein.«
Warum hatte mich der Sonnenuntergang so tief berührt?

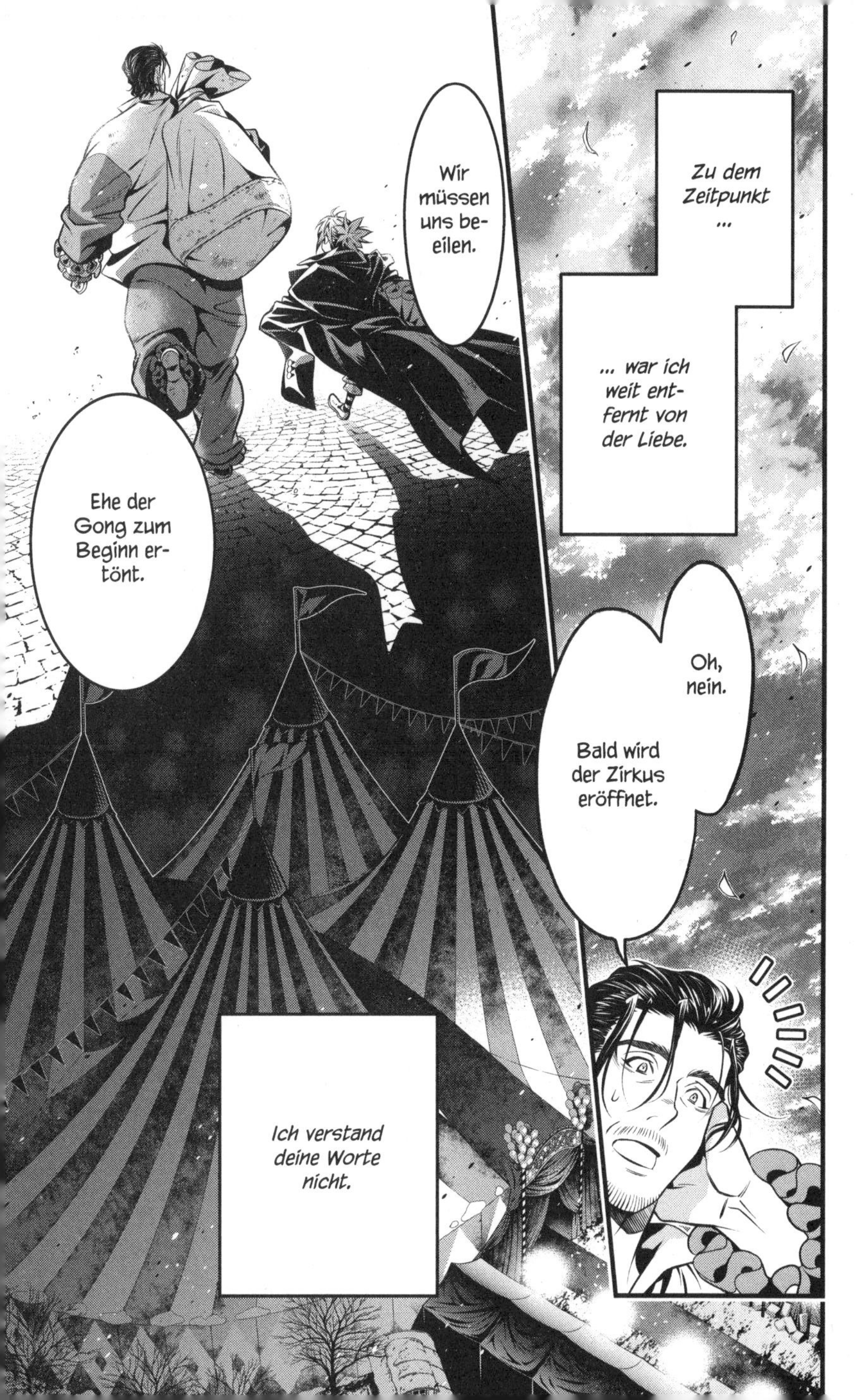
Zu dem Zeitpunkt ...
... war ich weit entfernt von der Liebe.
Oh, nein.
Bald wird der Zirkus eröffnet.
Wir müssen uns beeilen.
Ehe der Gong zum Beginn ertönt.
Ich verstand deine Worte nicht.

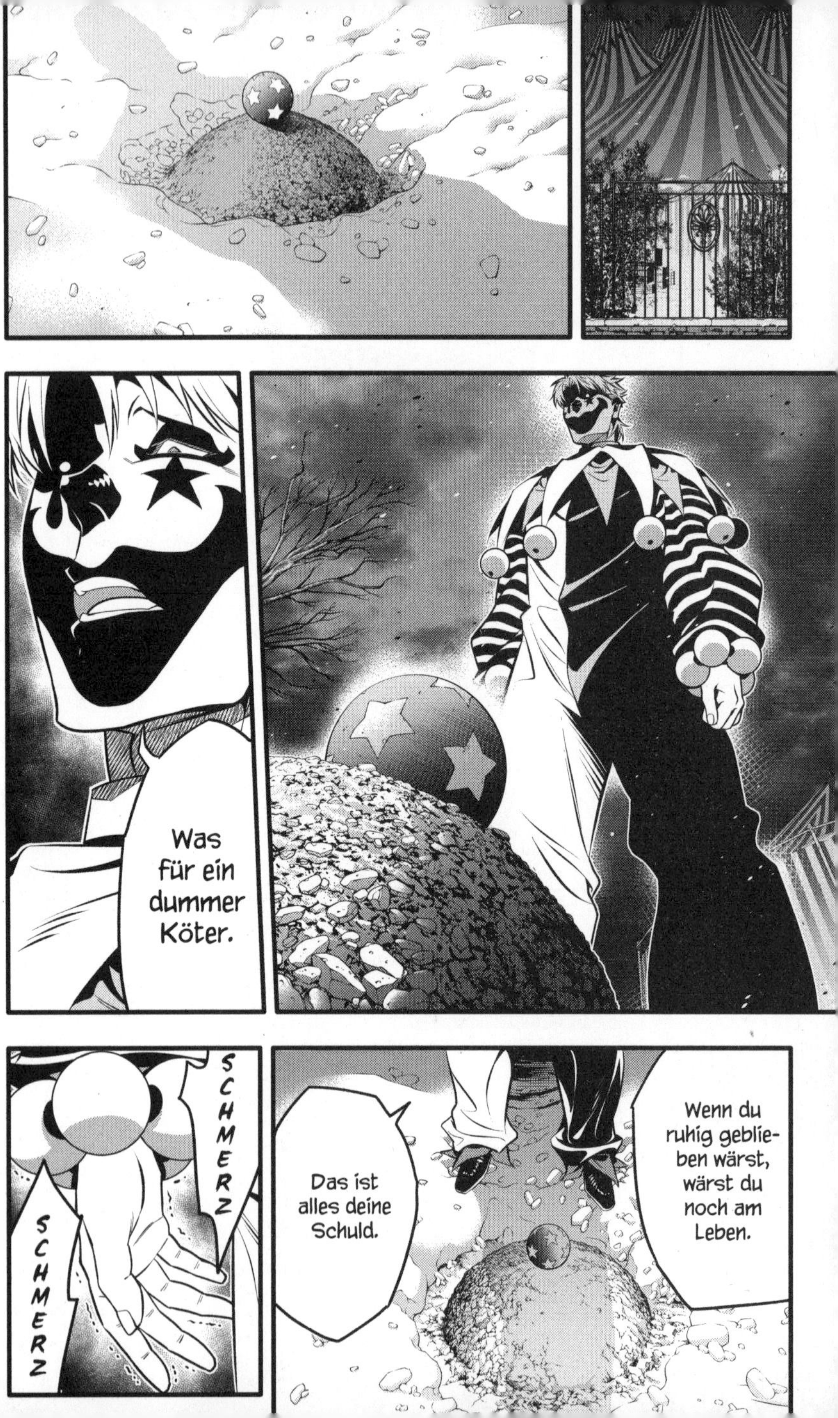

Was für ein dummer Köter.
SCHMERZ
SCHMERZ
Wenn du ruhig geblie-ben wärst, wärst du noch am Leben.
Das ist alles deine Schuld.

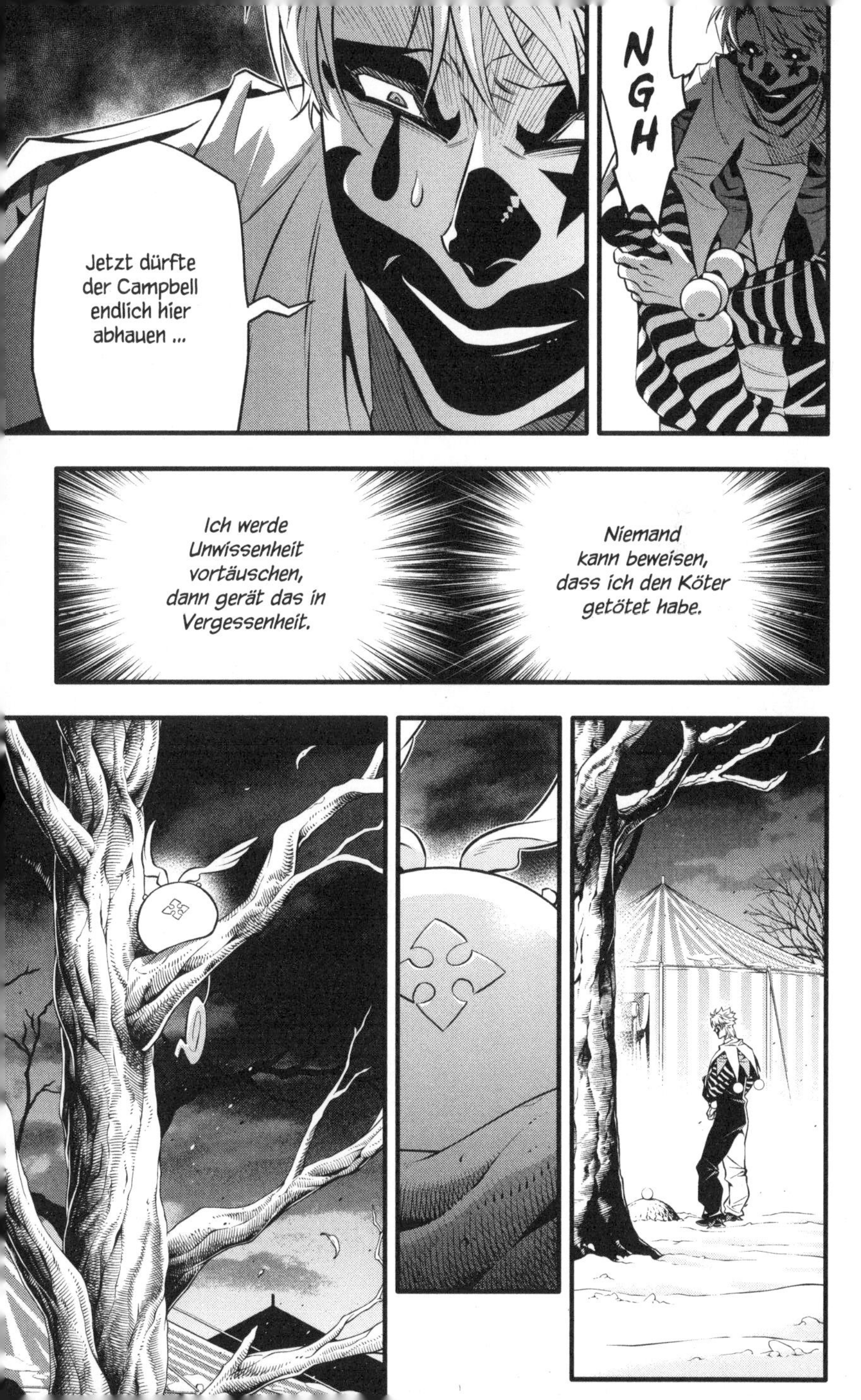
NGH
Jetzt dürfte der Campbell endlich hier abhauen ...
Niemand kann beweisen, dass ich den Köter getötet habe.
Ich werde Unwissenheit vortäuschen, dann gerät das in Vergessenheit.

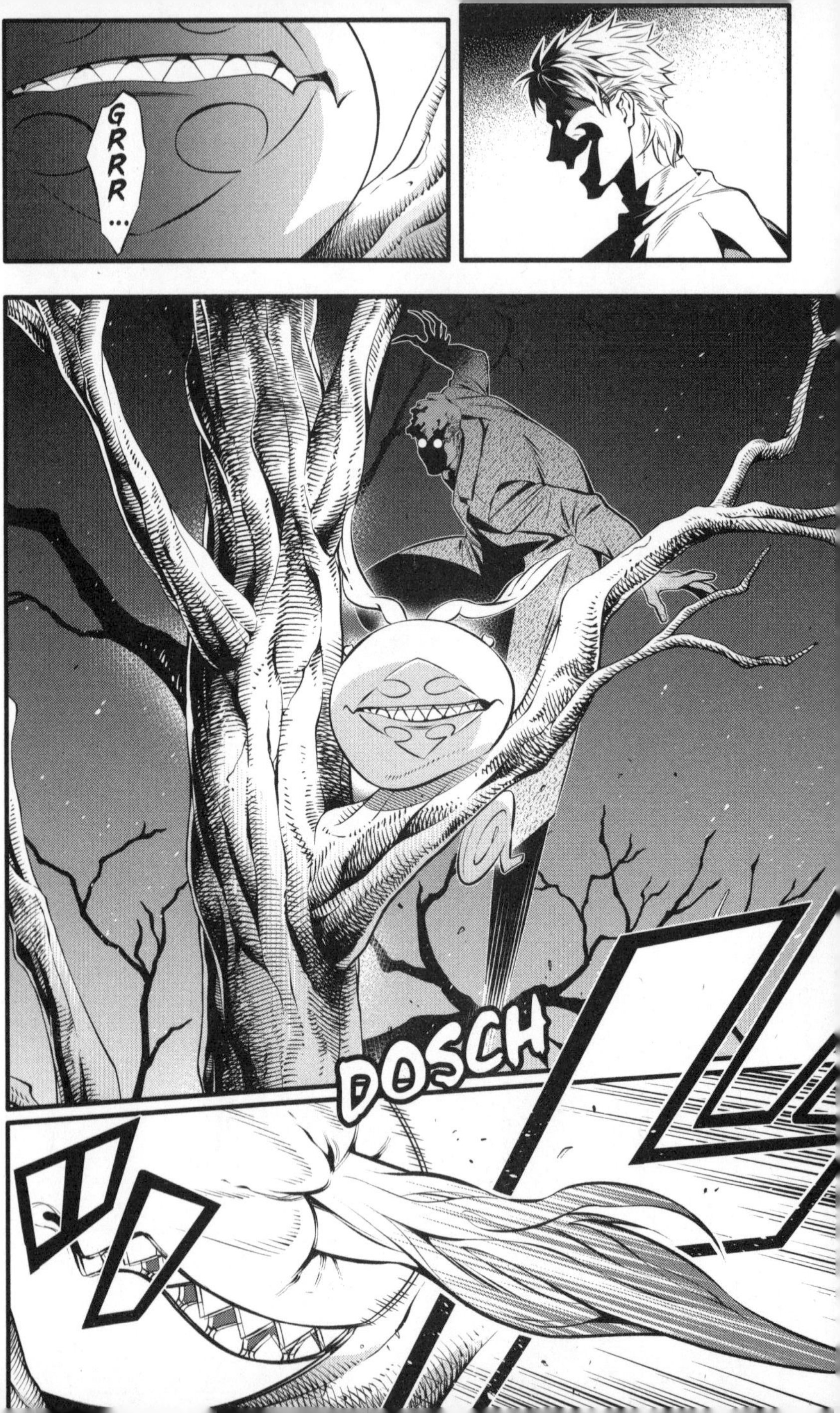
GRRR ...
DOSCH

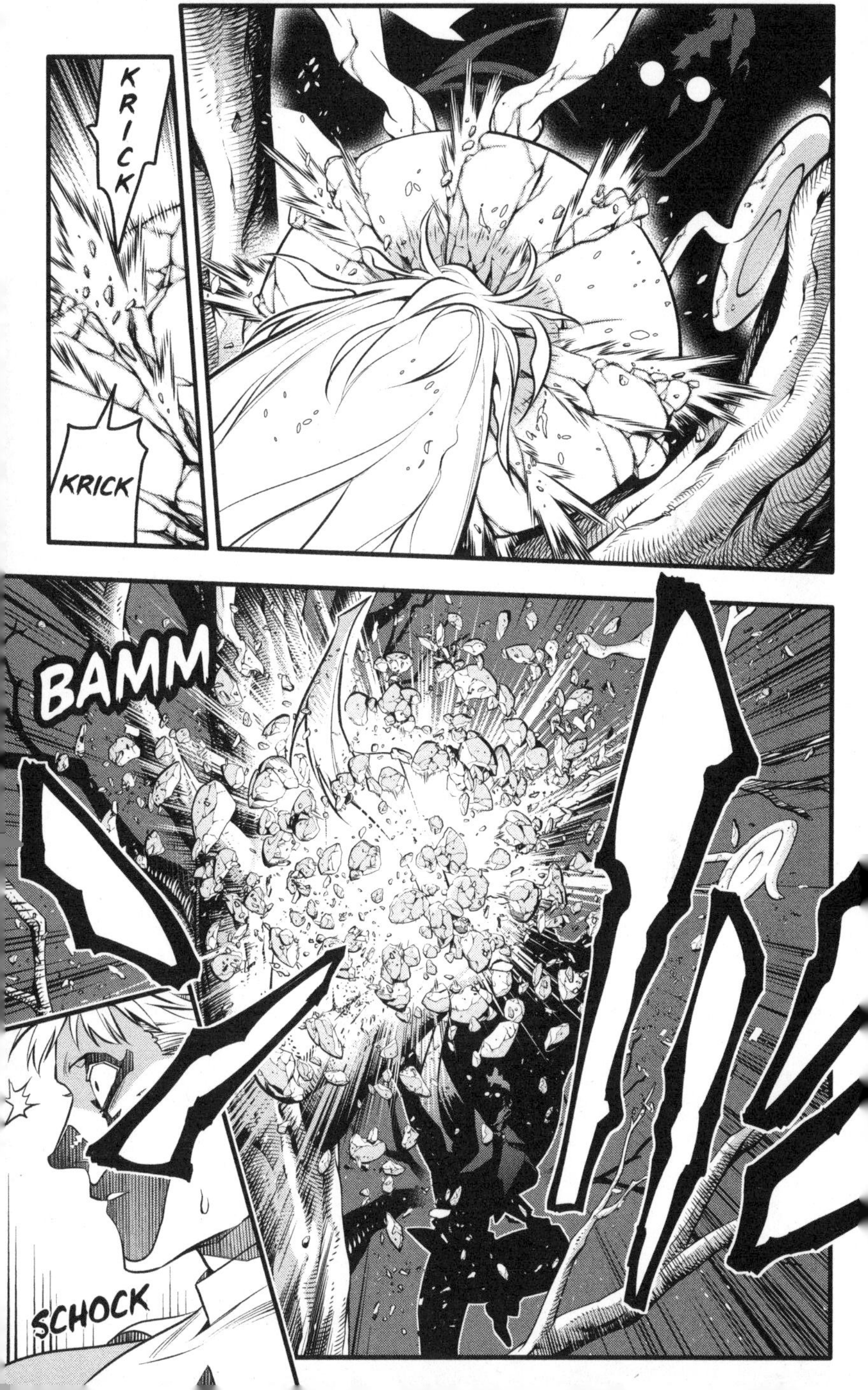
KRICK
KRICK
BAMM
SCHOCK

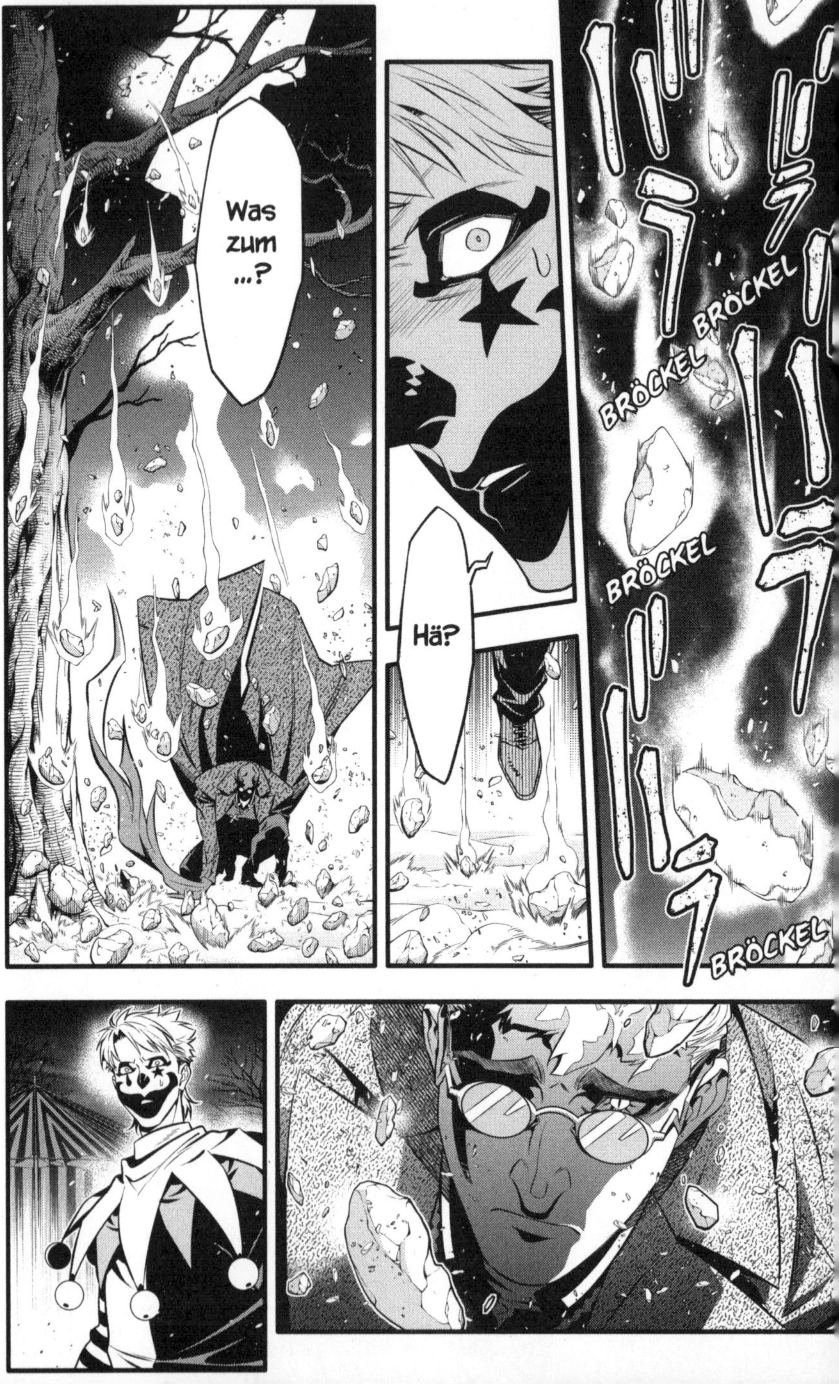
BRÖCKEL
BRÖCKEL
BRÖCKEL
BRÖCKEL
BRÖCKEL
Hä?
Was zum ...?

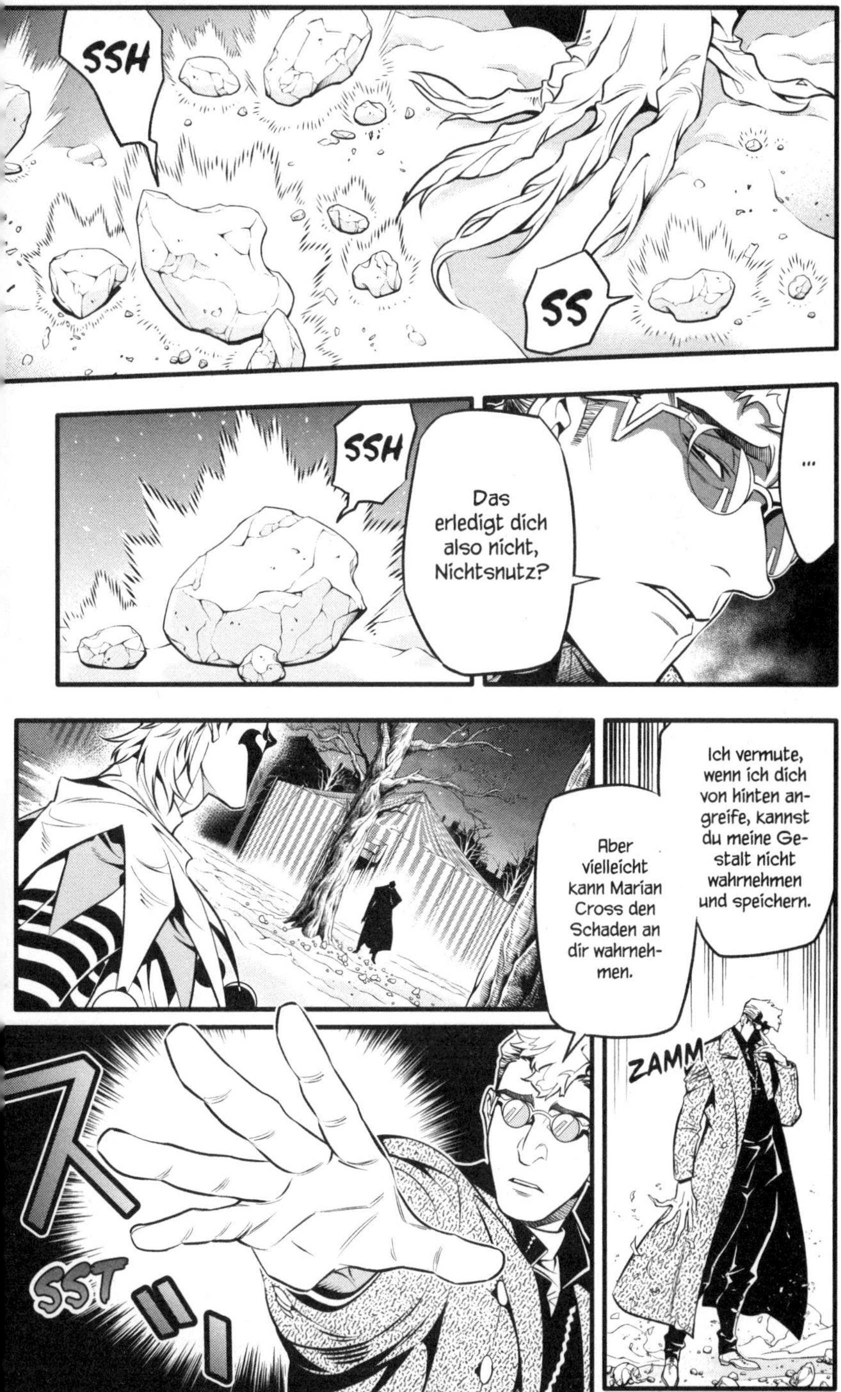
SSH
SS
...
SSH
Das erledigt dich also nicht, Nichtsnutz?
Ich vermute, wenn ich dich von hinten angreife, kannst du meine Gestalt nicht wahrnehmen und speichern.
Aber vielleicht kann Marian Cross den Schaden an dir wahrnehmen.
ZAMM
SST

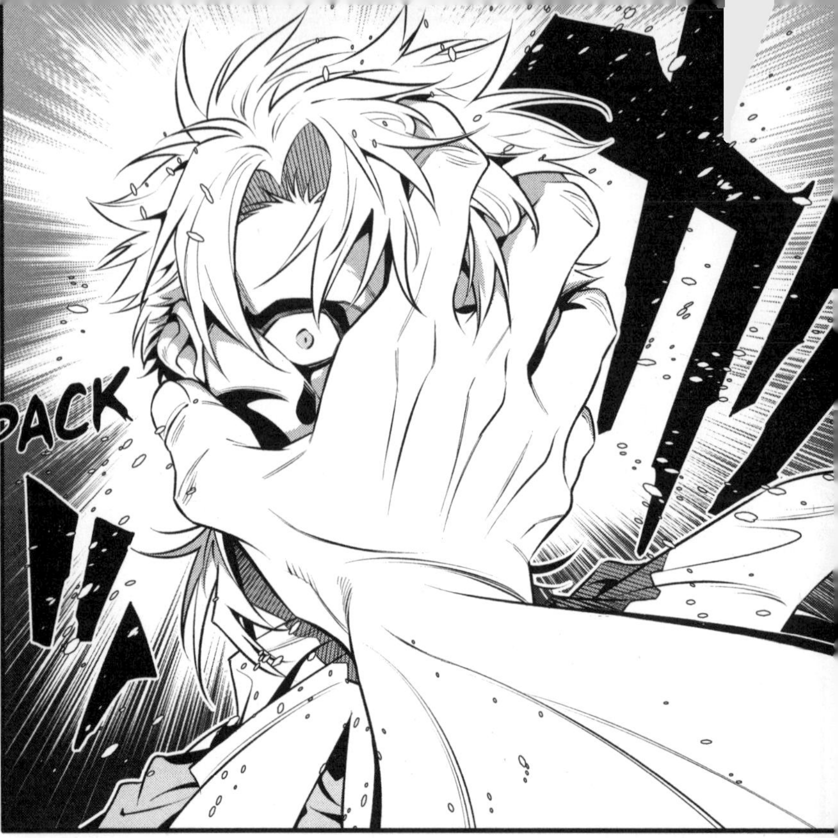
PACK

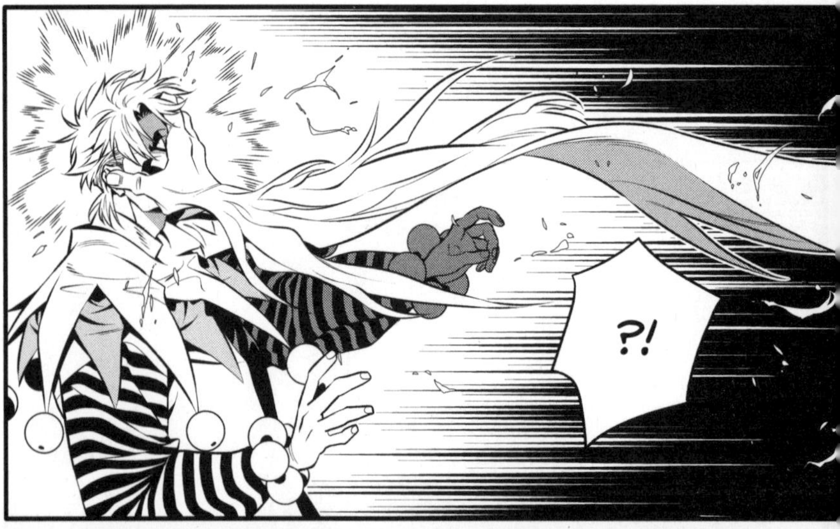
?!

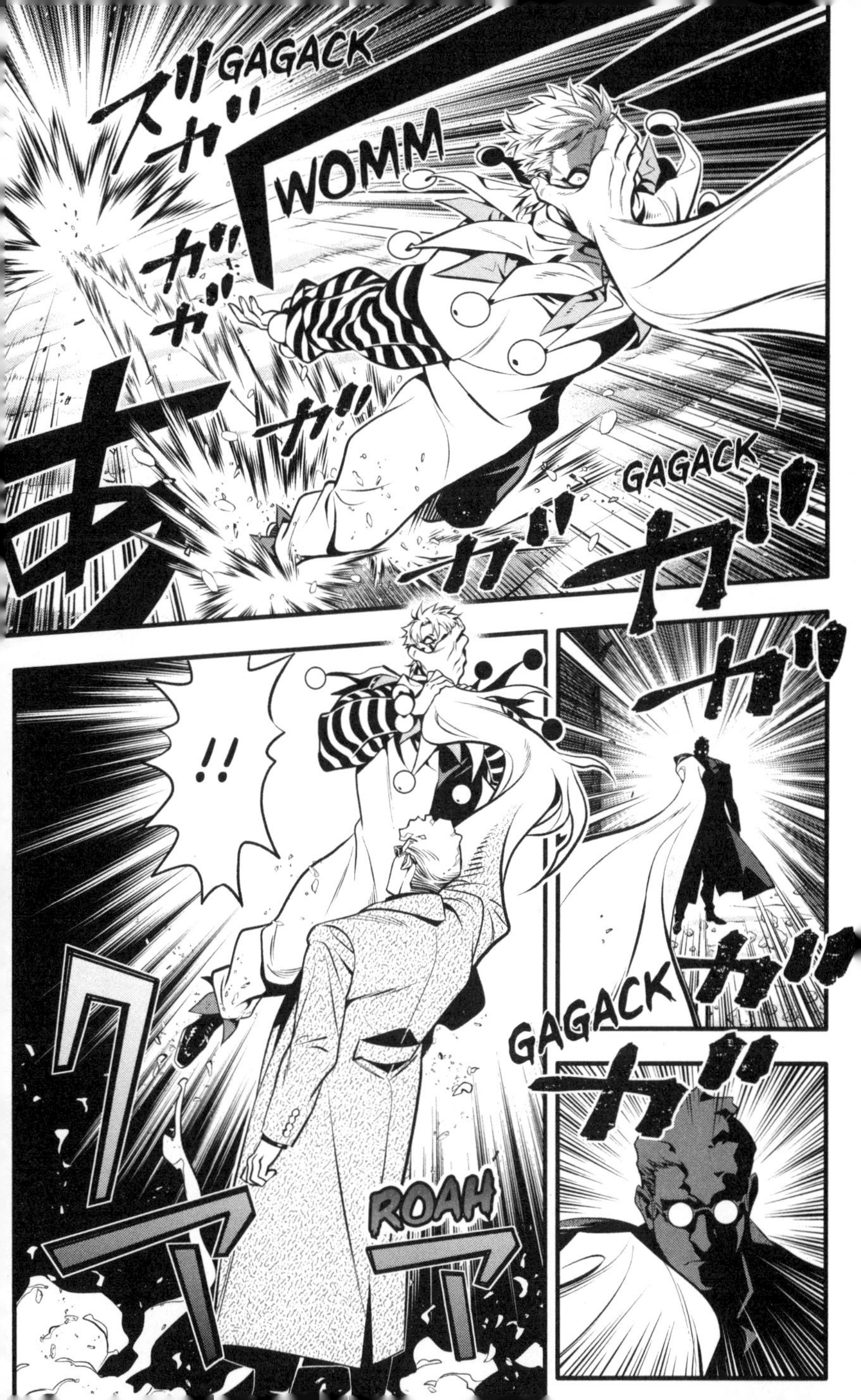
GAGACK
WOMM
GAGACK
!!
GAGACK
GAGACK
ROAH

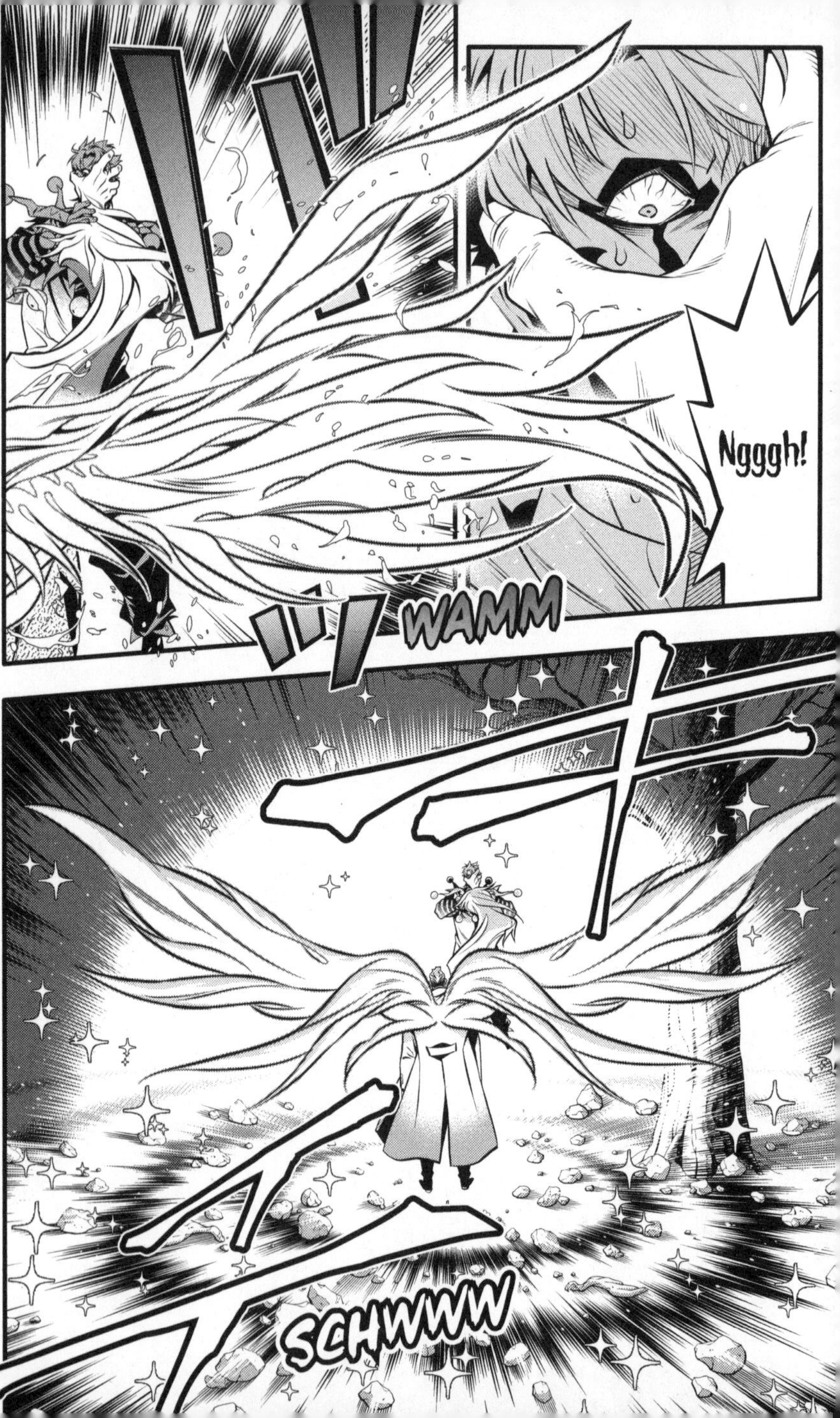
Ngggh!
WAMM
SCHWWW

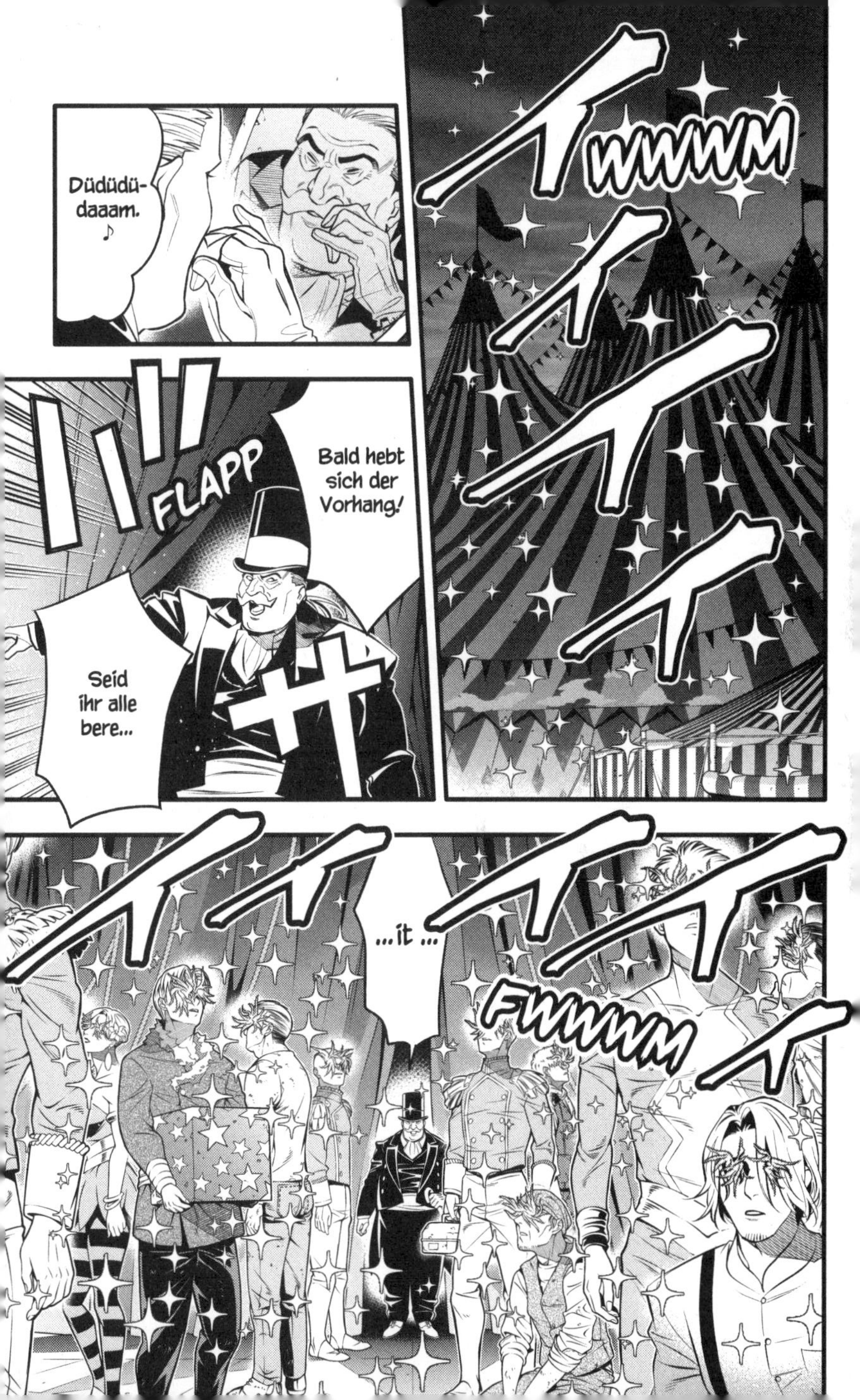

WWWM
Düdüdü-
daaam.
♪
FLAPP
Bald hebt sich der Vorhang!
Seid ihr alle bere...
FWWWM
...it ...

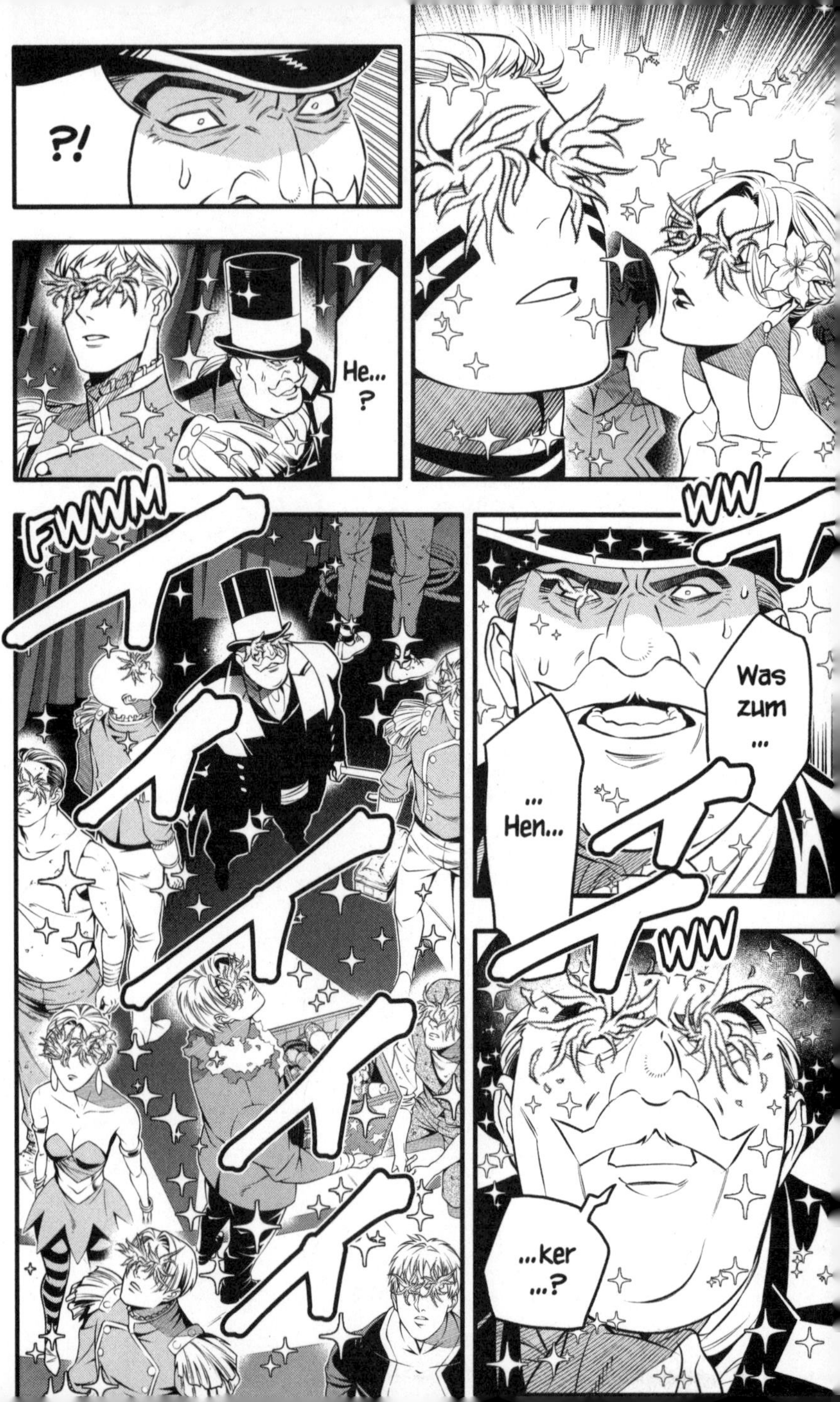
?!
He... ?
WW
Was zum ...
... Hen...
WW
...ker ...?
FWWM

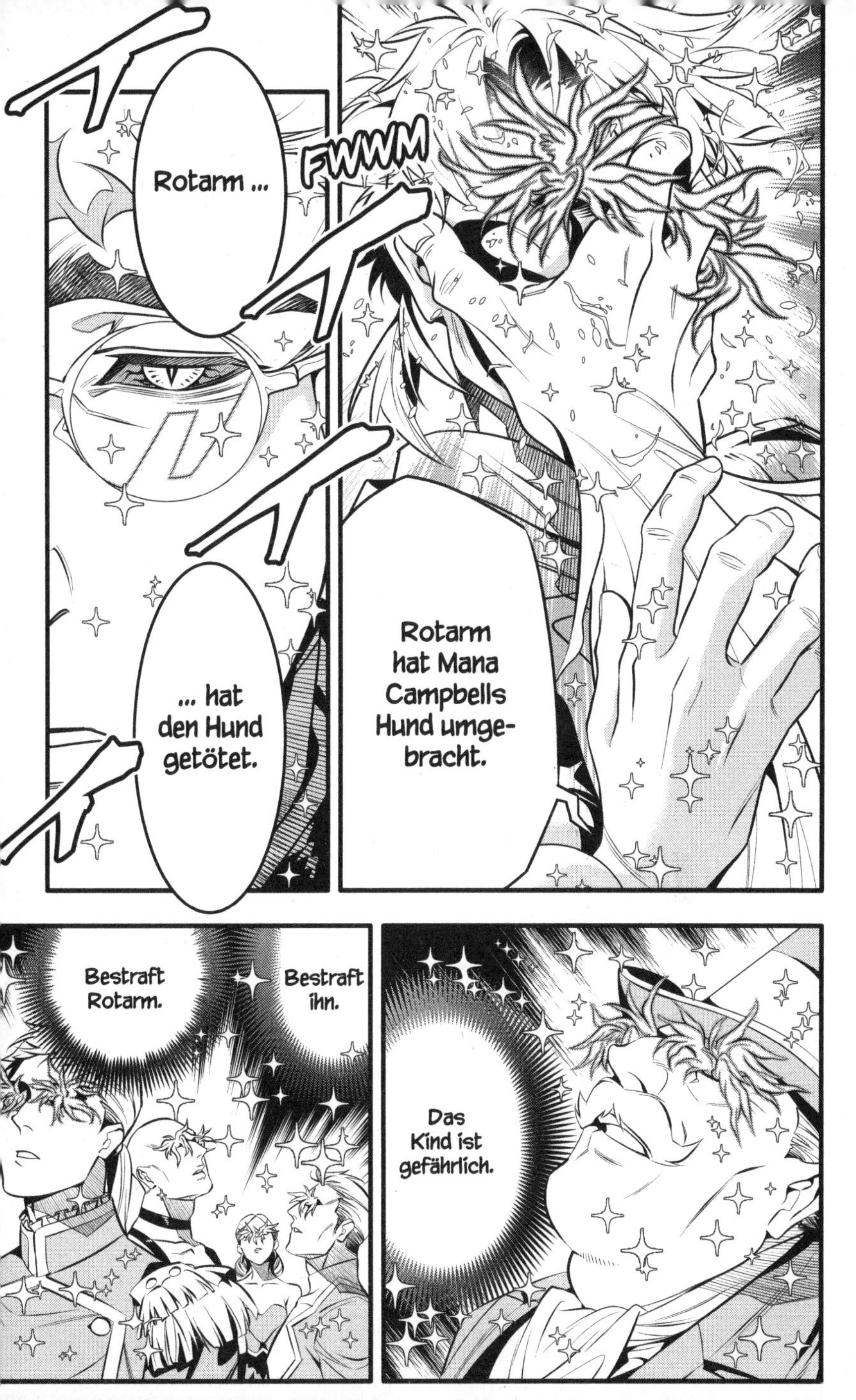
Rotarm hat Mana Campbells Hund umgebracht.
FWWM
Rotarm ...
... hat den Hund getötet.
Das Kind ist gefährlich.
Bestraft ihn.
Bestraft Rotarm.

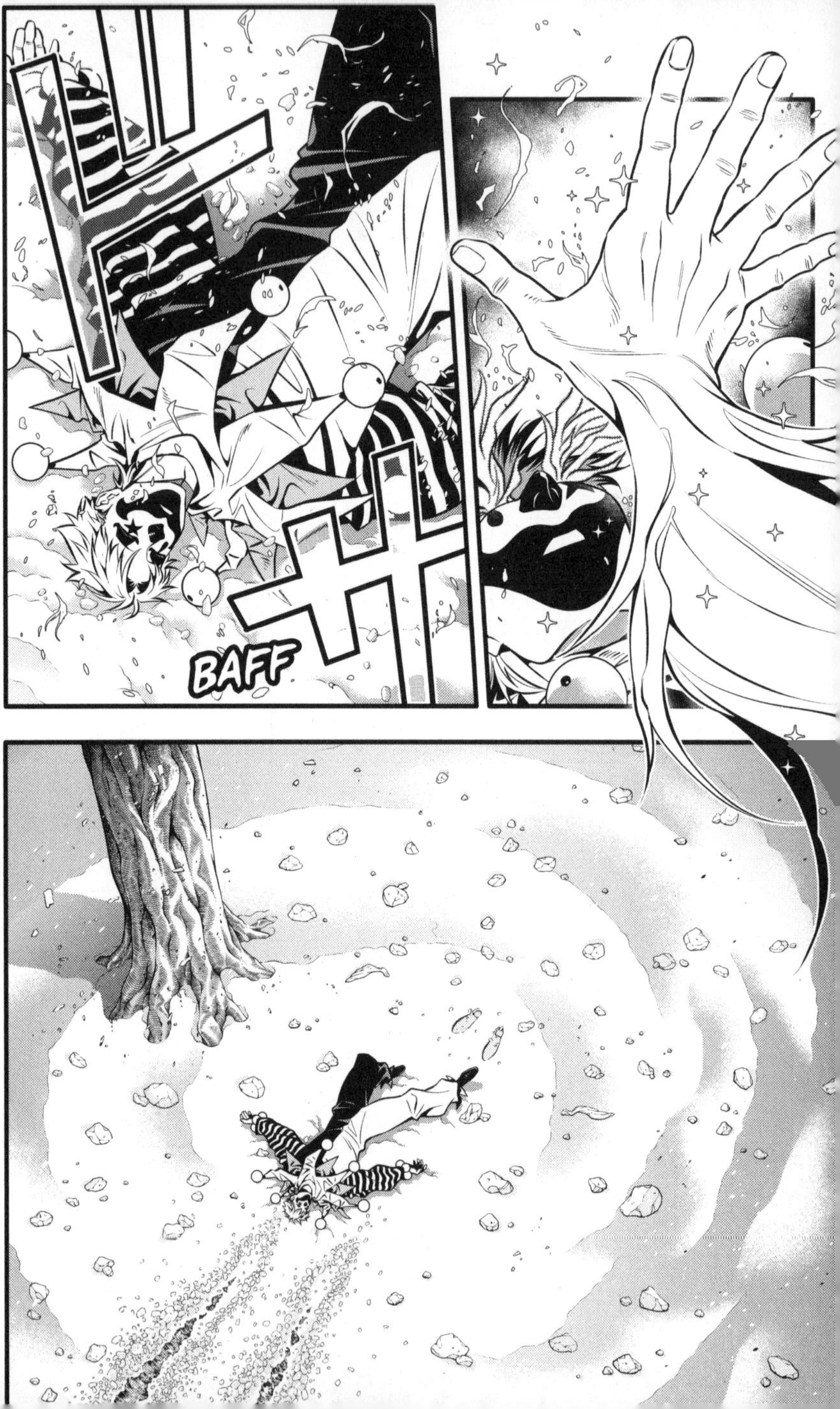
BAFF

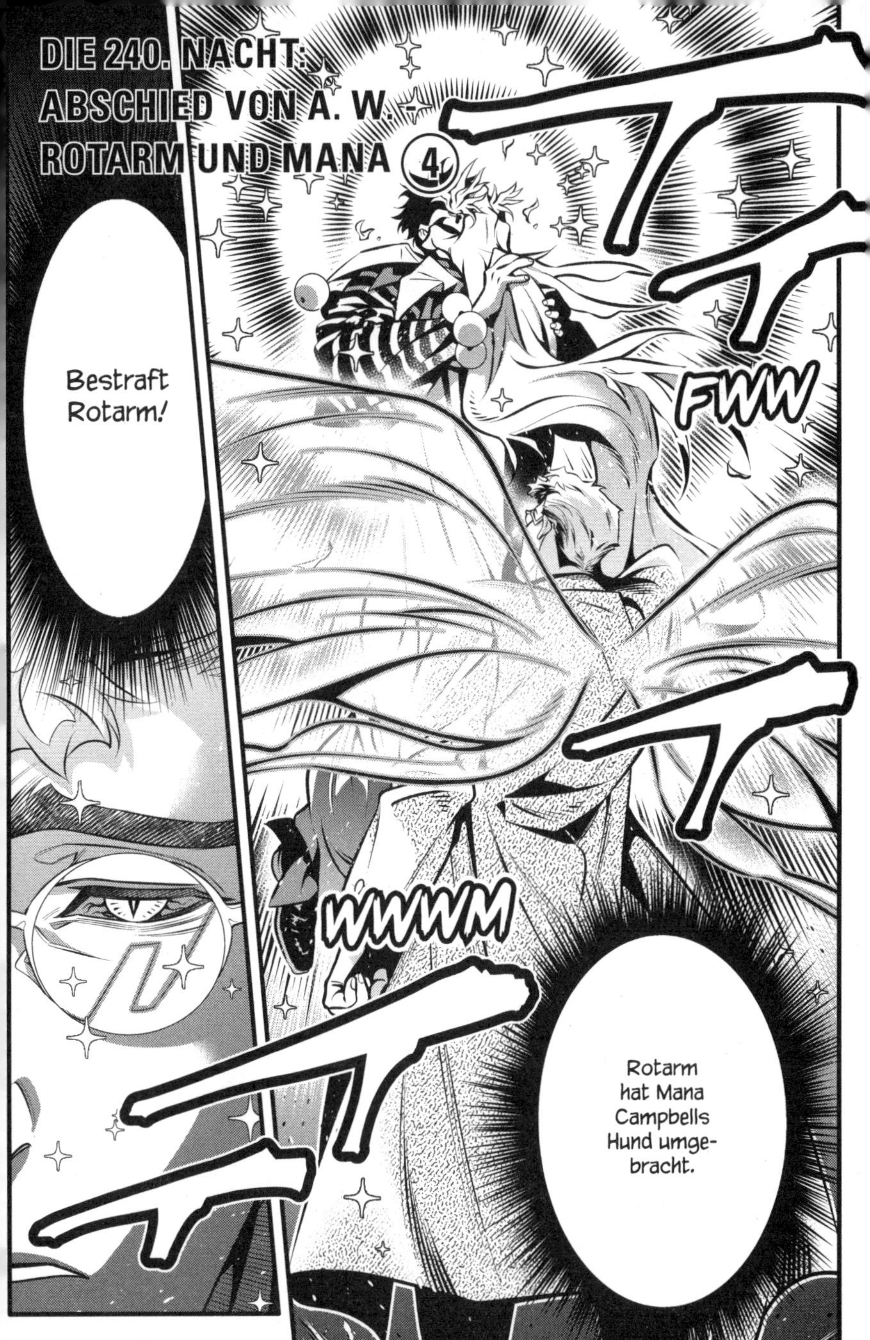
DIE 240. NACHT:
ABSCHIED VON A. W. ROTARM UND MANA 4
FWW
WWWM
Rotarm hat Mana Campbells Hund umgebracht.
Bestraft Rotarm!

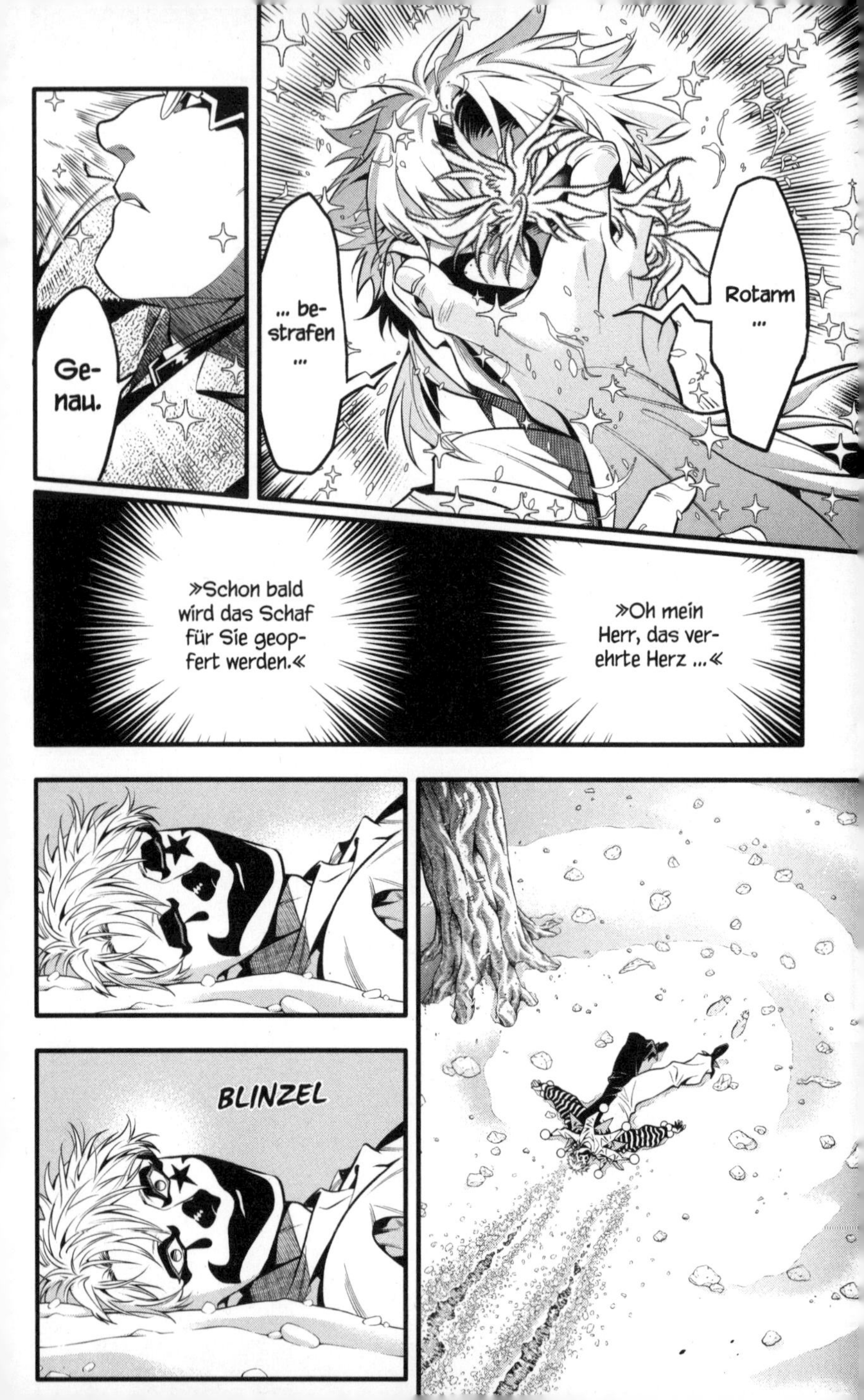
Rotarm ...
... be-
strafen ...
Ge-
nau.
»Oh mein Herr, das ver-
ehrte Herz ...«
»Schon bald wird das Schaf für Sie geop-
fert werden.«
BLINZEL

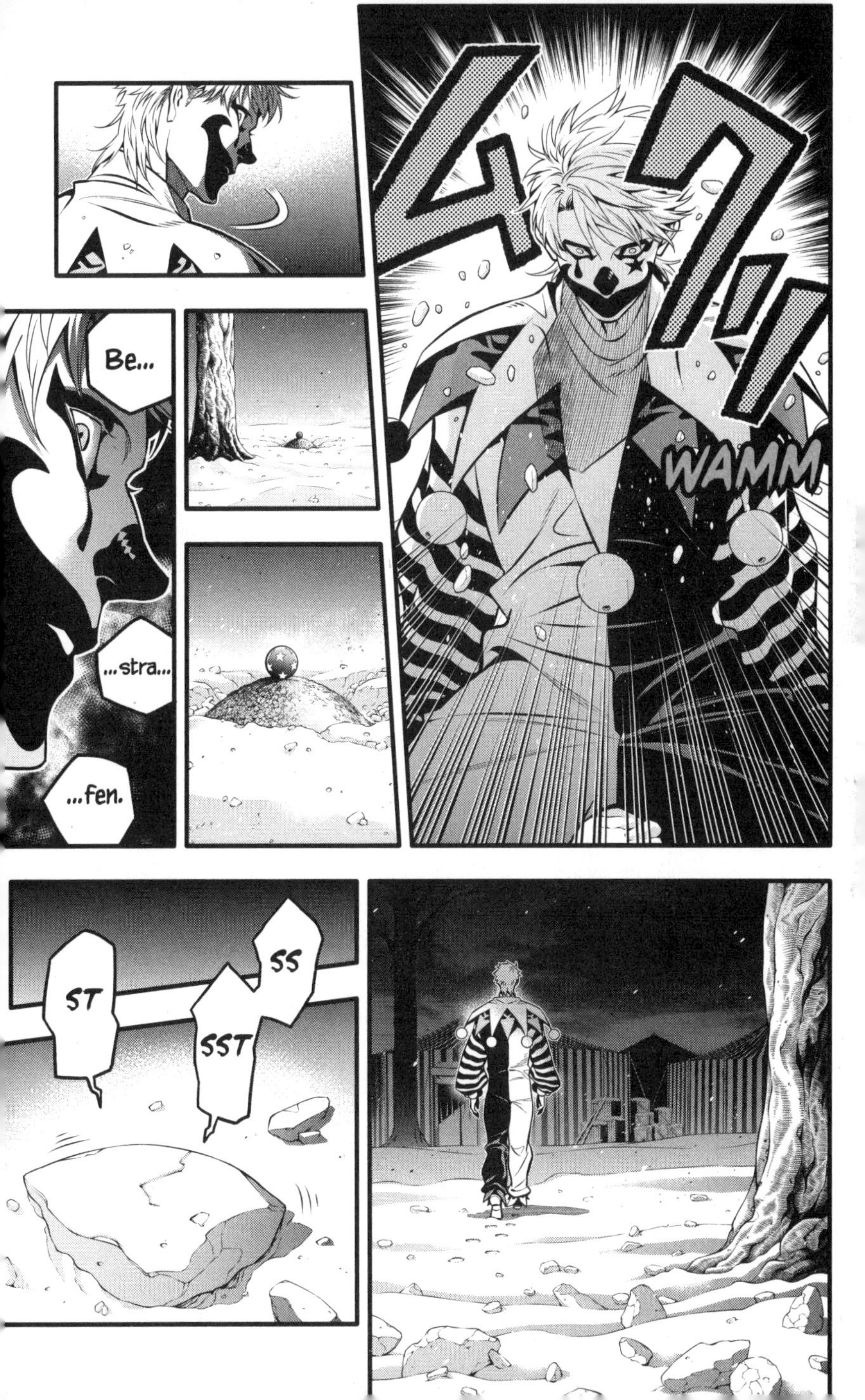
WAMM
Be...
...stra...
...fen.
SS
SST
ST

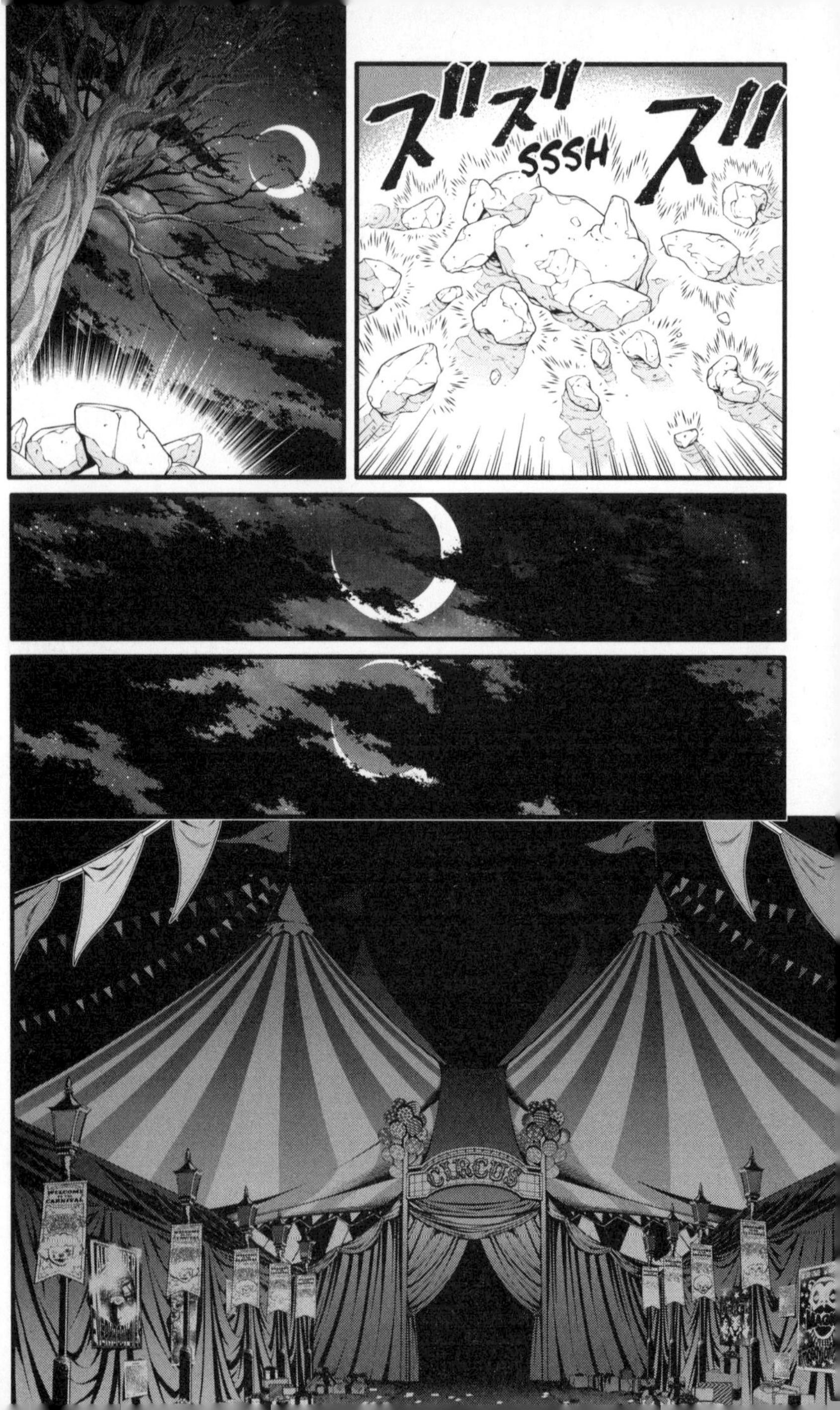
ズ
ズ
SSSH
ズ
CIRCUS

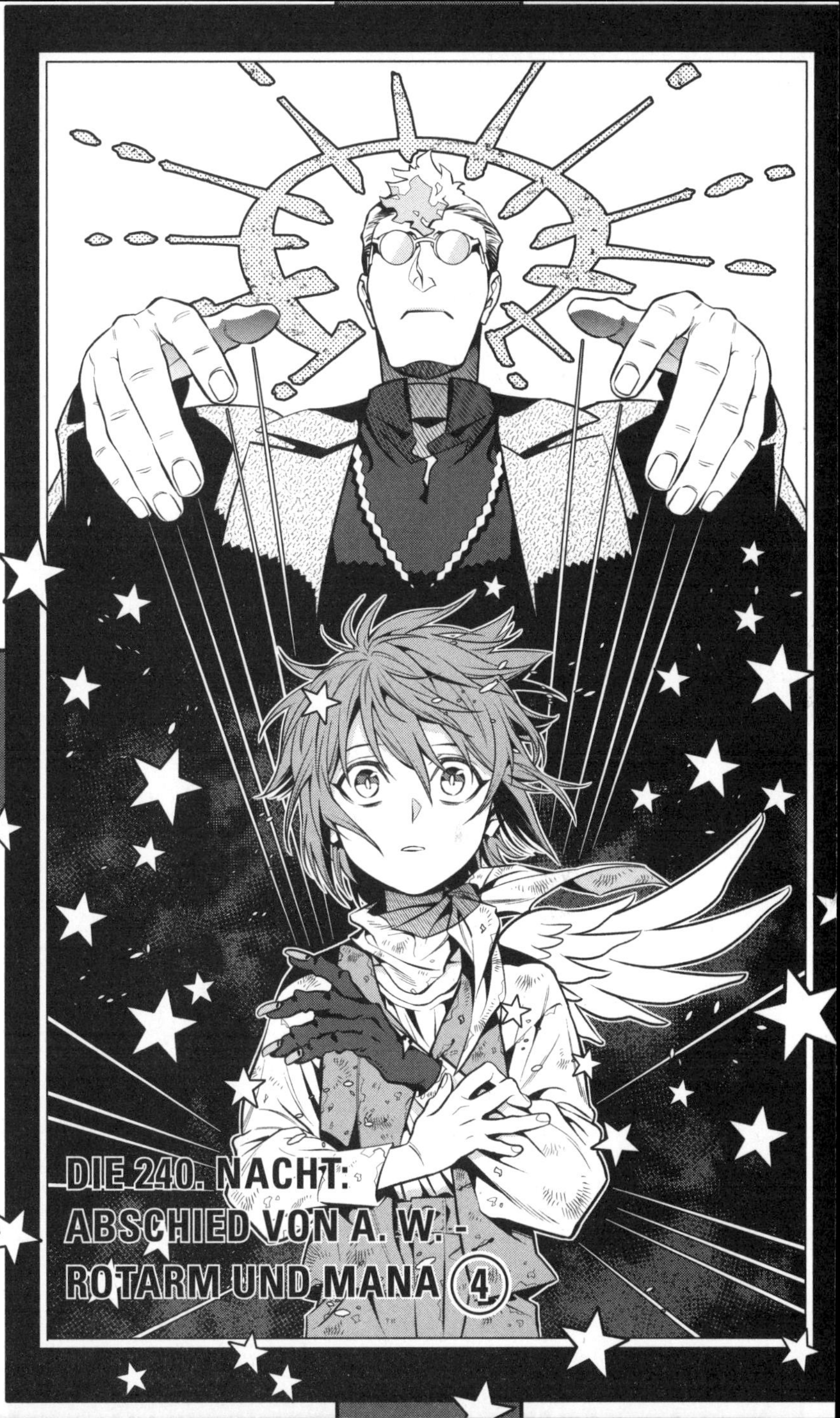
DIE 240. NACHT:
ABSCHIED VON A. W. -
ROTARM UND MANA ④

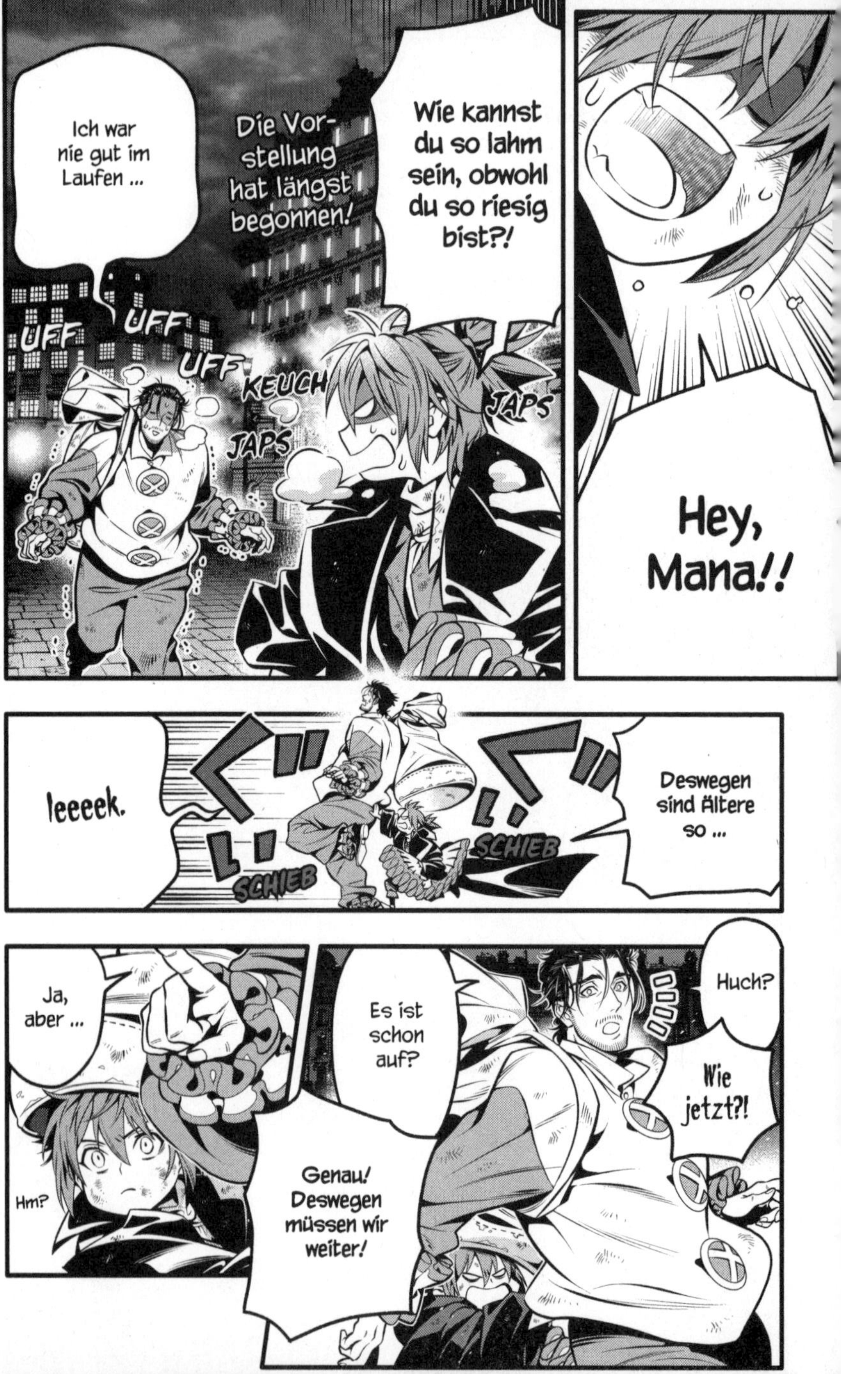

Hey, Mana!!
Wie kannst du so lahm sein, obwohl du so riesig bist?!
Die Vorstellung hat längst begonnen!
Ich war nie gut im Laufen ...
UFF
UFF
UFF
KEUCH
JAPS
JAPS
Deswegen sind Ältere so ...
Ieeeek.
SCHIEB
SCHIEB
Huch?
Wie jetzt?!
Es ist schon auf?
Genau! Deswegen müssen wir weiter!
Ja, aber ...
Hm?

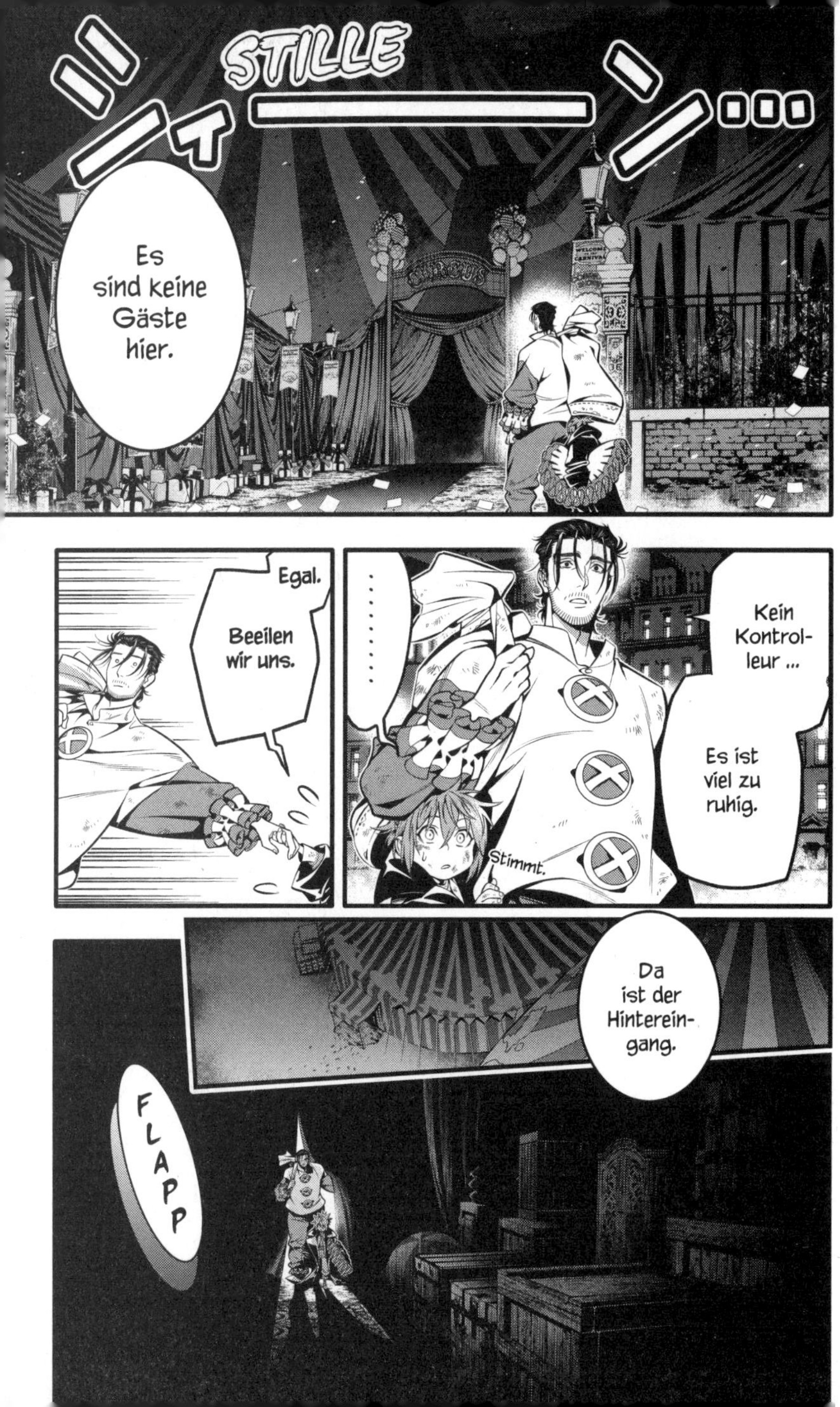
STILLE
Es sind keine Gäste hier.
Kein Kontrolleur ...
Es ist viel zu ruhig.
Stimmt.
......
Egal.
Beeilen wir uns.
Da ist der Hintereingang.
FLAPP

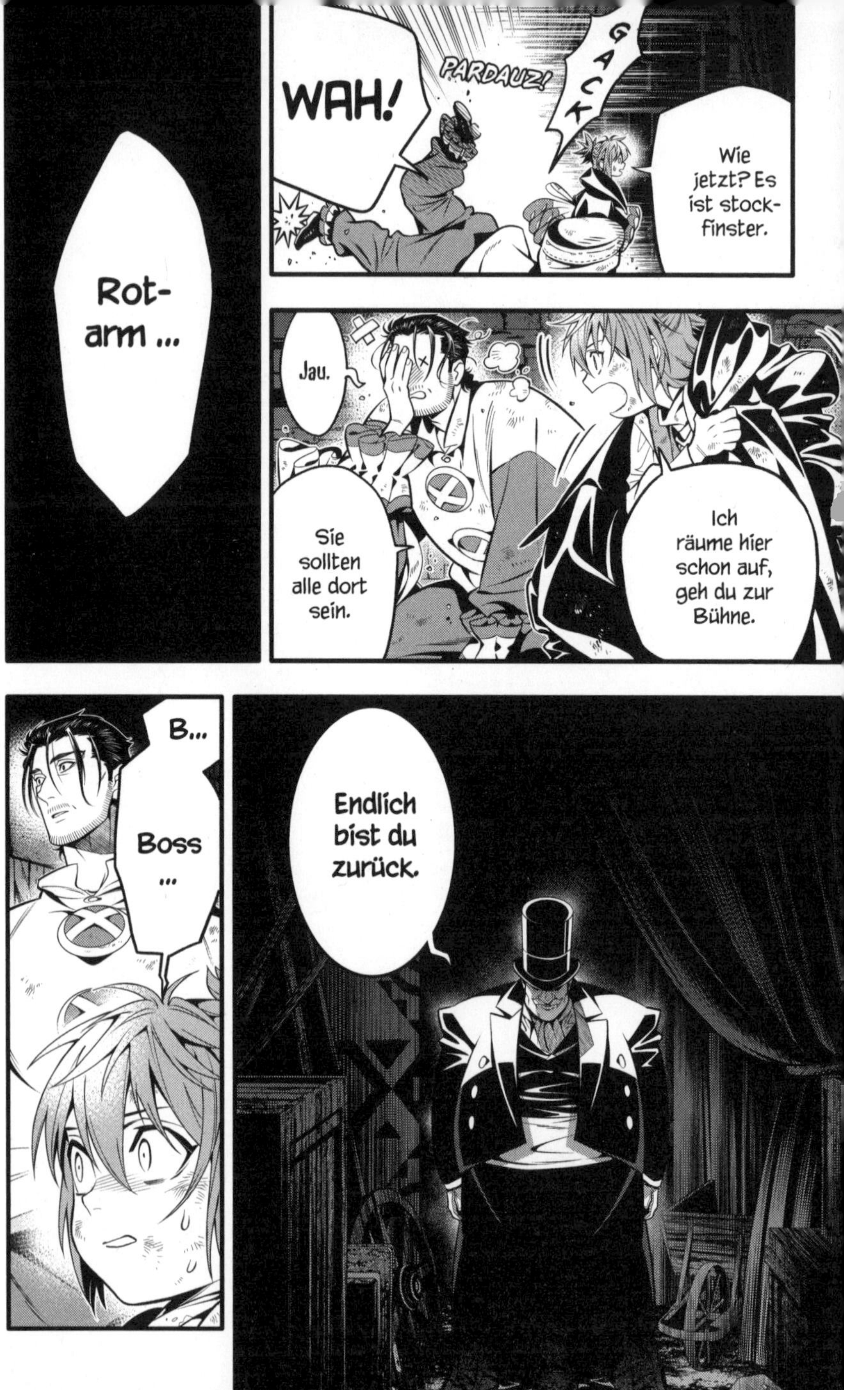
GACK
Wie jetzt? Es ist stockfinster.
PARDAUZ!
WAH!
Ich räume hier schon auf, geh du zur Bühne.
Jau.
Sie sollten alle dort sein.
Rot-arm ...
Endlich bist du zurück.
B...
Boss ...

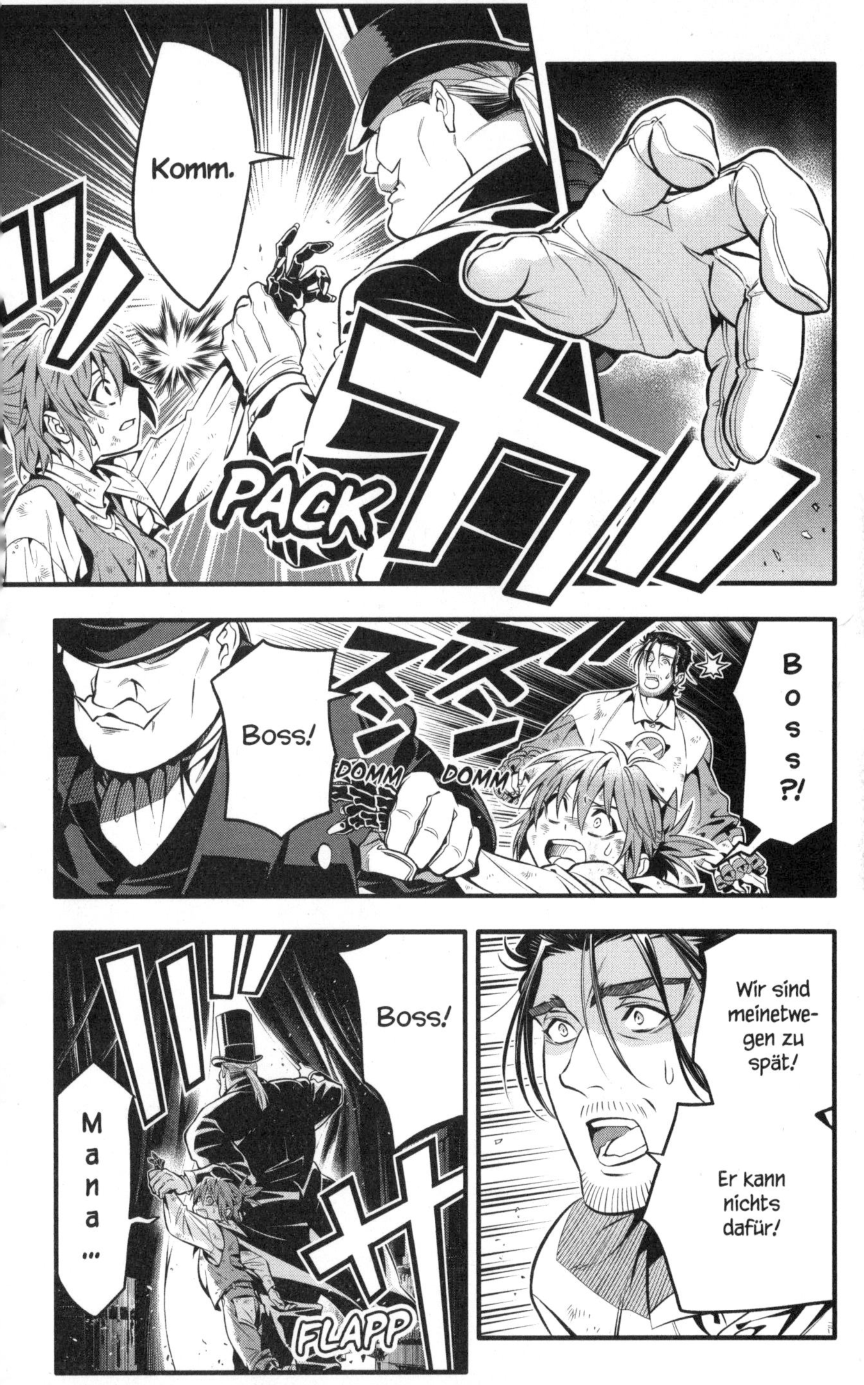

Komm.
PACK
Boss?!
DOMM
DOMM
Boss!
Wir sind meinetwegen zu spät!
Er kann nichts dafür!
Boss!
Mana ...
FLAPP

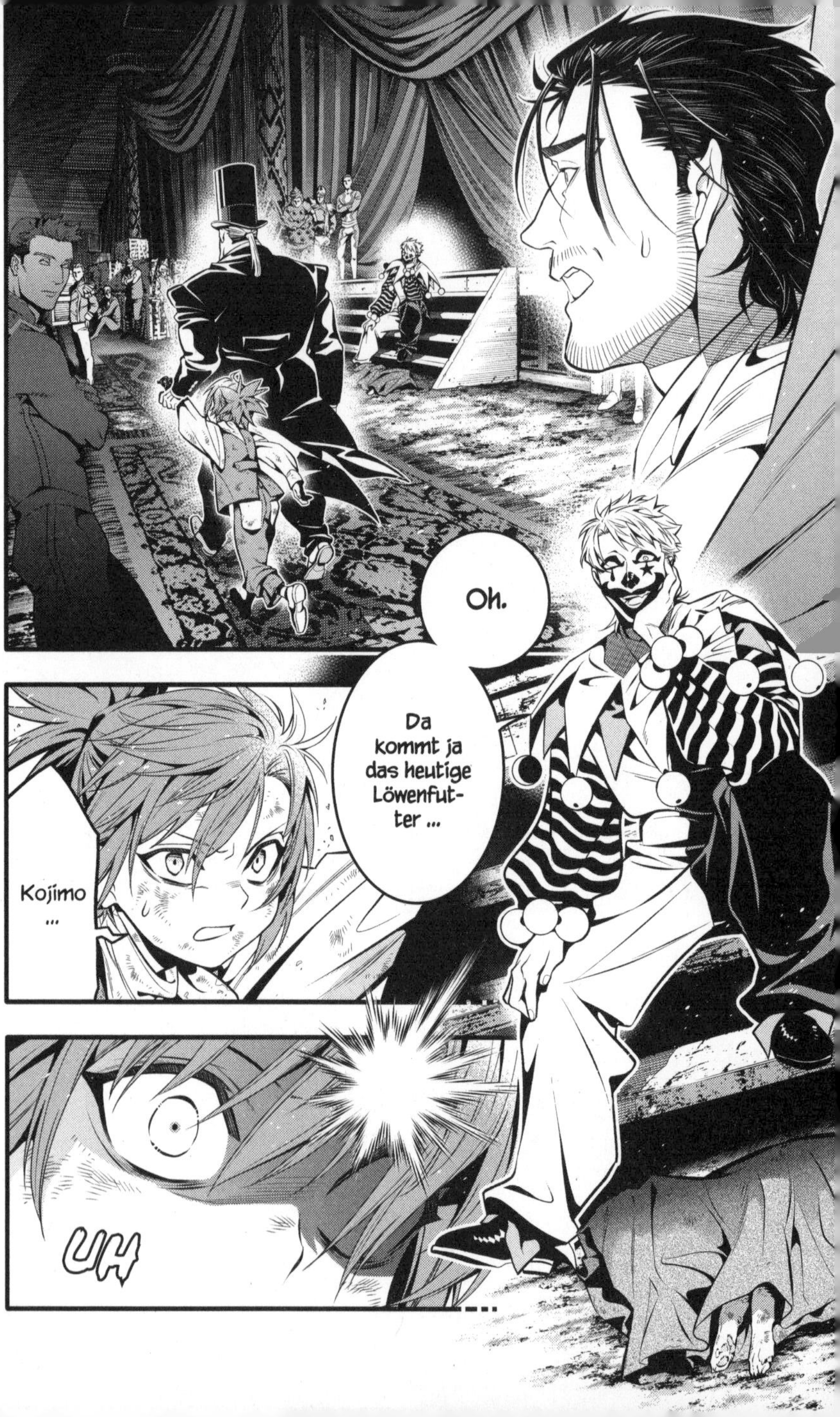
Oh.
Da kommt ja das heutige Löwenfutter ...
Kojimo ...
UH

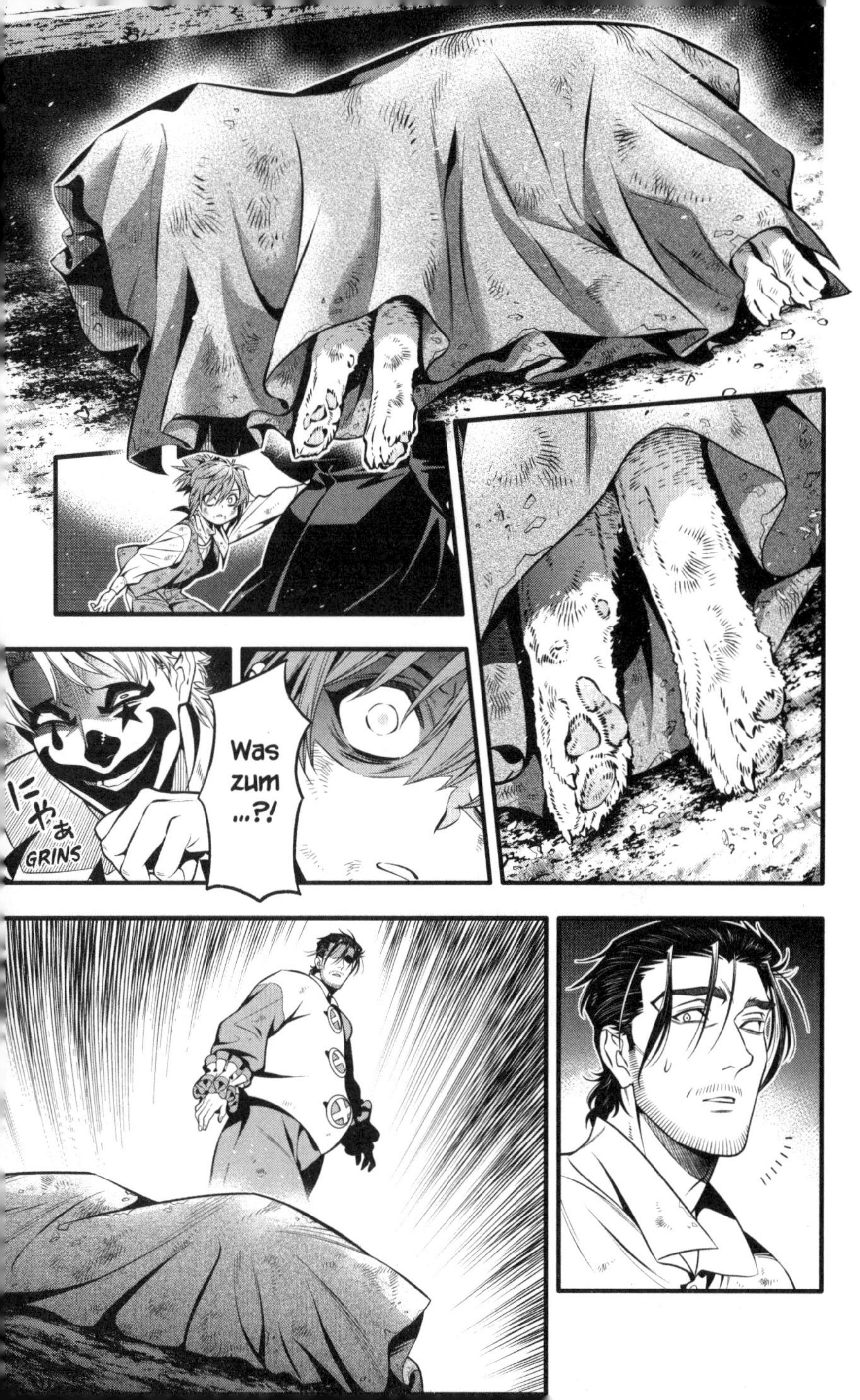
Was zum ...?!
にやぁ
GRINS

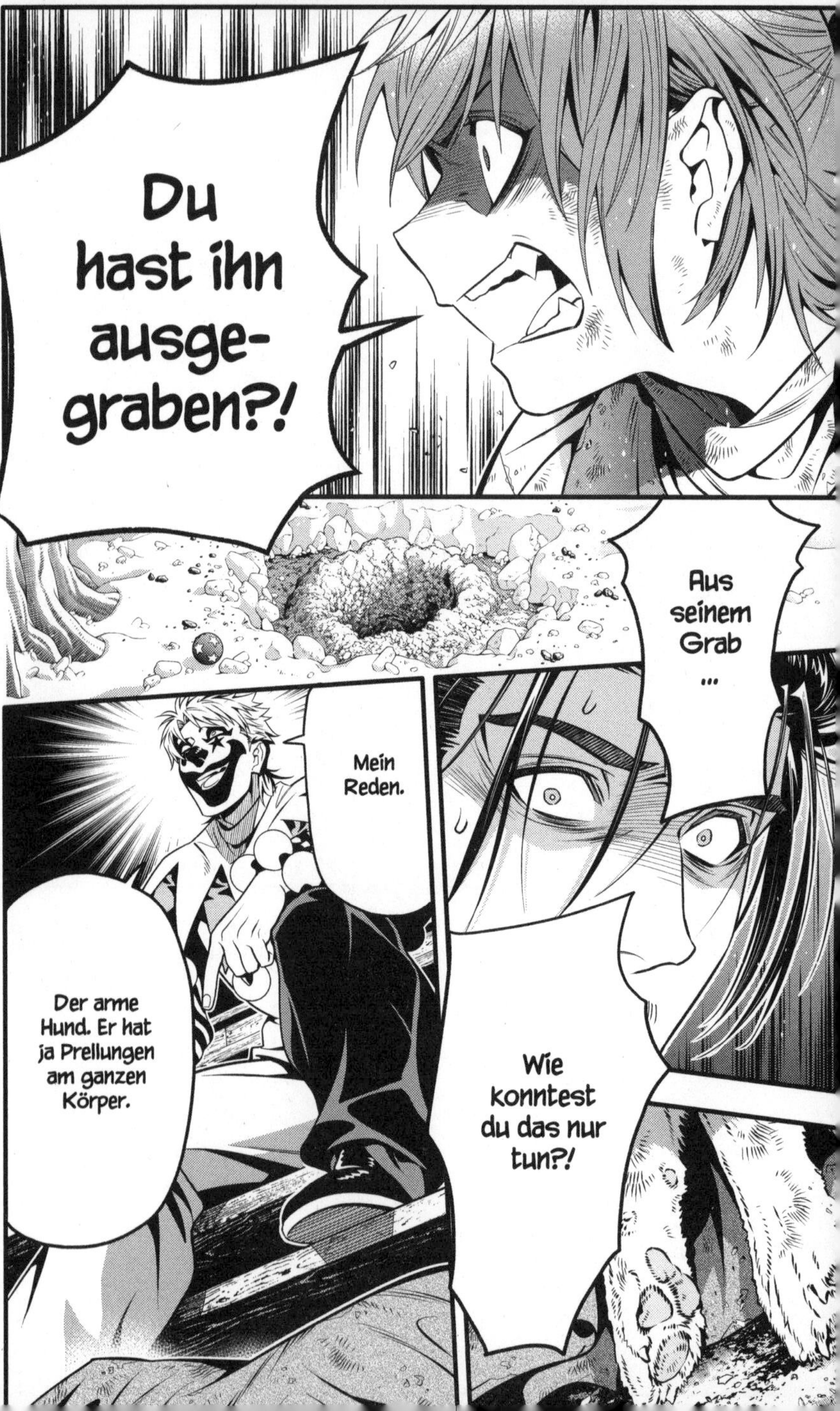
Du hast ihn ausge-graben?!
Aus seinem Grab ...
Wie konntest du das nur tun?!
Mein Reden.
Der arme Hund. Er hat ja Prellungen am ganzen Körper.

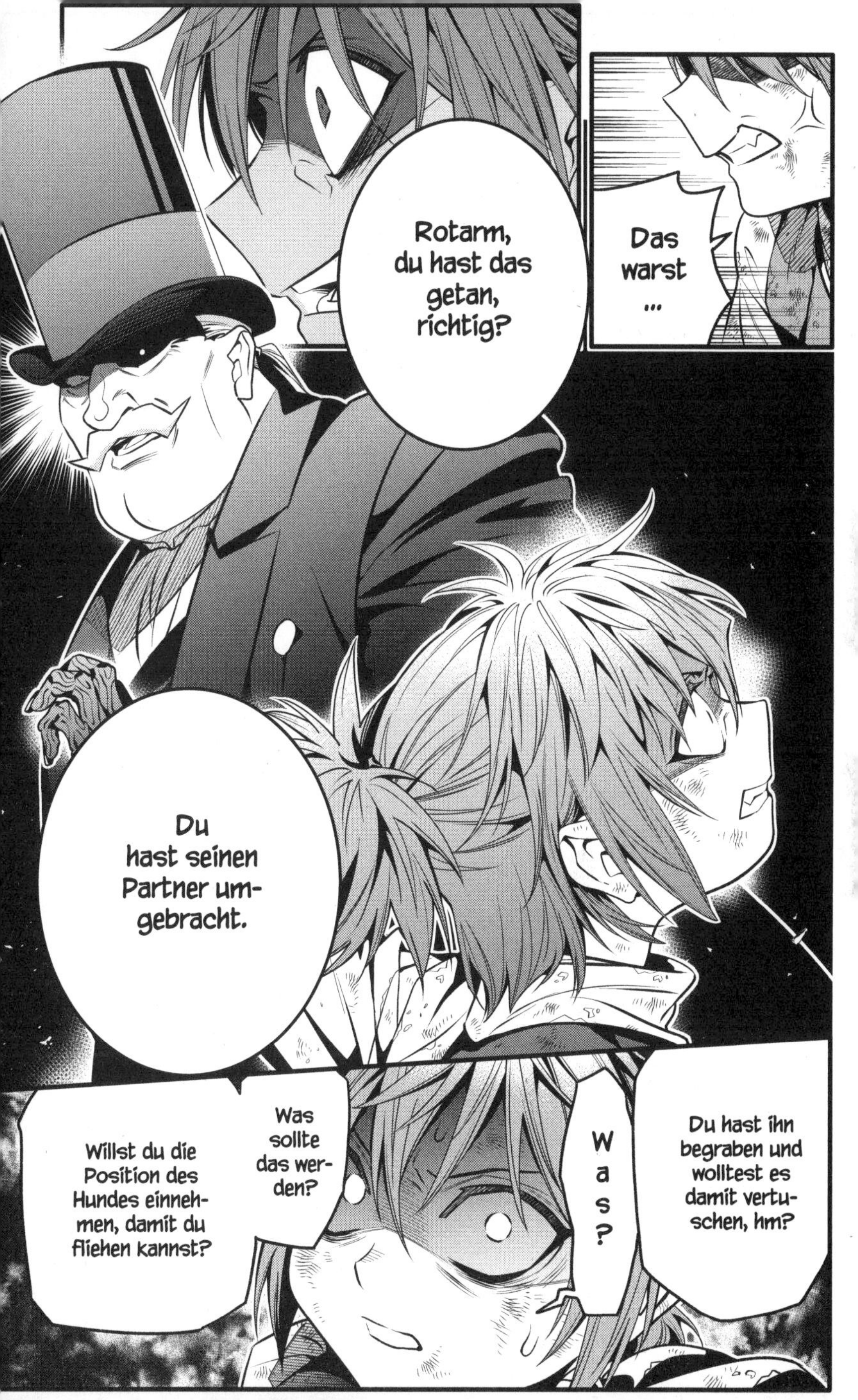

Das warst ...
Rotarm, du hast das getan, richtig?
Du hast seinen Partner umgebracht.
Du hast ihn begraben und wolltest es damit vertuschen, hm?
Was?
Was sollte das werden?
Willst du die Position des Hundes einnehmen, damit du fliehen kannst?

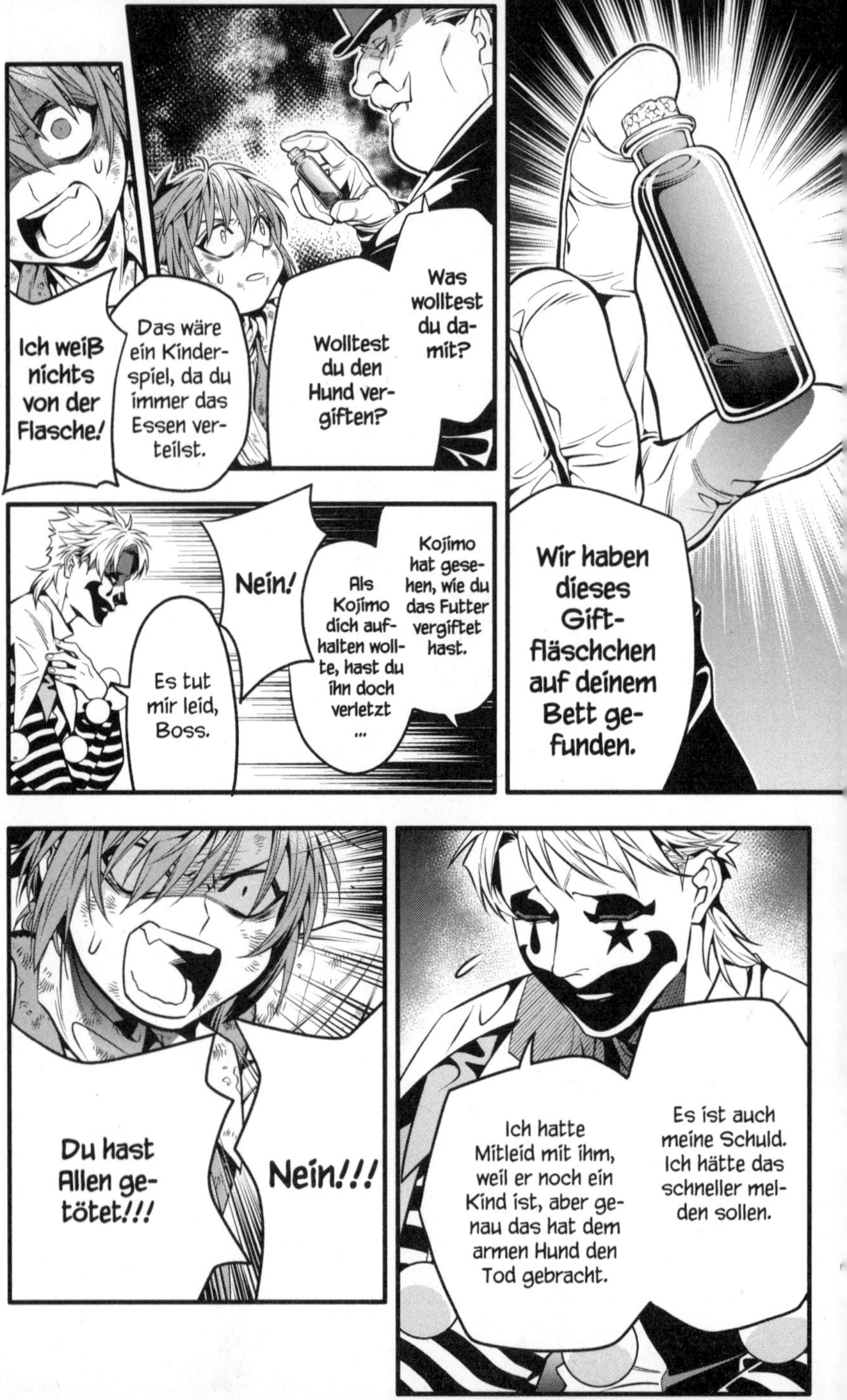
Wir haben dieses Giftfläschchen auf deinem Bett gefunden.
Was wolltest du damit?
Wolltest du den Hund vergiften?
Das wäre ein Kinderspiel, da du immer das Essen verteilst.
Ich weiß nichts von der Flasche!
Kojimo hat gesehen, wie du das Futter vergiftet hast.
Als Kojimo dich aufhalten wollte, hast du ihn doch verletzt ...
Nein!
Es tut mir leid, Boss.
Es ist auch meine Schuld. Ich hätte das schneller melden sollen.
Ich hatte Mitleid mit ihm, weil er noch ein Kind ist, aber genau das hat dem armen Hund den Tod gebracht.
Nein!!!
Du hast Allen getötet!!!

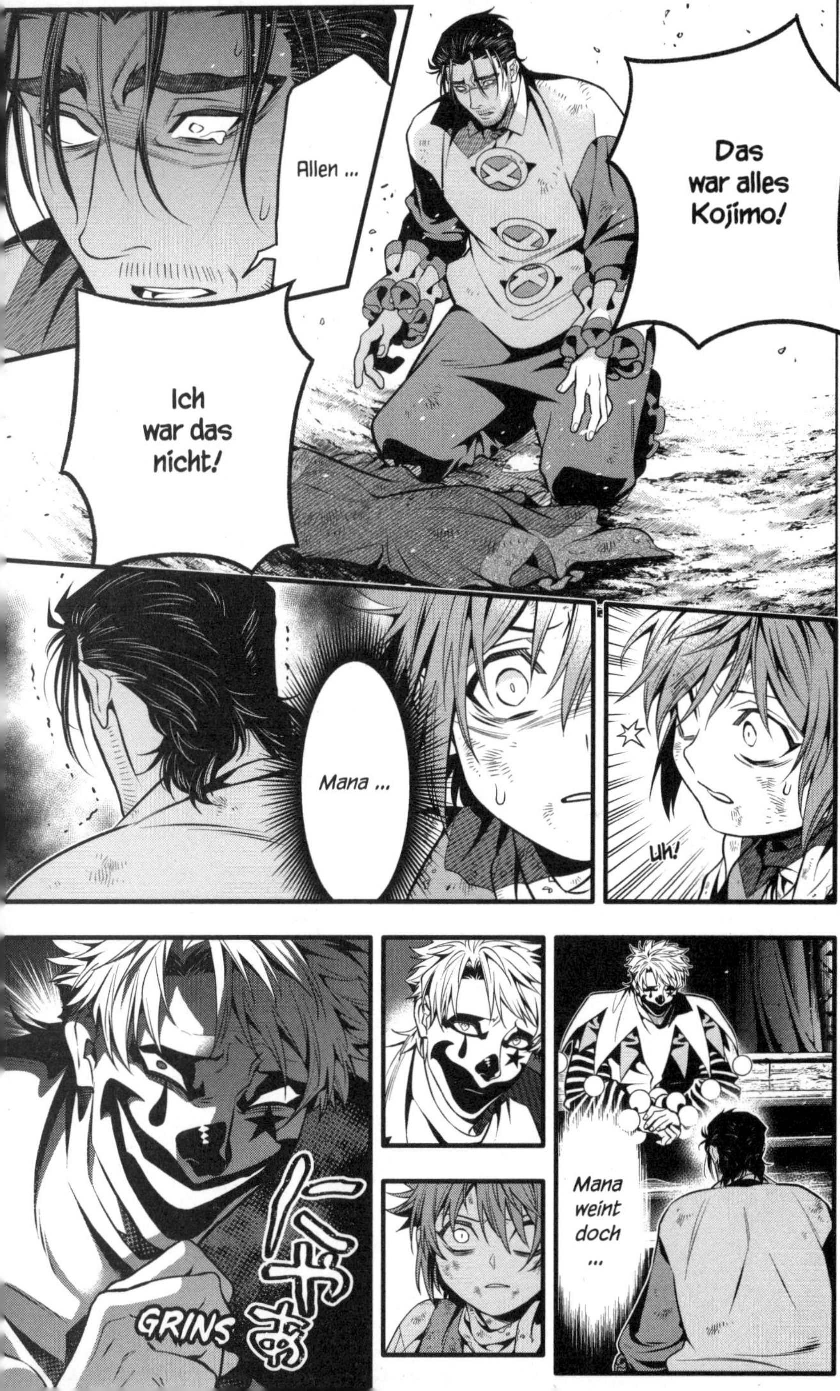
Das war alles Kojimo!
Allen ...
Ich war das nicht!
Uh!
Mana ...
Mana weint doch ...
GRINS

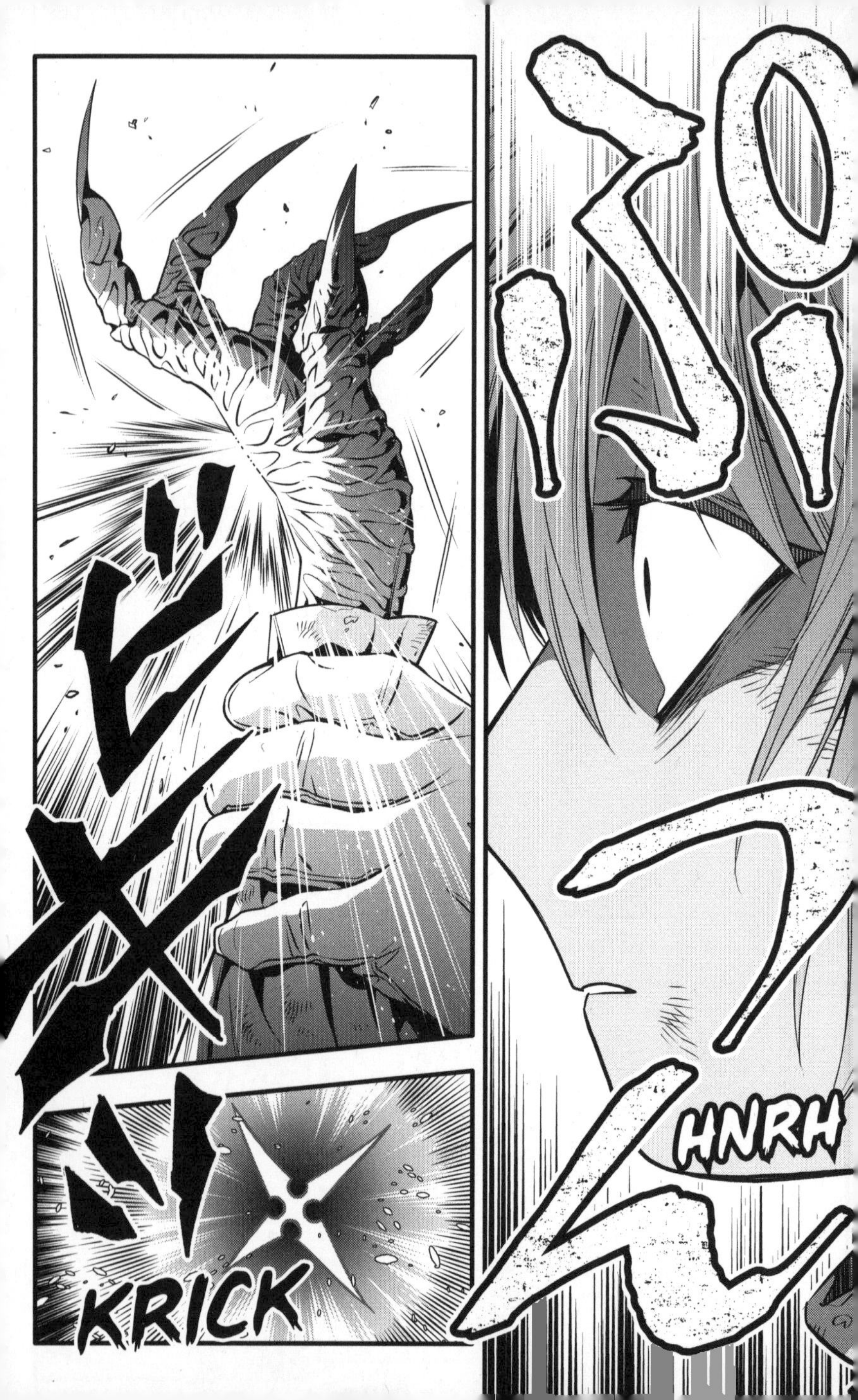
HNRH
KRICK

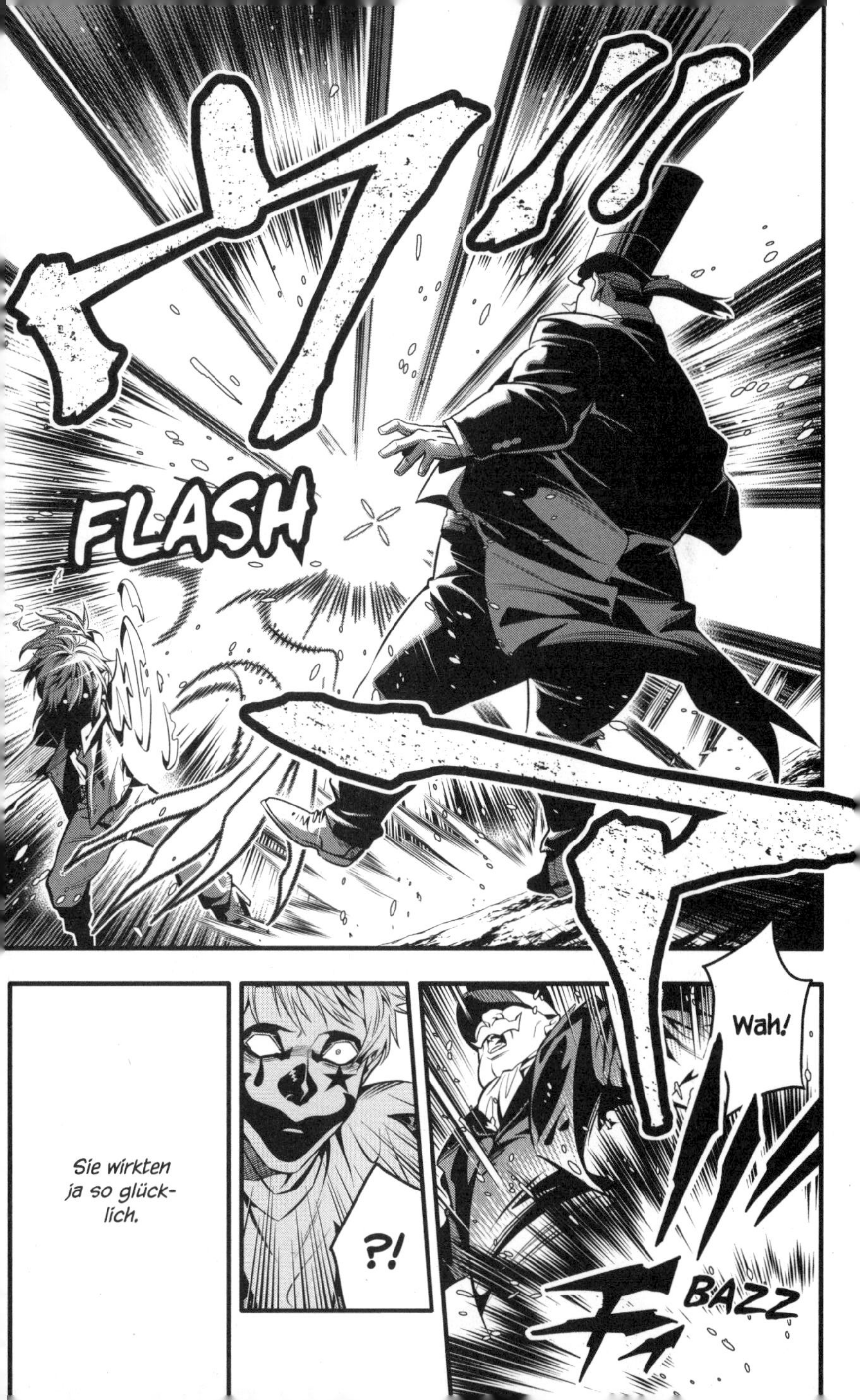
FLASH
Sie wirkten ja so glücklich.
?!
Wah!
BAZZ

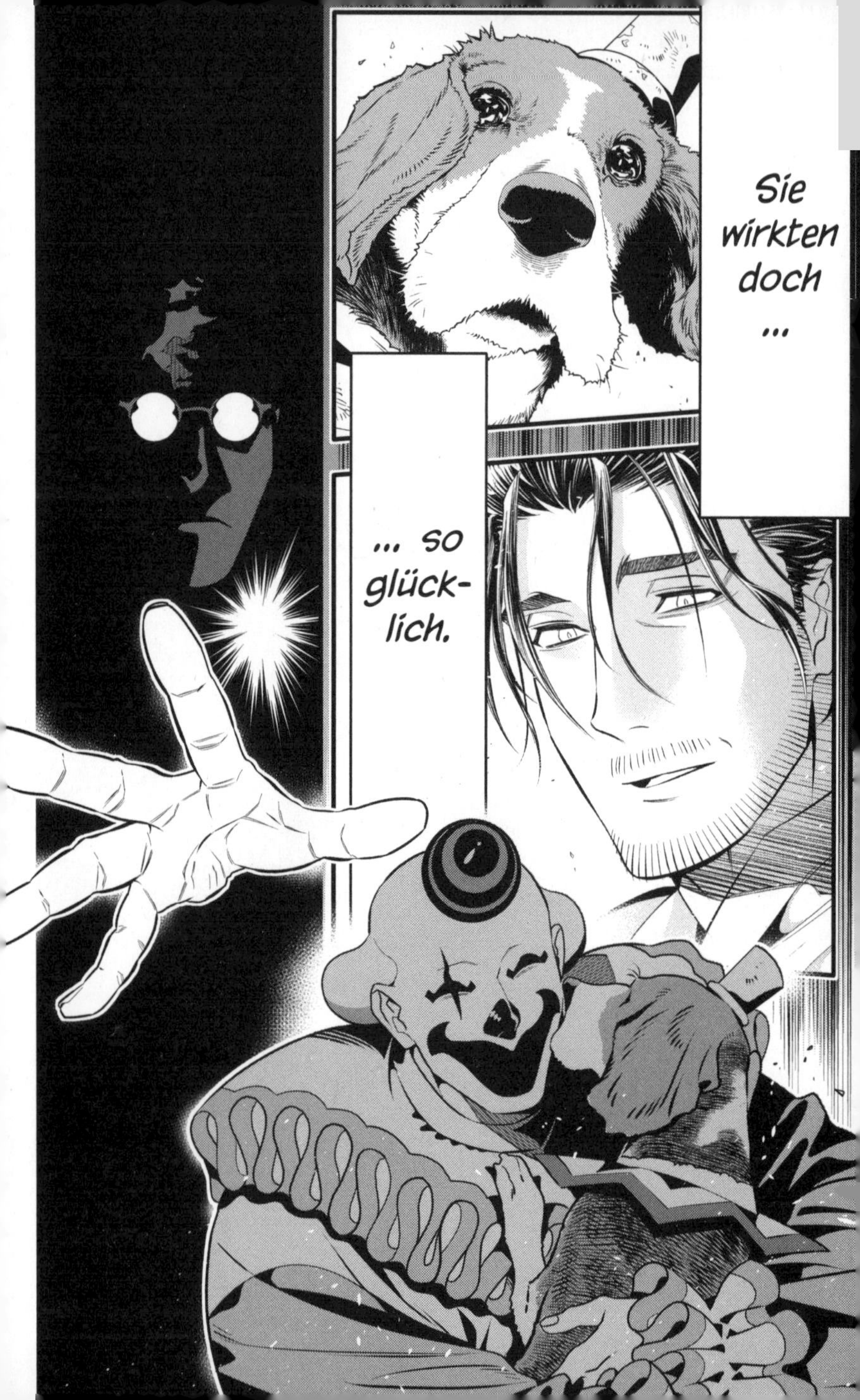
Sie wirkten doch ...
... so glück-lich.

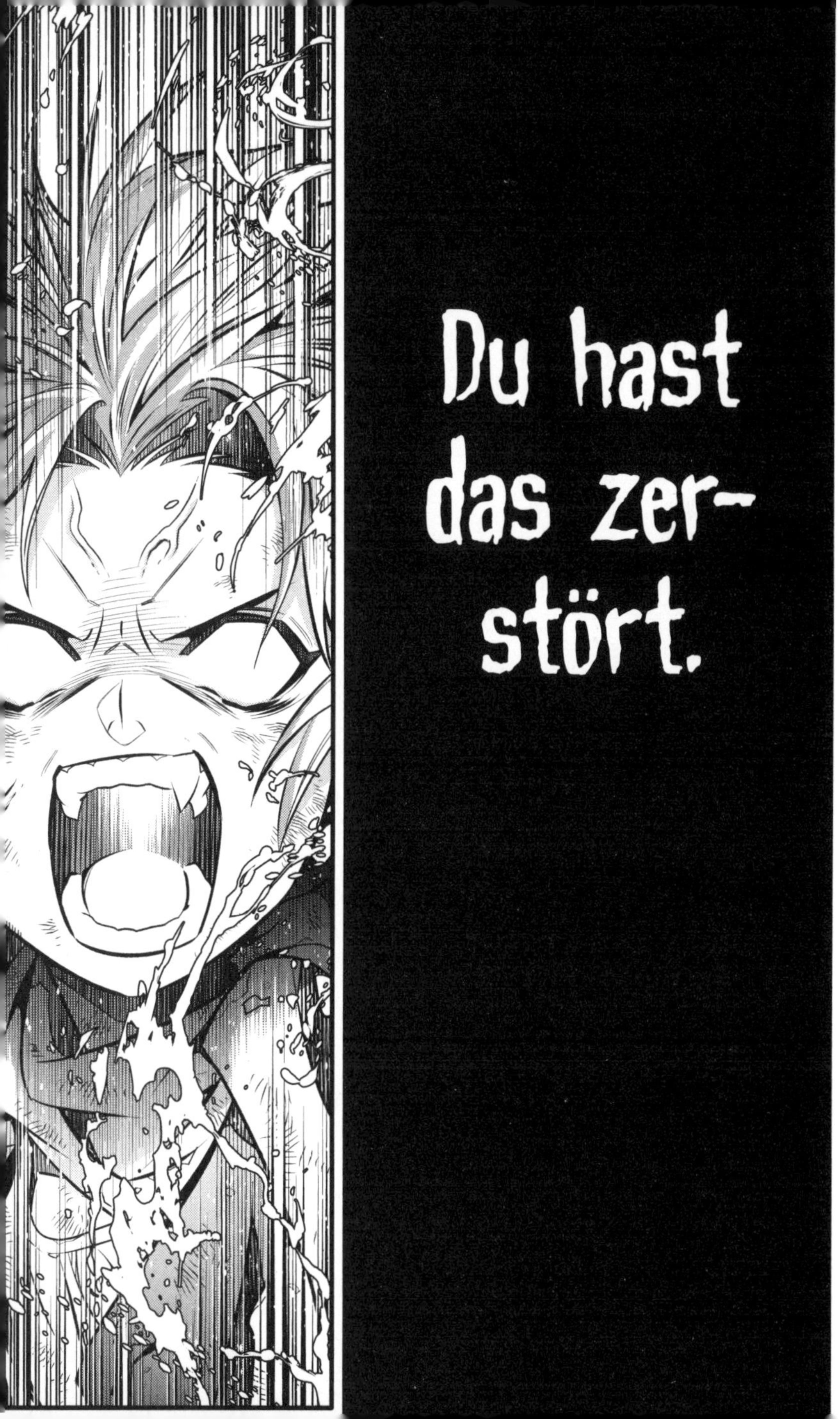
Du hast das zer-störst.

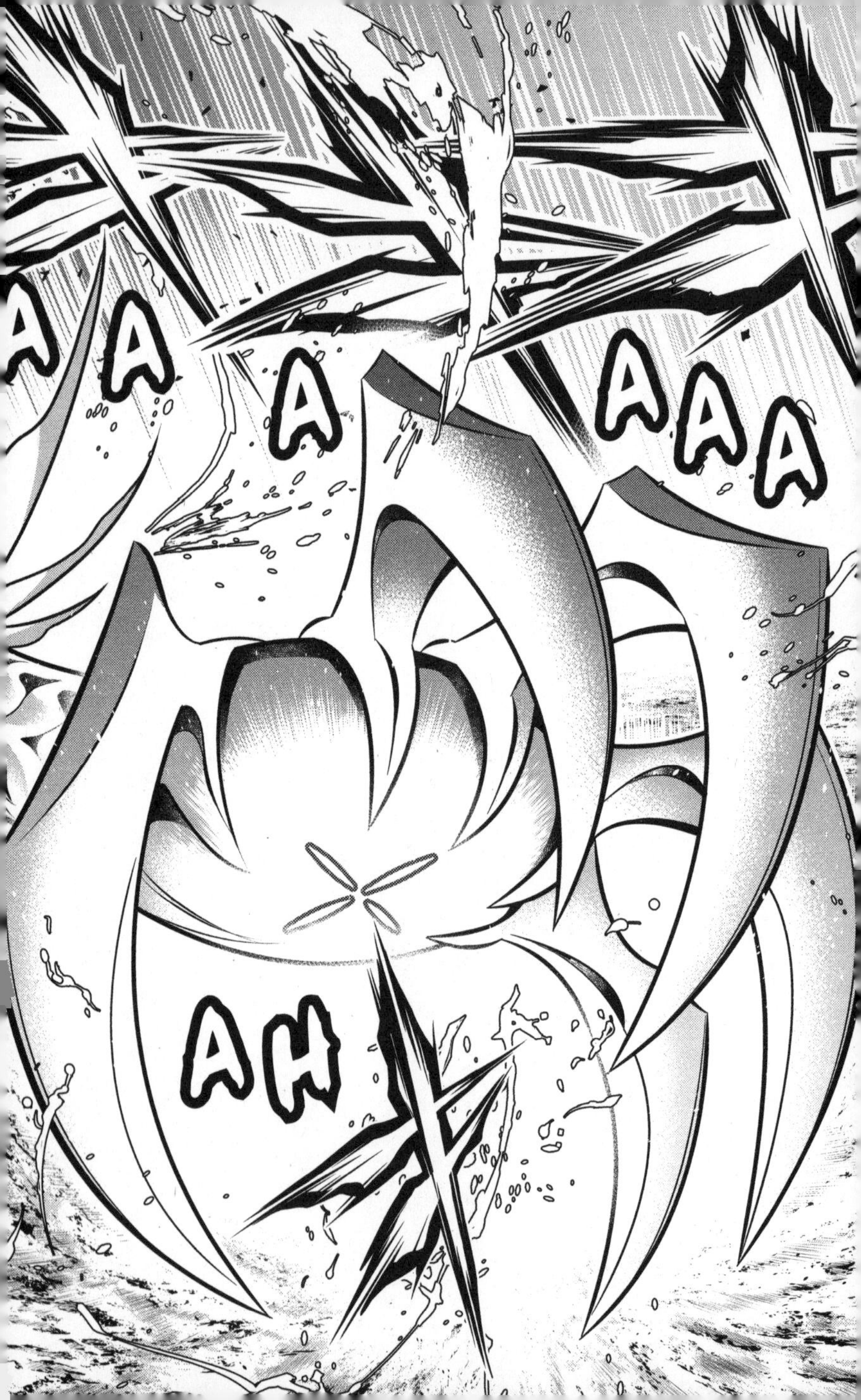
AAAAAA
AH

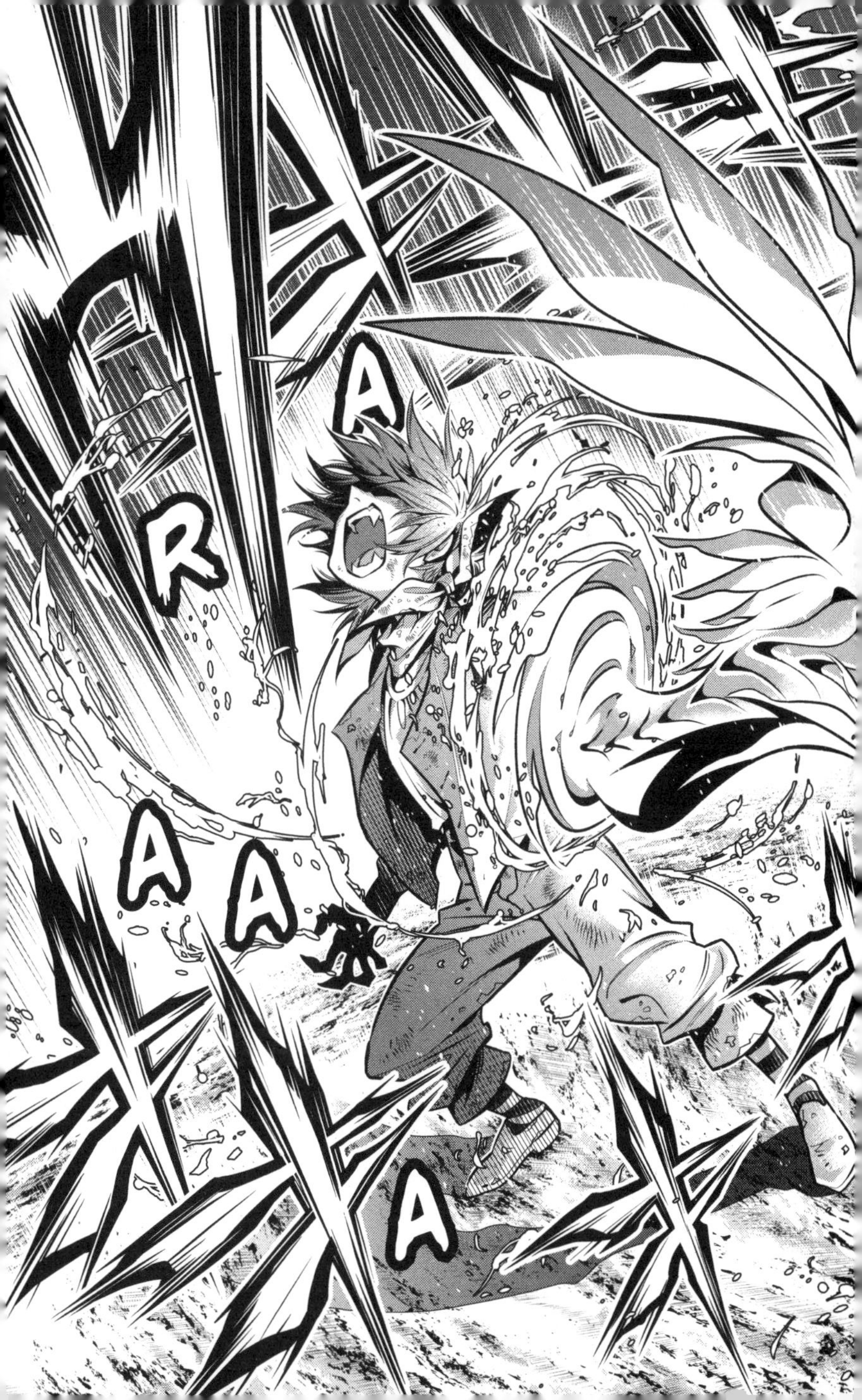
A
R
A
A
A

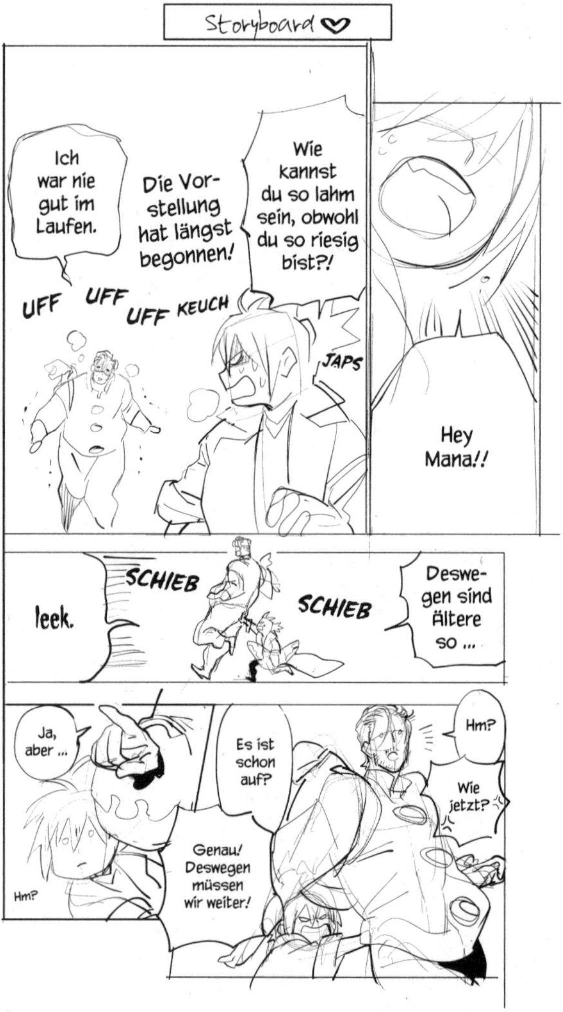
Storyboard
Ich war nie gut im Laufen.
Die Vorstellung hat längst begonnen!
Wie kannst du so lahm sein, obwohl du so riesig bist?!
UFF UFF UFF KEUCH
JAPS
Hey Mana!!
Deswegen sind Ältere so ...
SCHIEB
SCHIEB
Ieek.
Hm?
Wie jetzt?
Es ist schon auf?
Ja, aber ...
Genau! Deswegen müssen wir weiter!
Hm?

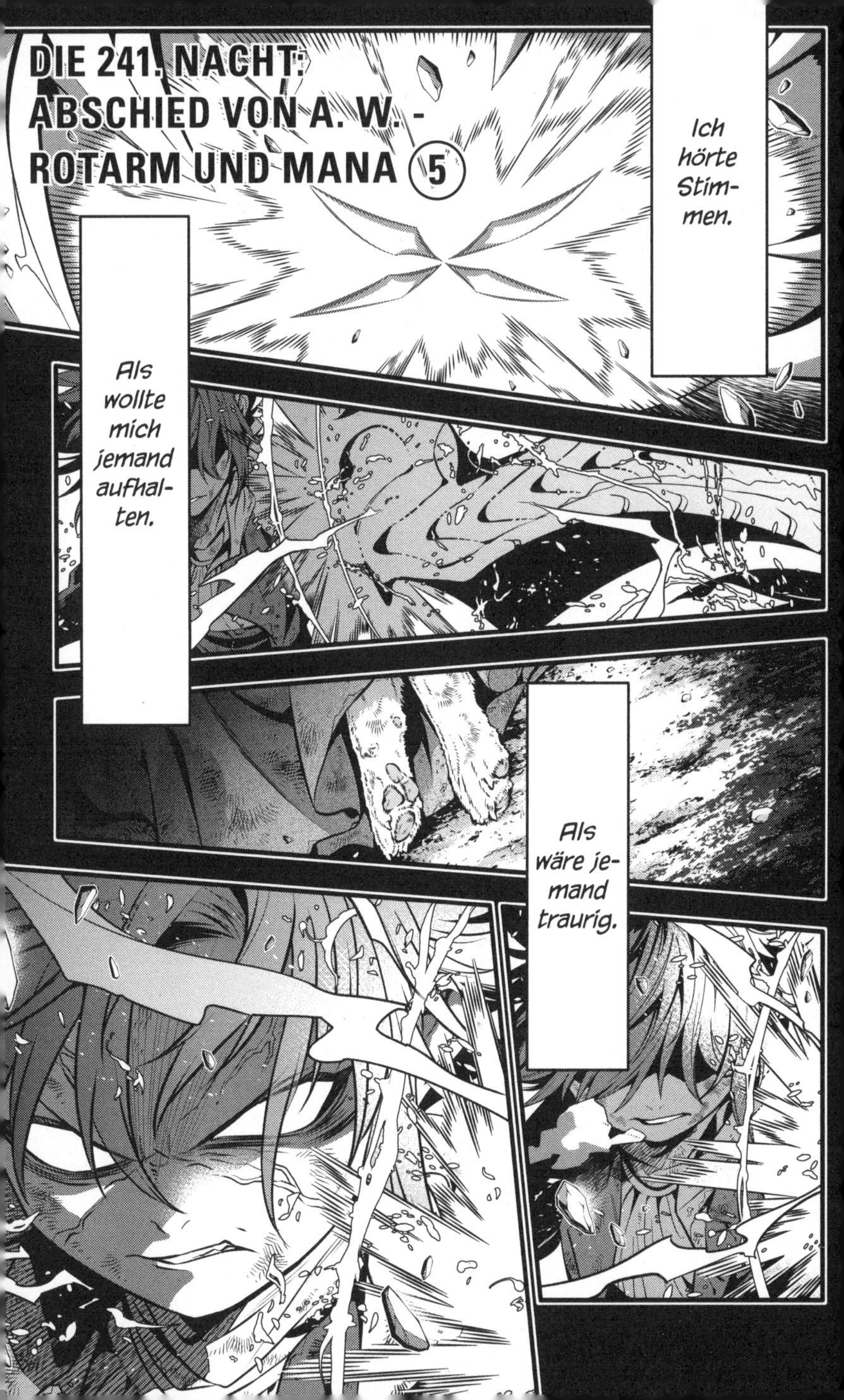
DIE 241. NACHT: ABSCHIED VON A. W. - ROTARM UND MANA ⑤
Ich hörte Stimmen.
Als wollte mich jemand aufhalten.
Als wäre jemand traurig.

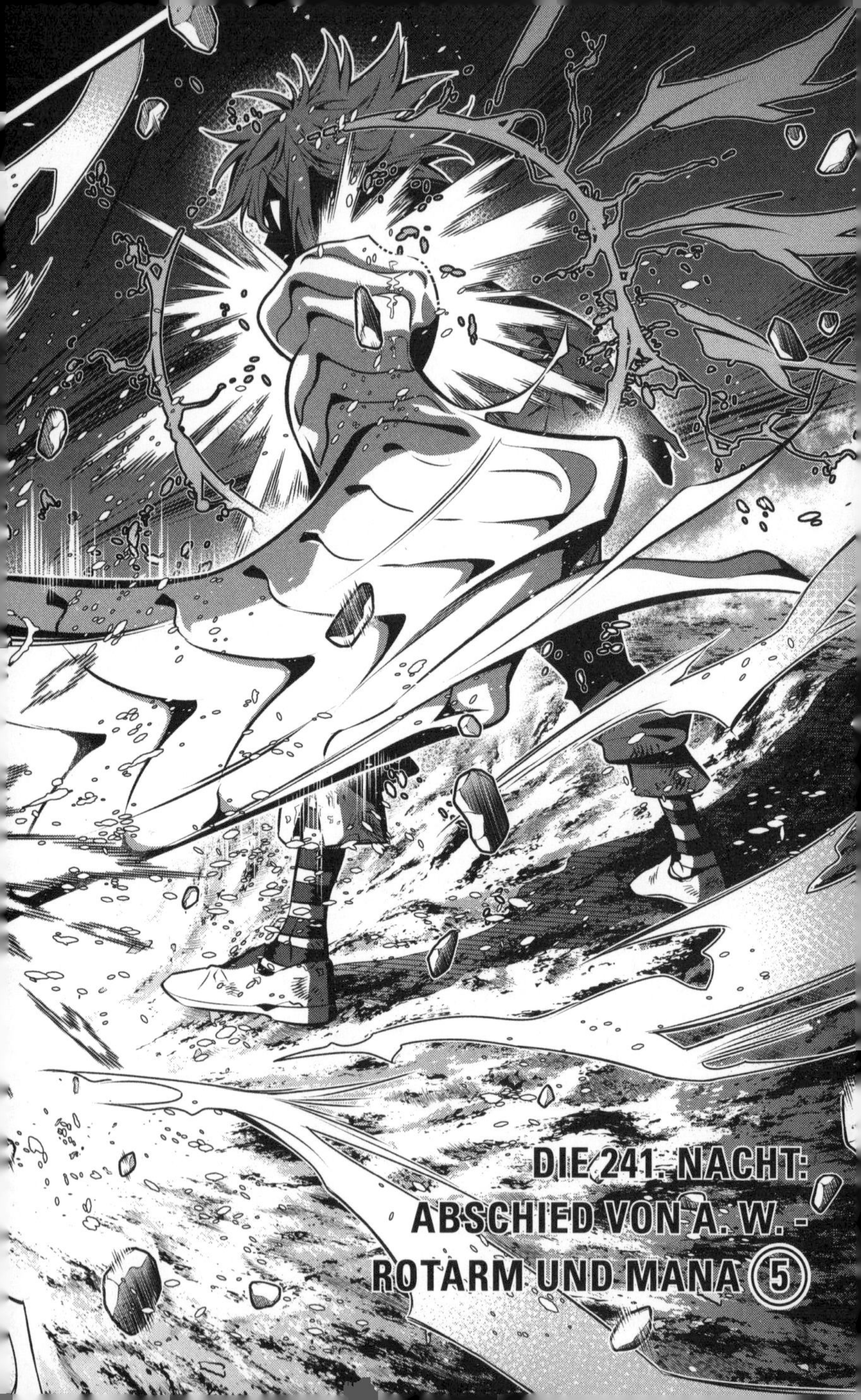
DIE 241. NACHT:
ABSCHIED VON A. W. -
ROTARM UND MANA ⑤

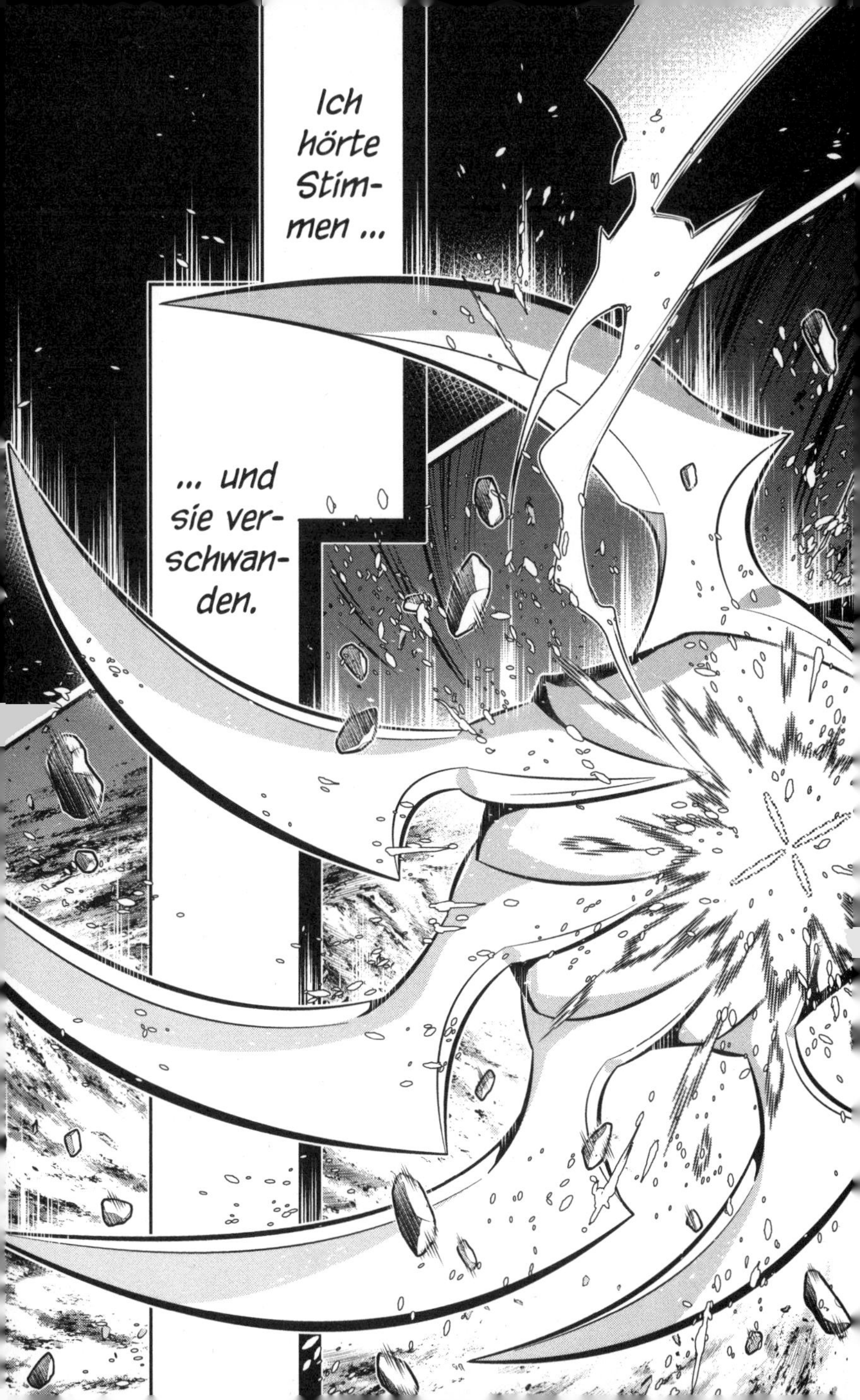
Ich hörte Stimmen ...
... und sie verschwanden.

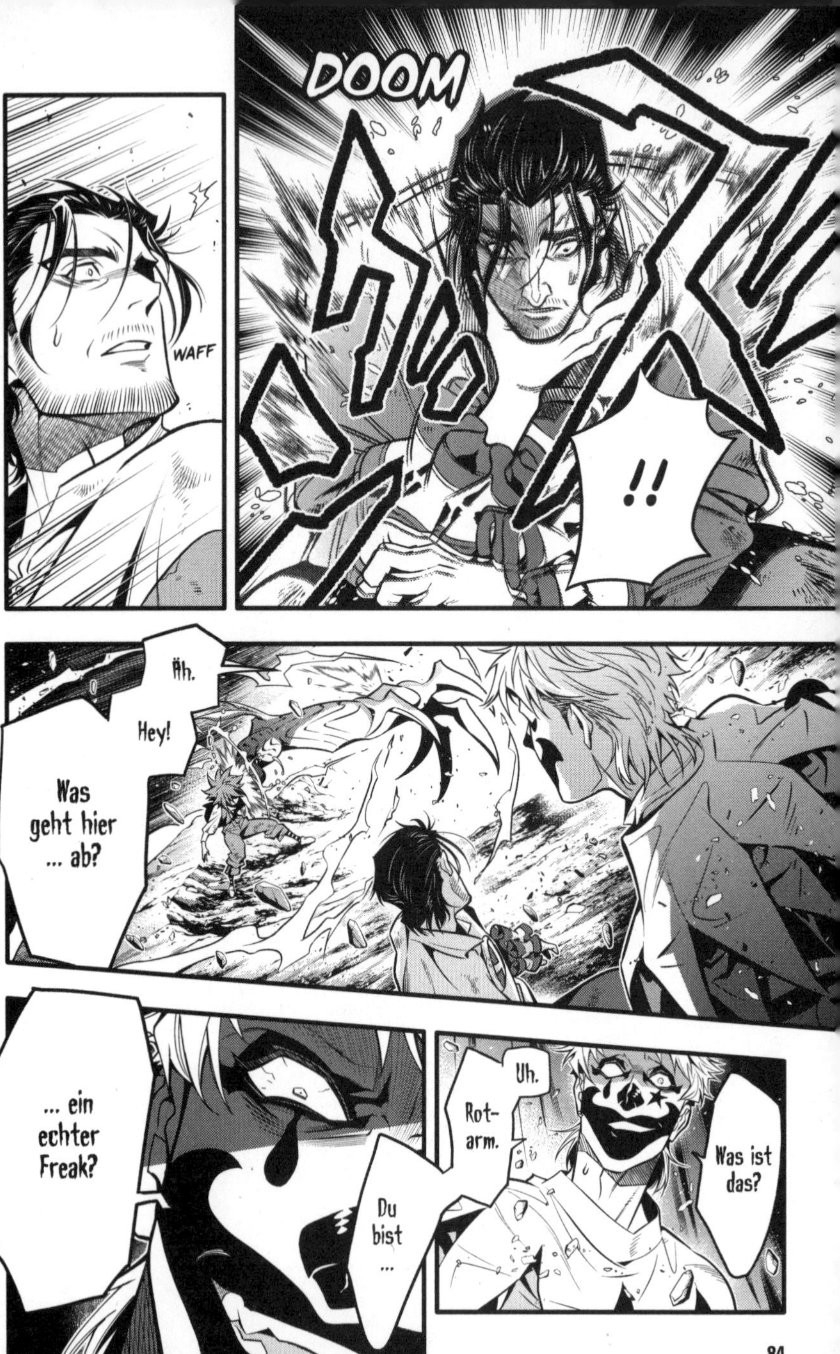
DOOM
!!
WAFF
Äh.
Hey!
Was geht hier ... ab?
Uh.
Rot-arm.
Was ist das?
Du bist ...
... ein echter Freak?

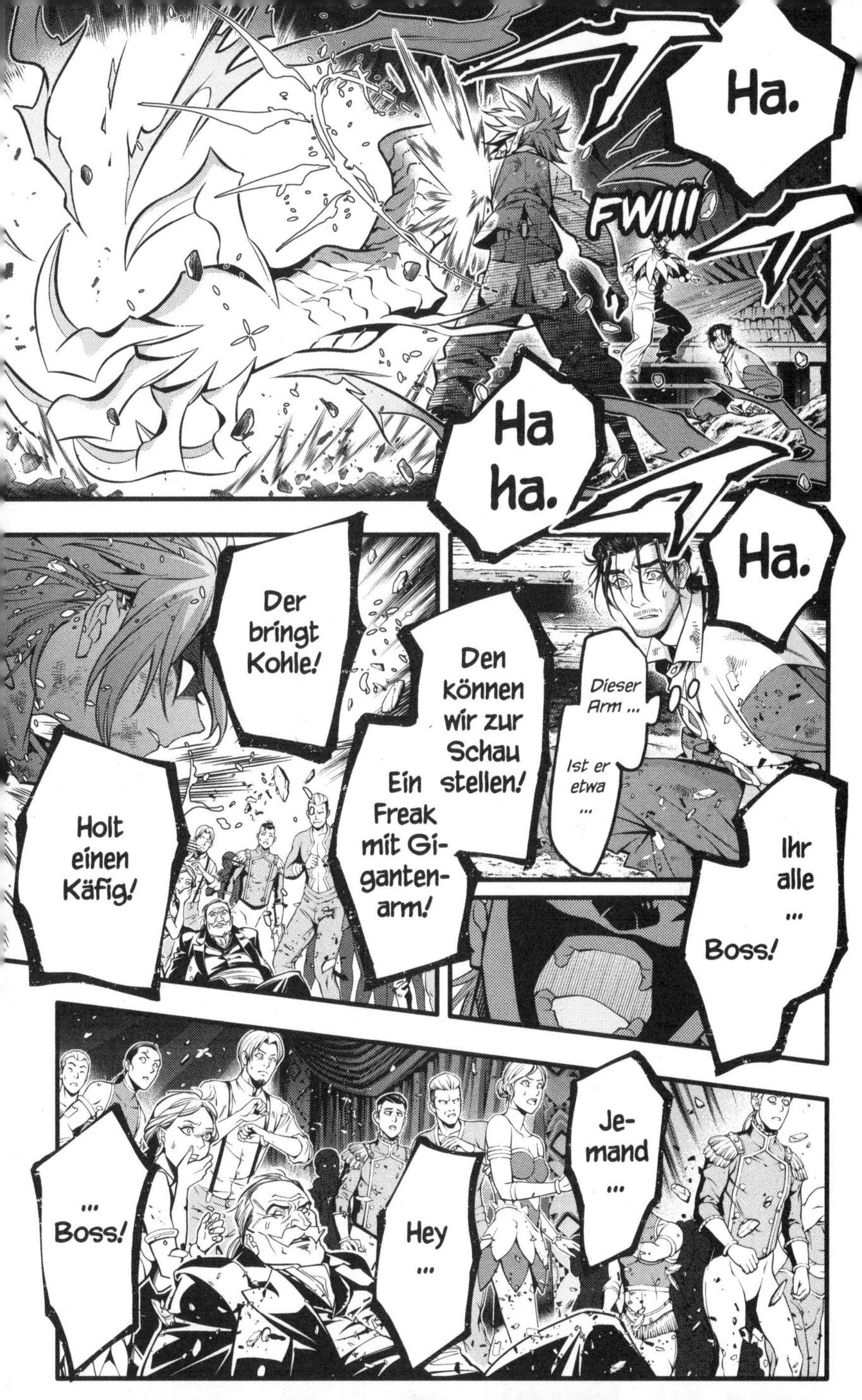

Ha.
FWIII
Ha ha.
Ha.
Dieser Arm ...
Ist er etwa ...
Ihr alle ...
Boss!
Den können wir zur Schau stellen!
Der bringt Kohle!
Ein Freak mit Gi-ganten-arm!
Holt einen Käfig!
Je-mand ...
Hey ...
... Boss!

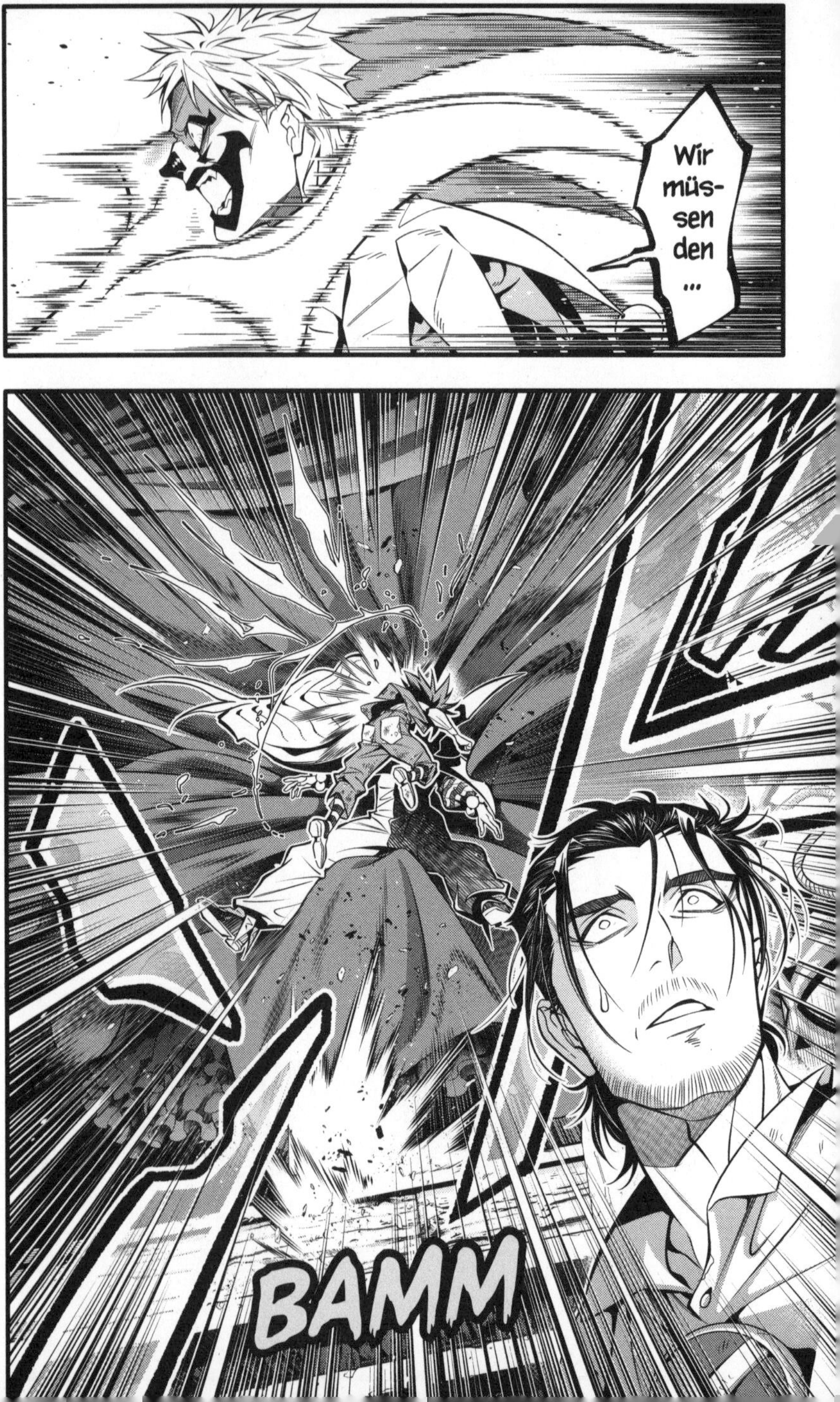
Wir müs-sen den ...
BAMM

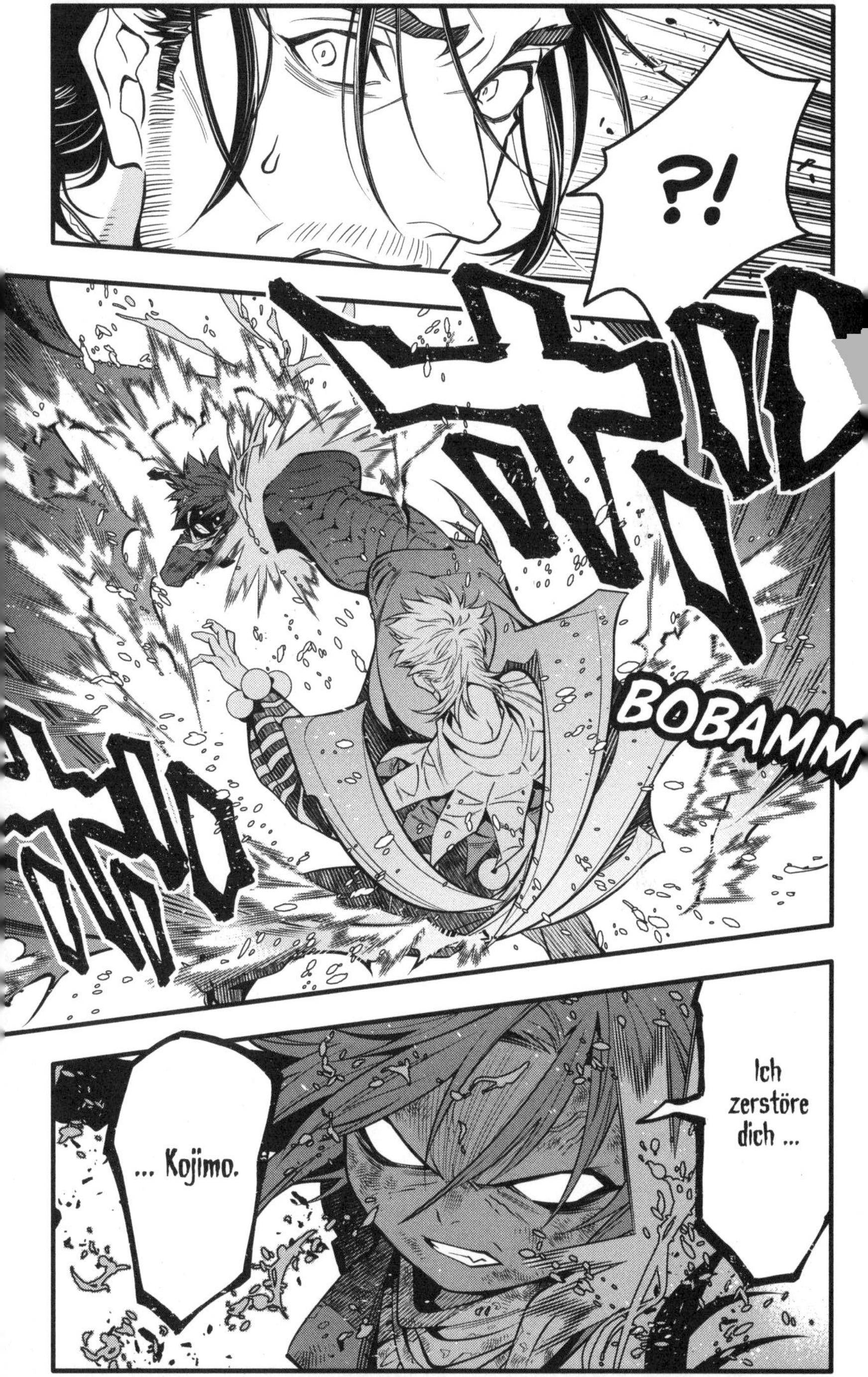

?!
BOBAMM
Ich zerstöre dich ...
... Kojimo.

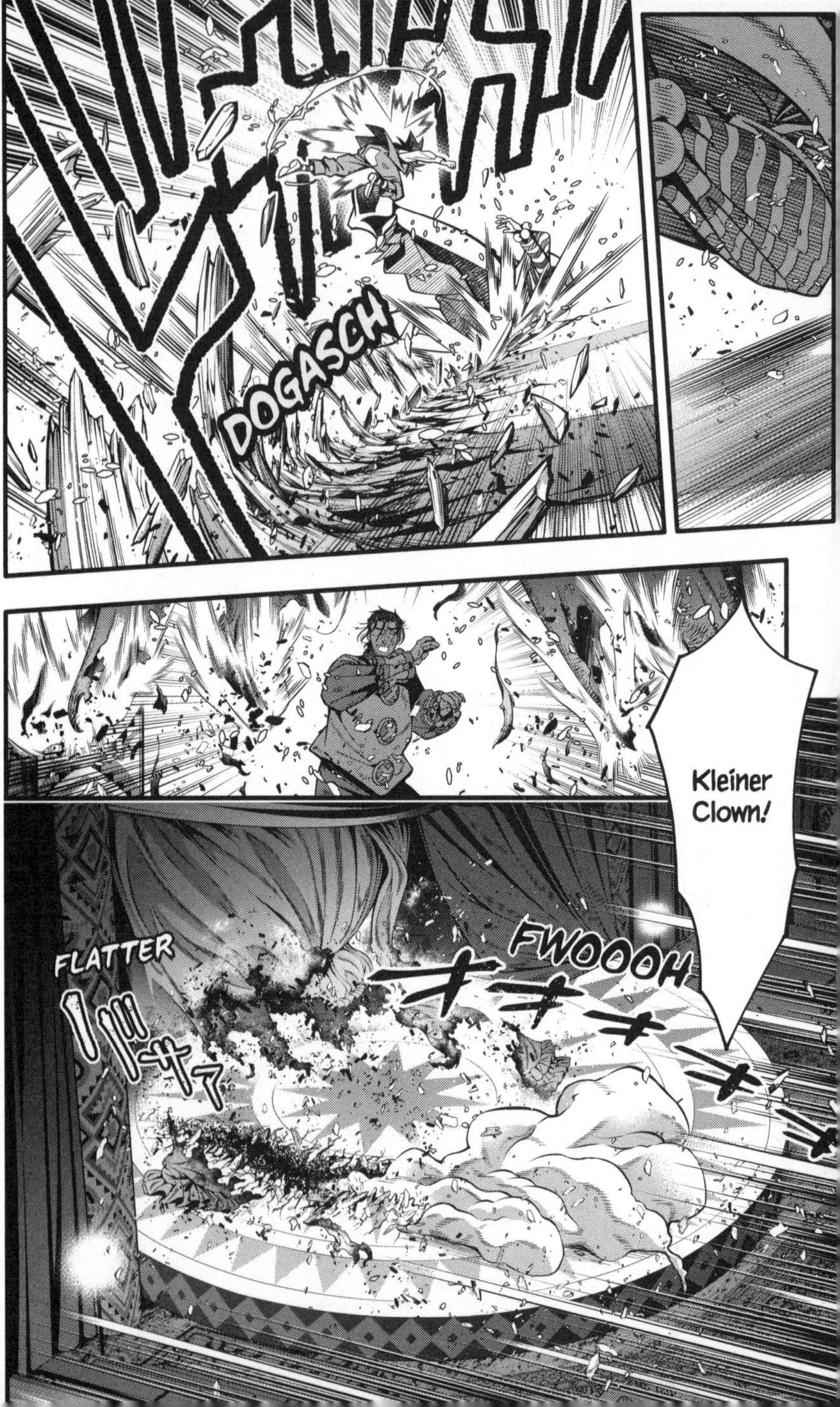
DOGASCH
Kleiner Clown!
FWOOOH
FLATTER

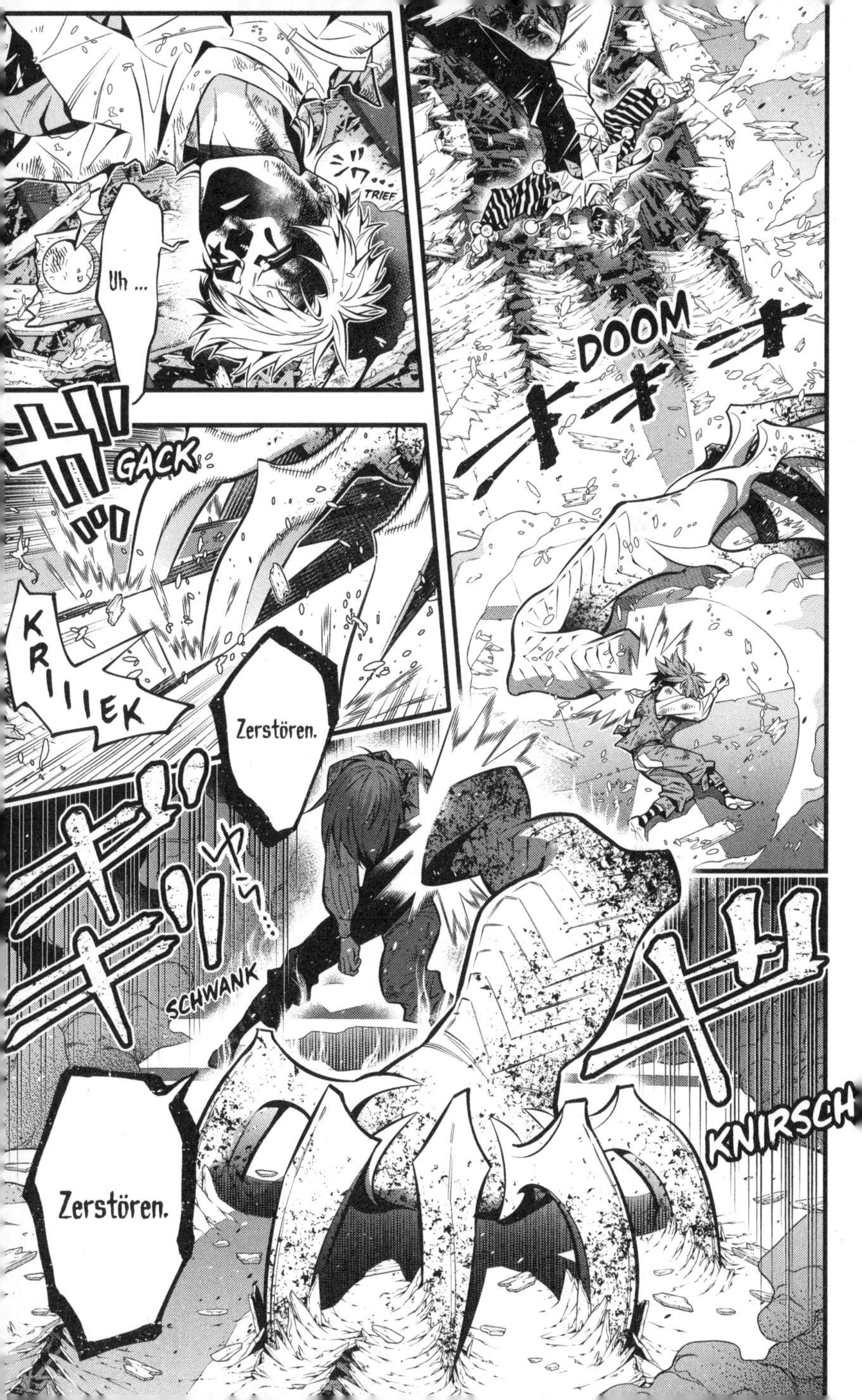
DOOM
ジワ…
TRIEF
Uh …
GACK
KRIIIEK
Zerstören.
SCHWANK
KNIRSCH
Zerstören.

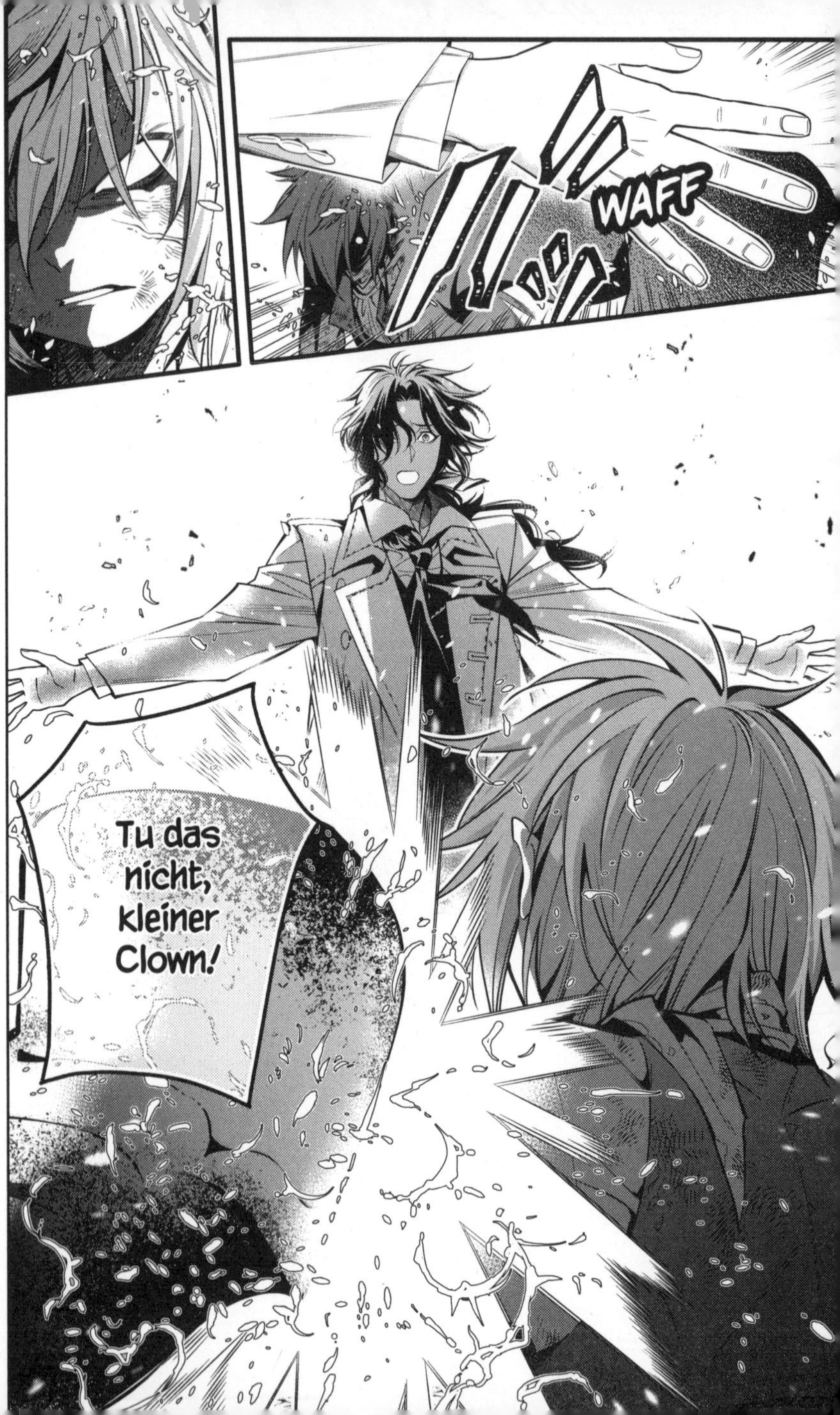
WAFF
Tu das nicht, kleiner Clown!

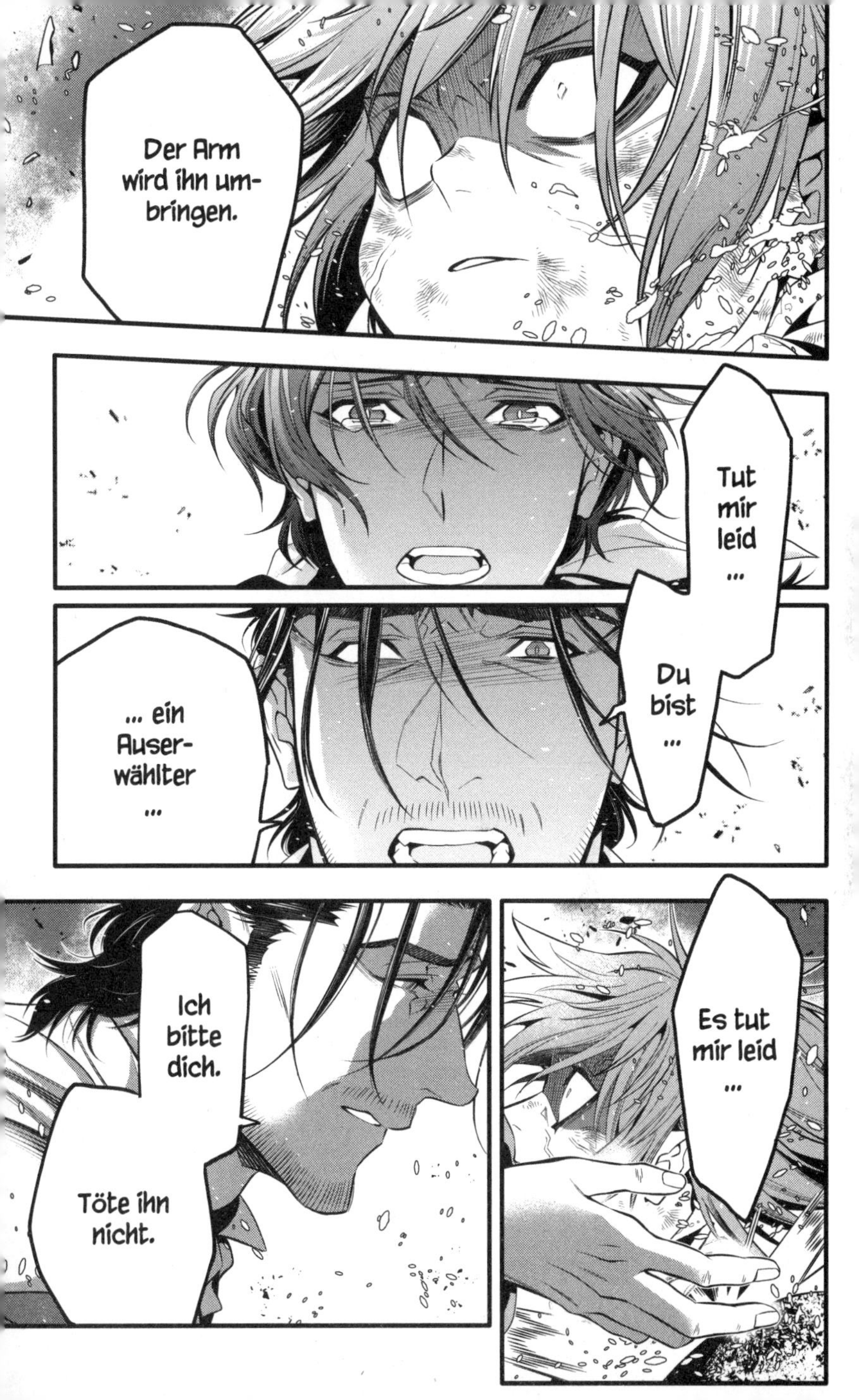

Der Arm wird ihn umbringen.
Tut mir leid ...
Du bist ...
... ein Auserwählter ...
Es tut mir leid ...
Ich bitte dich.
Töte ihn nicht.

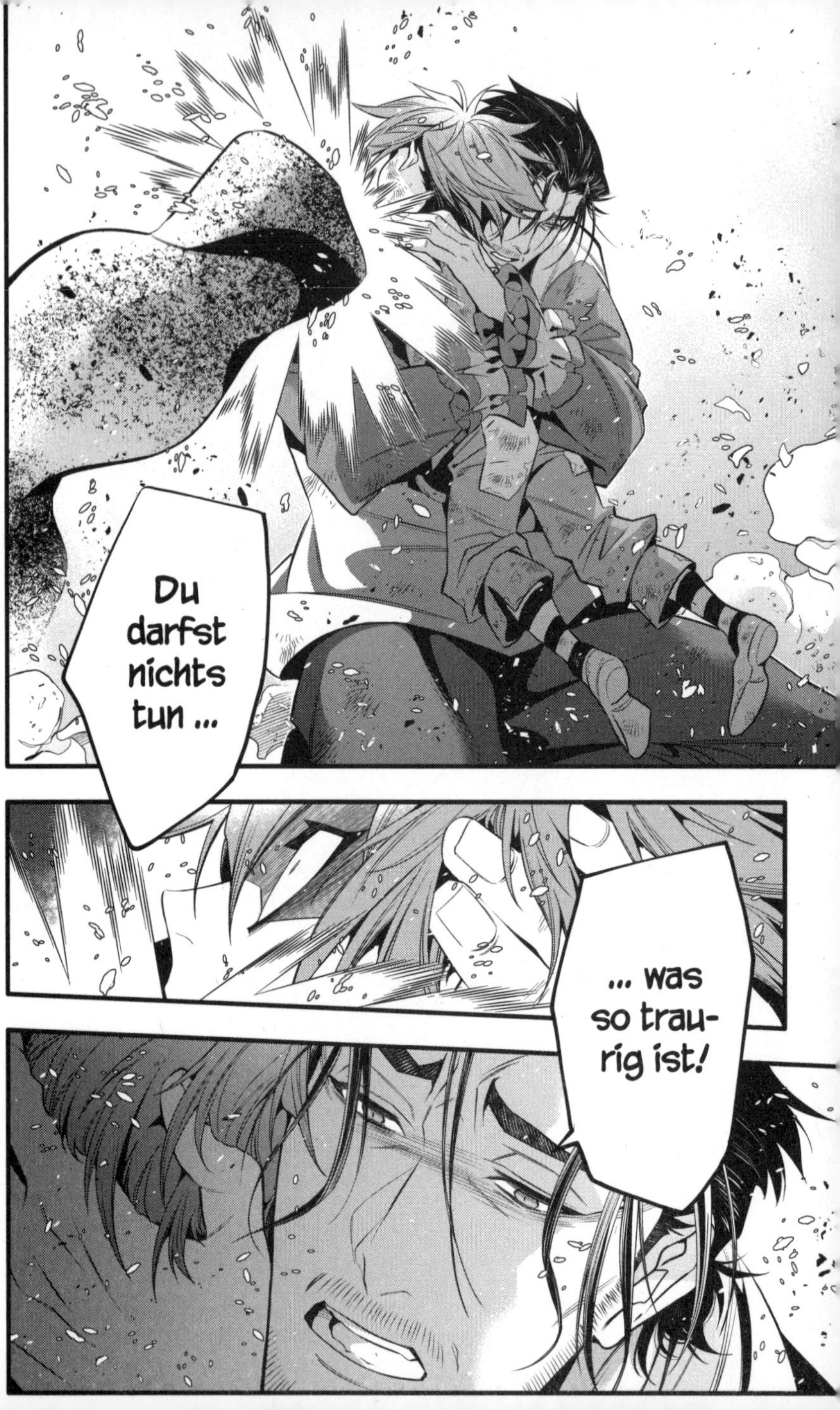
... was so trau-
rig ist!
Du darfst nichts tun ...

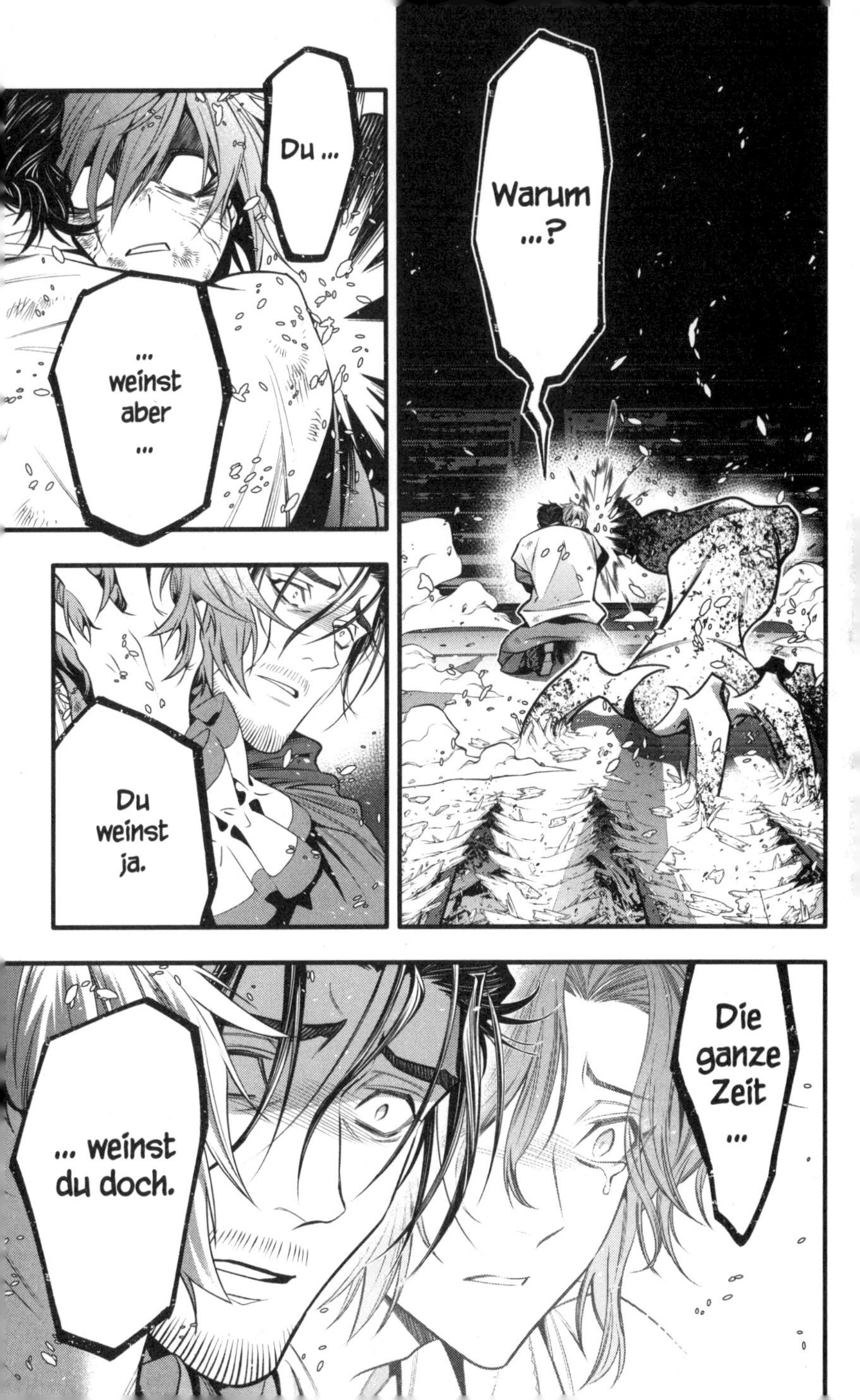
Warum ...?
Du ...
... weinst aber ...
Du weinst ja.
Die ganze Zeit ...
... weinst du doch.

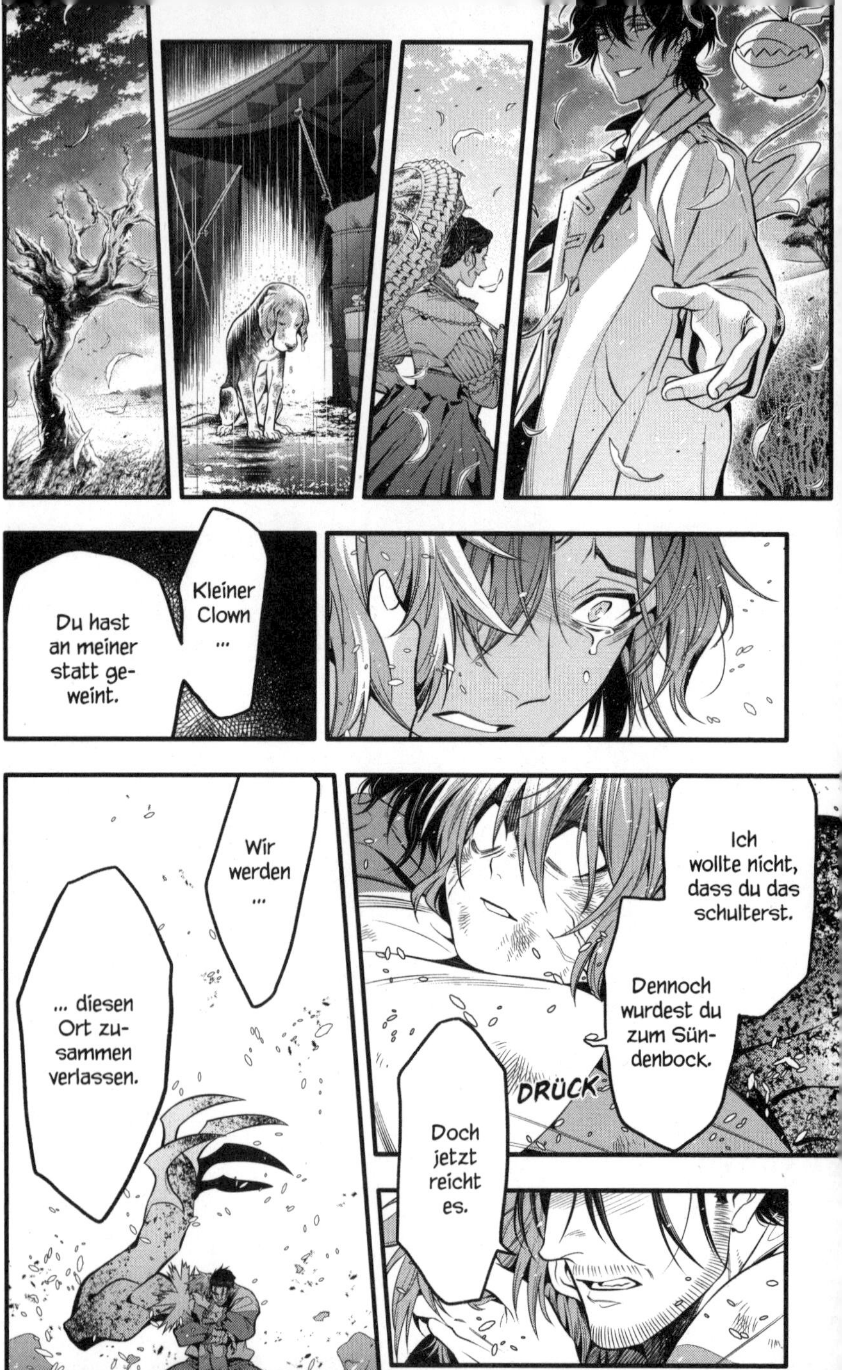
Kleiner Clown ...
Du hast an meiner statt geweint.
Ich wollte nicht, dass du das schulterst.
Dennoch wurdest du zum Sündenbock.
DRÜCK
Doch jetzt reicht es.
Wir werden ...
... diesen Ort zusammen verlassen.

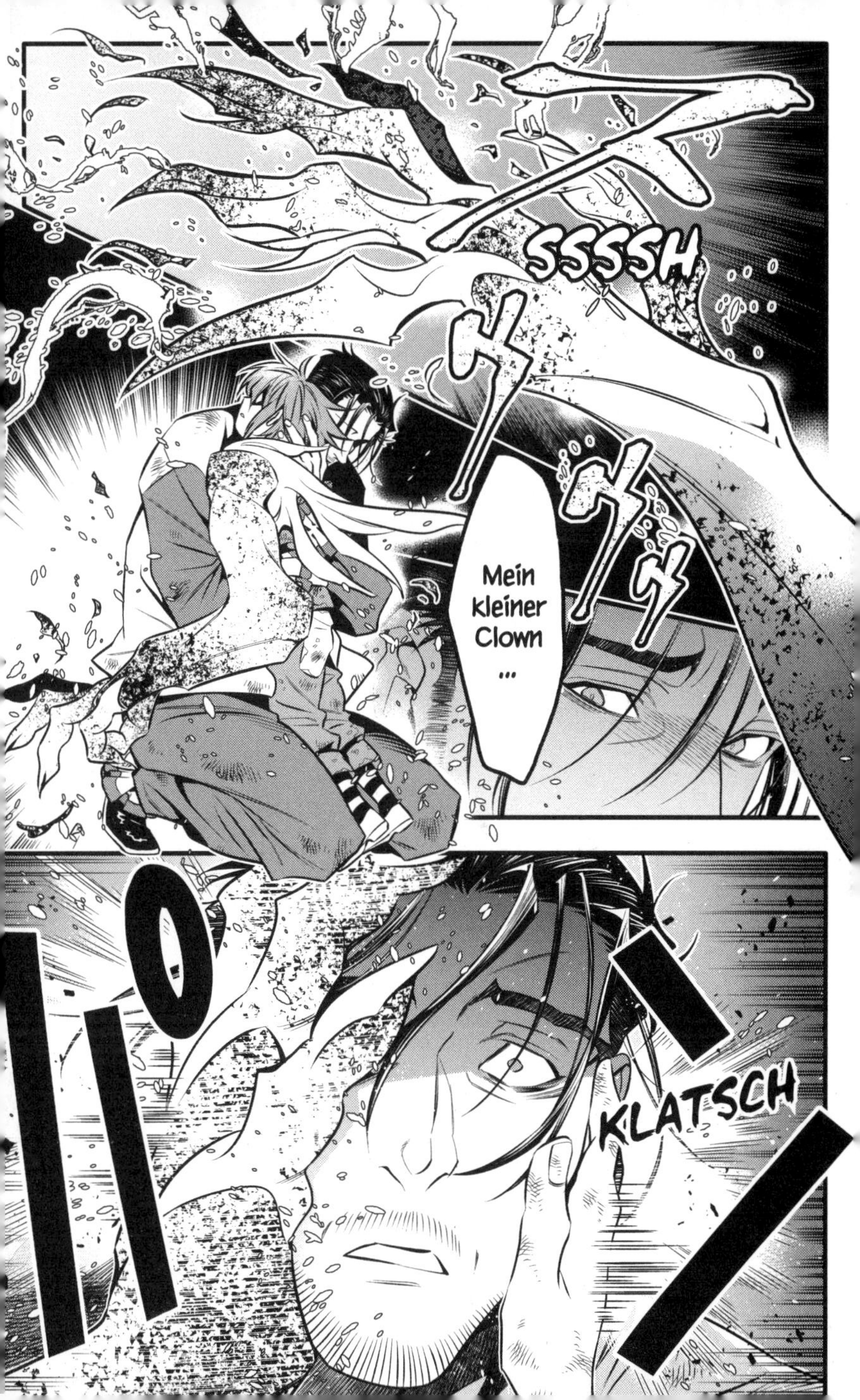
SSSSH
Mein kleiner Clown ...
KLATSCH

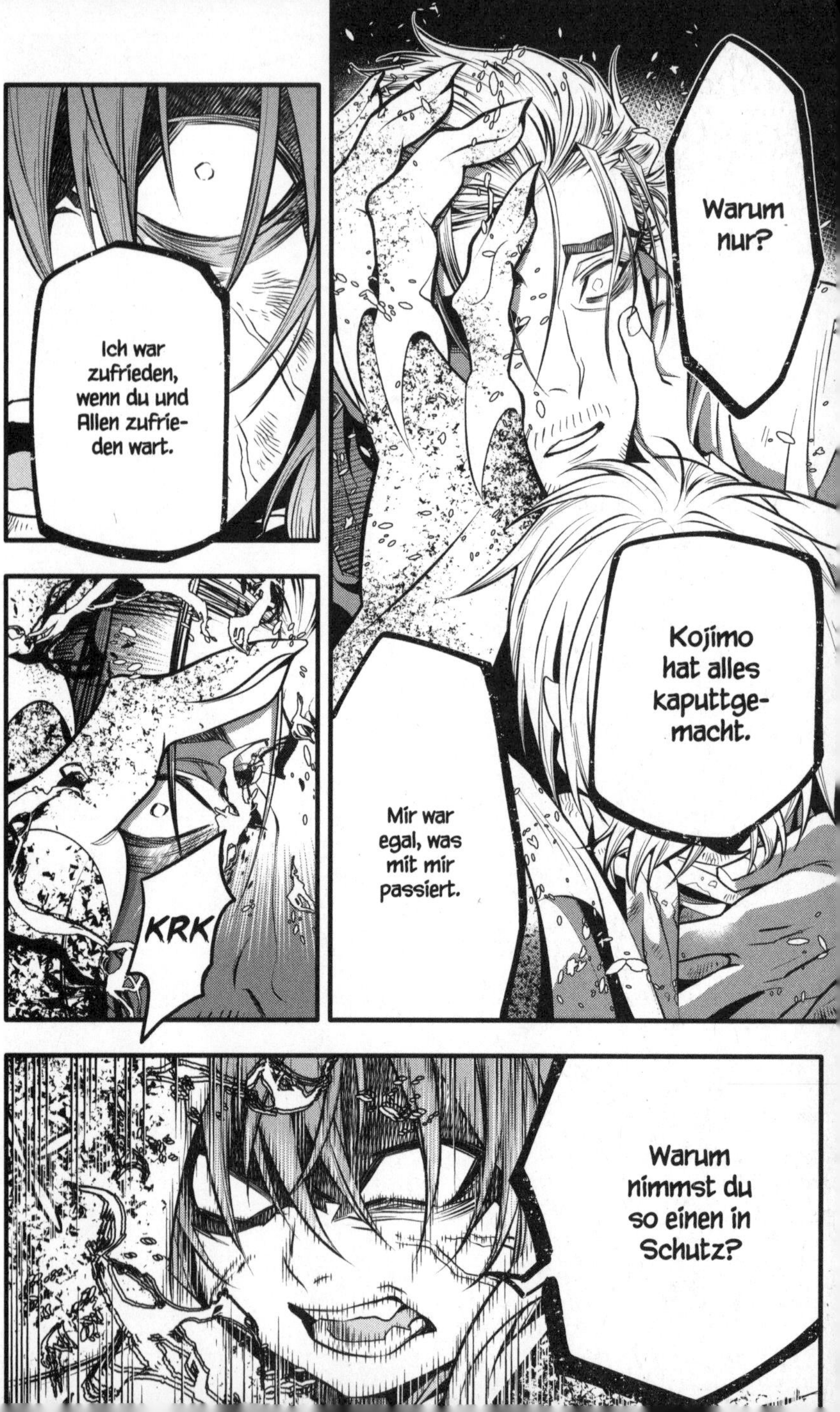
Warum nur?
Kojimo hat alles kaputtgemacht.
Mir war egal, was mit mir passiert.
Ich war zufrieden, wenn du und Allen zufrieden wart.
KRK
Warum nimmst du so einen in Schutz?

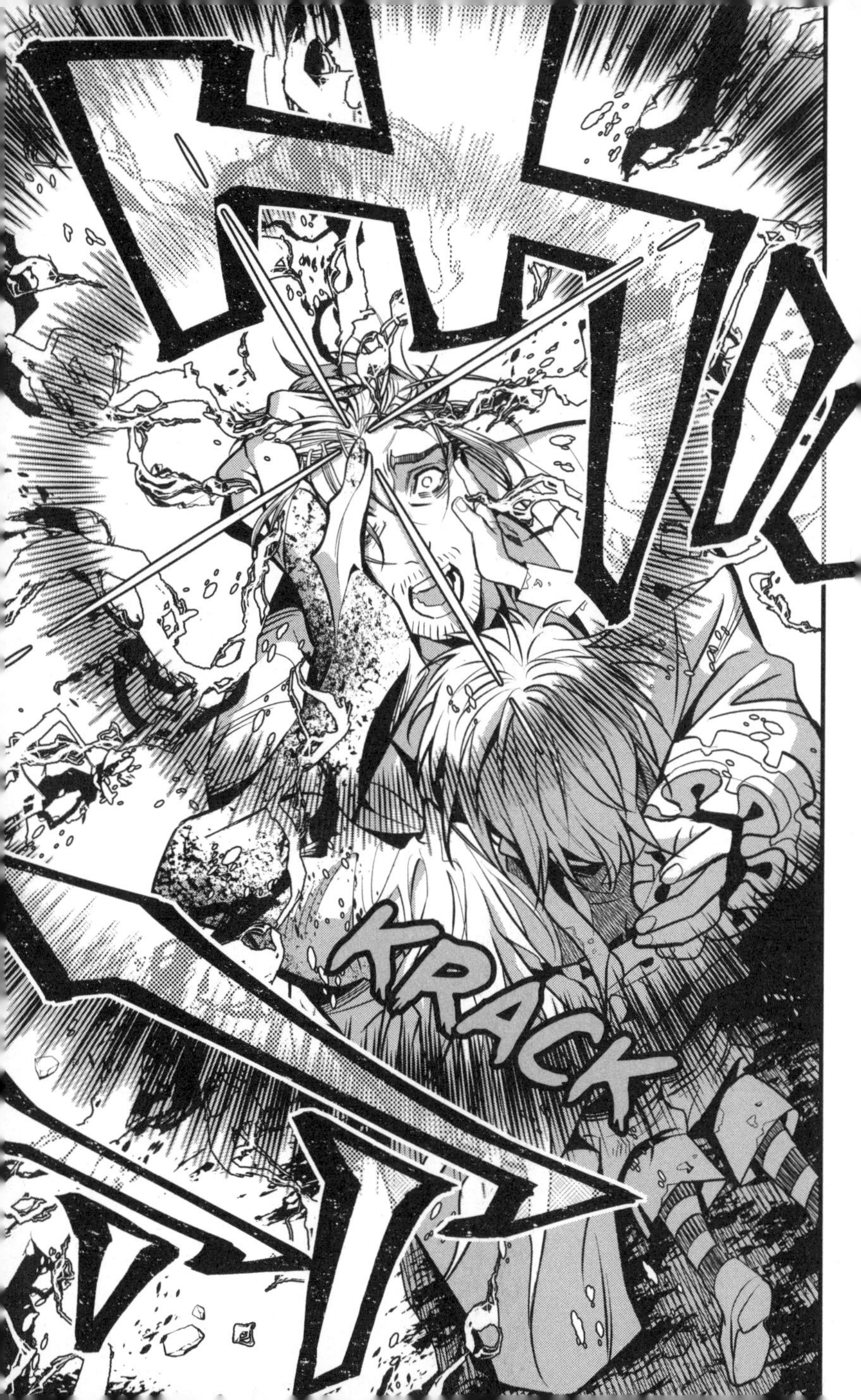
KRACK

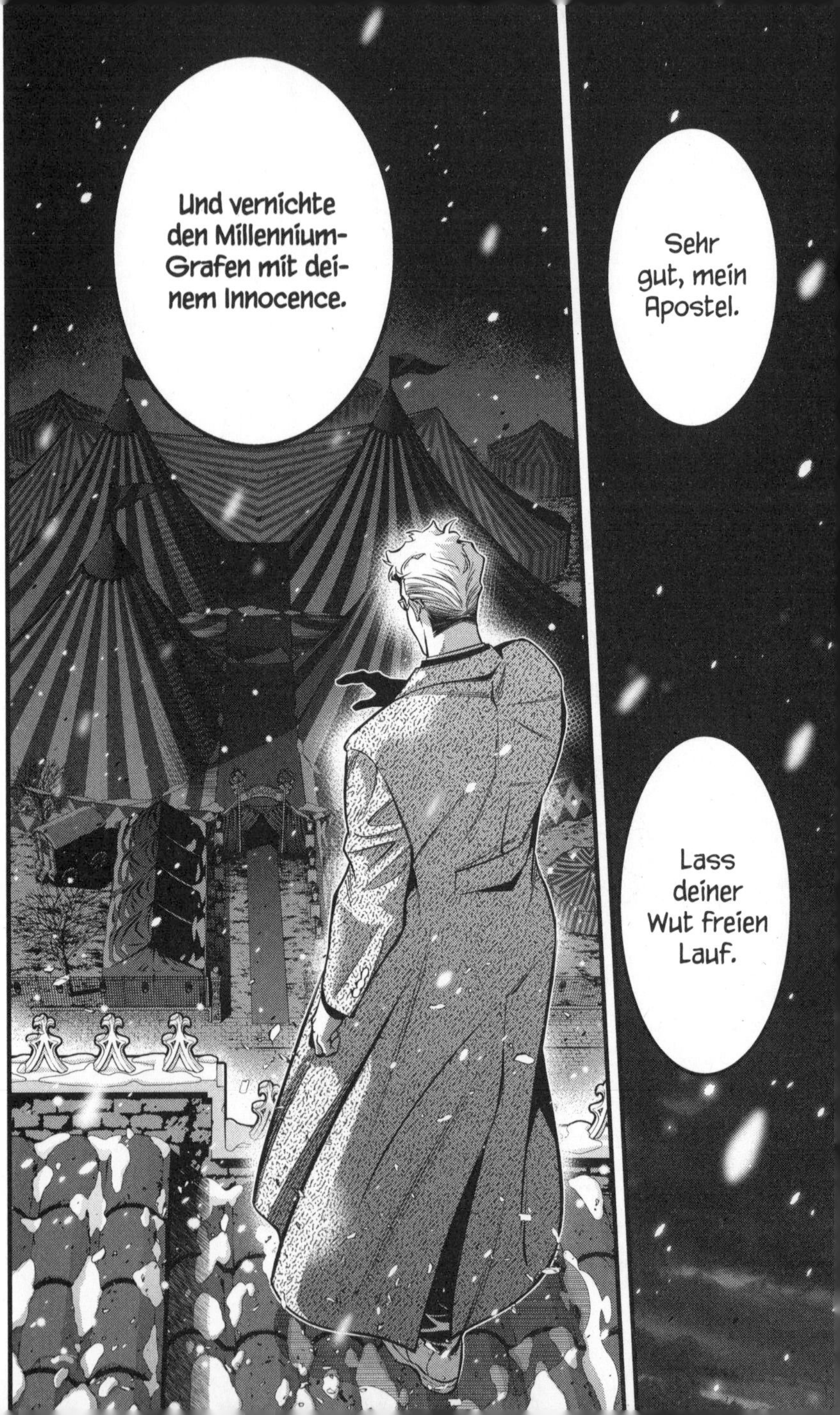
Sehr gut, mein Apostel.
Lass deiner Wut freien Lauf.
Und vernichte den Millennium-Grafen mit deinem Innocence.

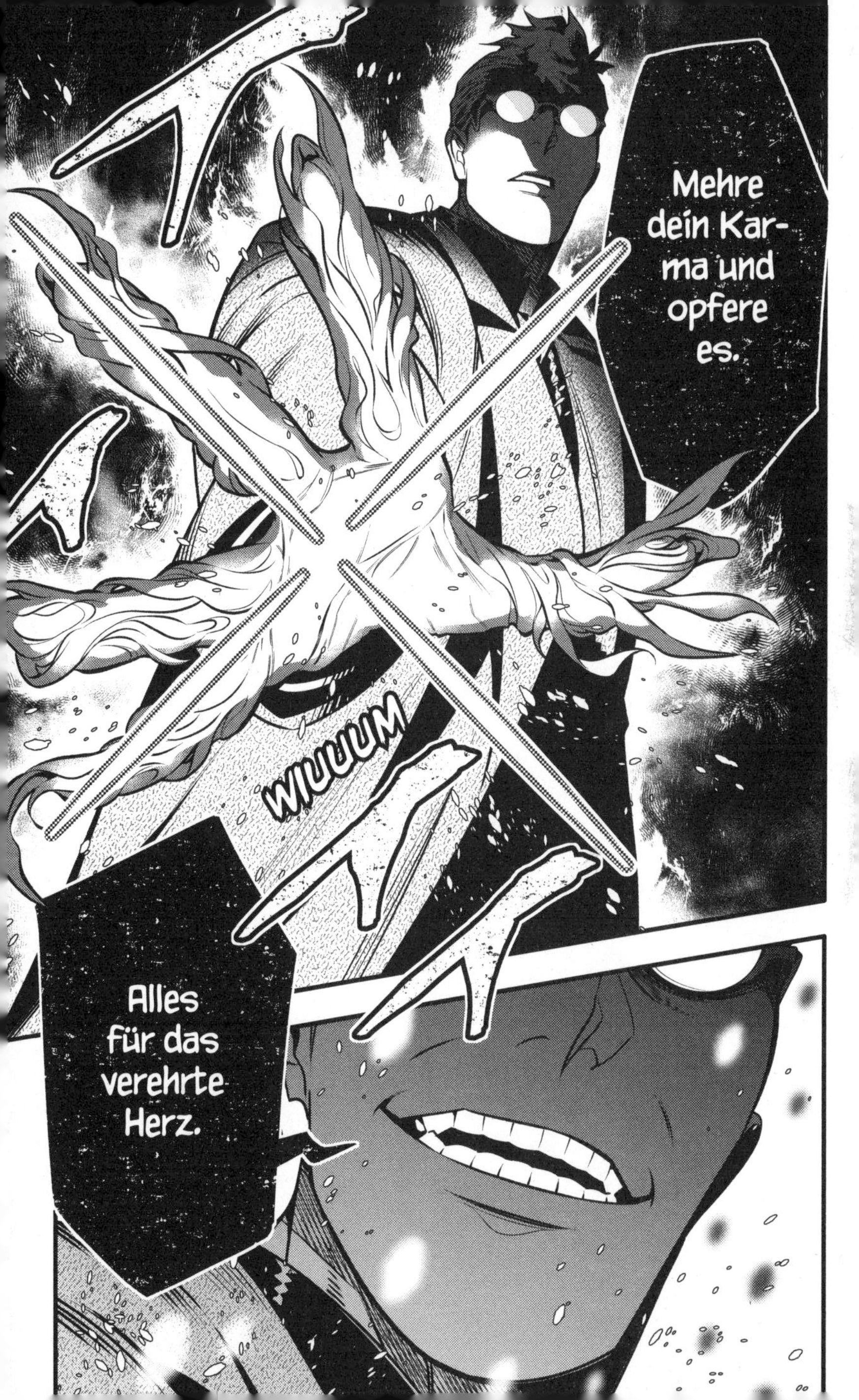
Mehre dein Karma und opfere es.
WIUUUM
Alles für das verehrte Herz.

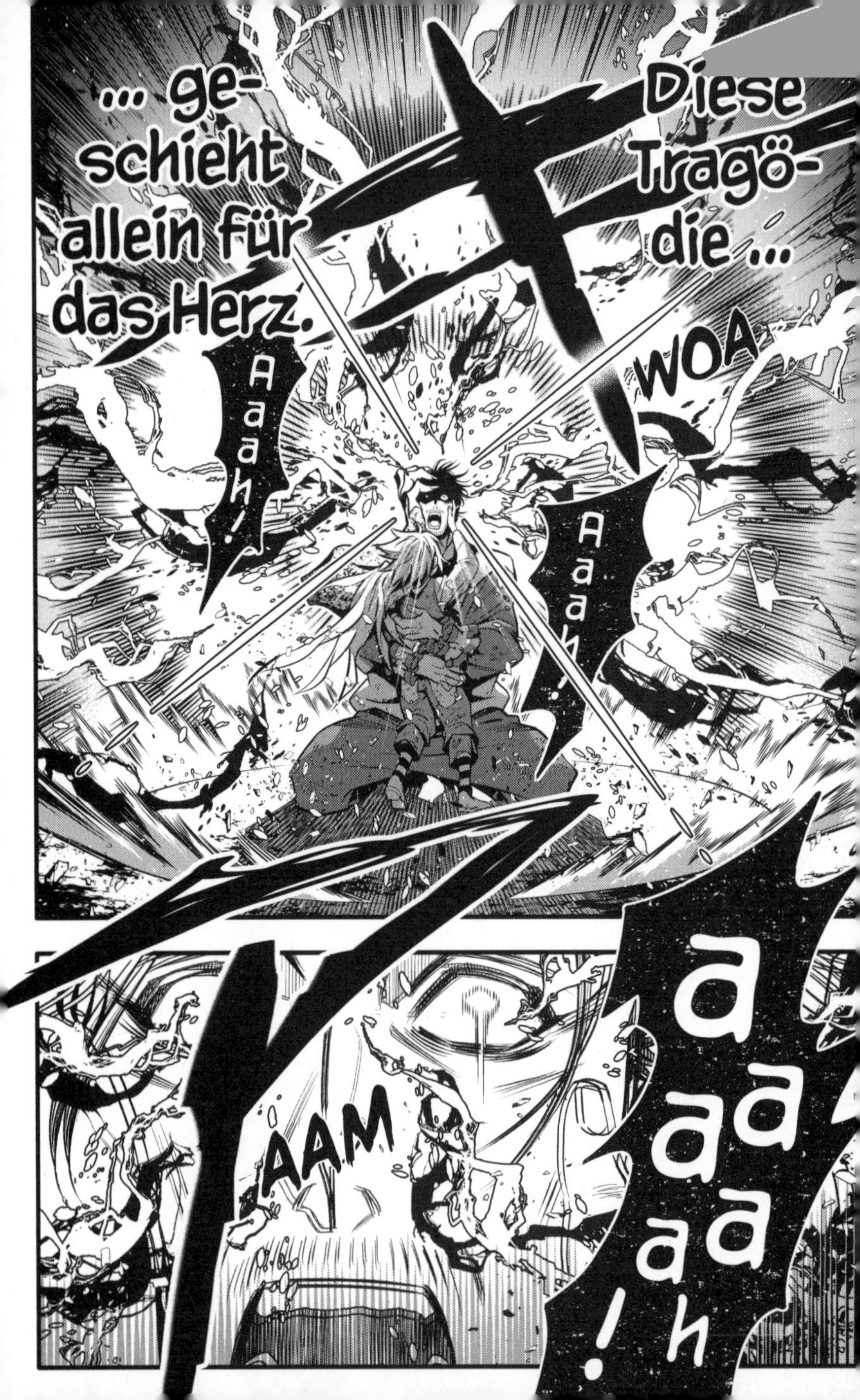
Diese Tragödie ...
... geschieht allein für das Herz.
WOA
Aaaah!
Aaaah!
aaaaaah!
AAM

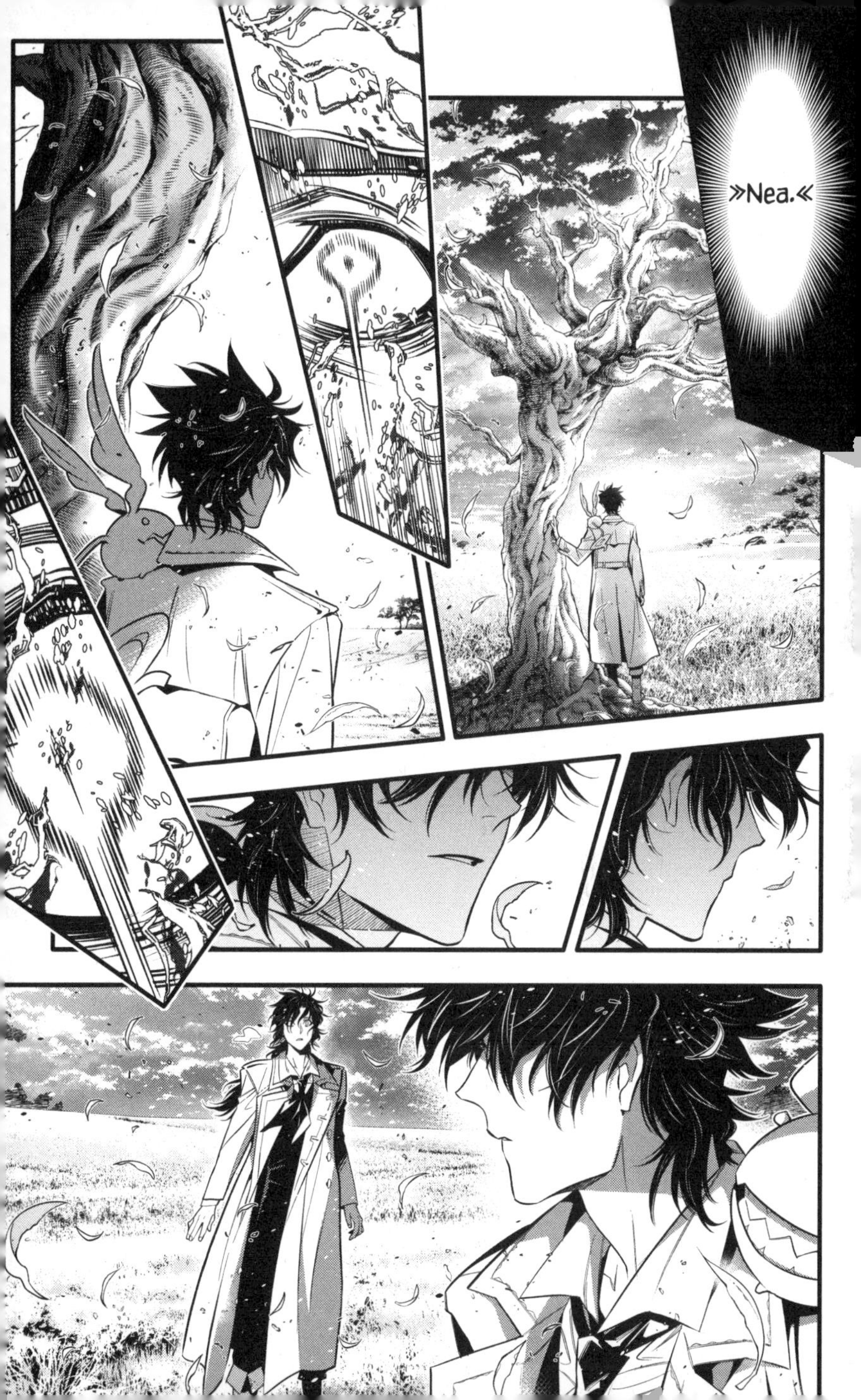
»Nea.«

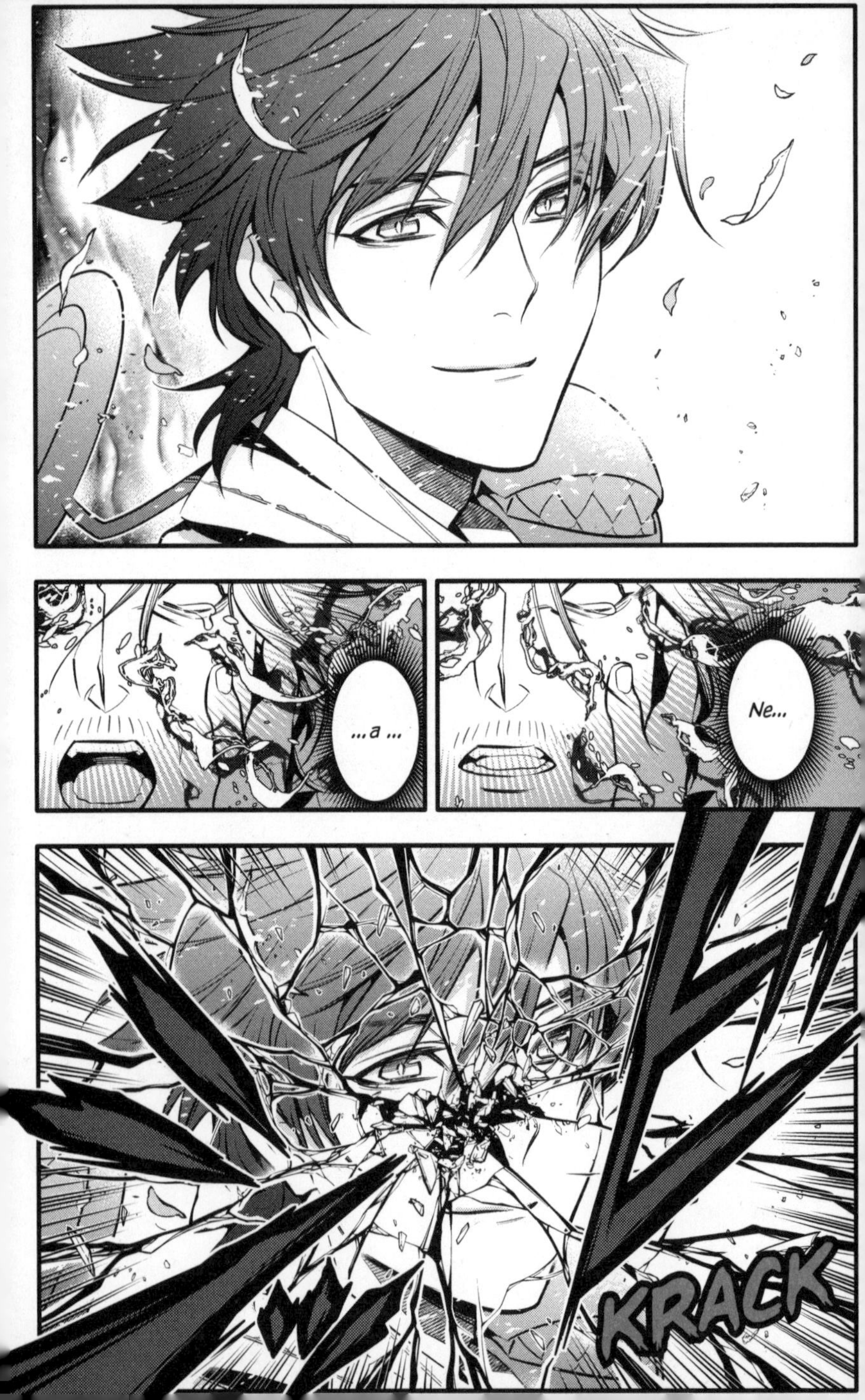

Ne...
...a ...
KRACK

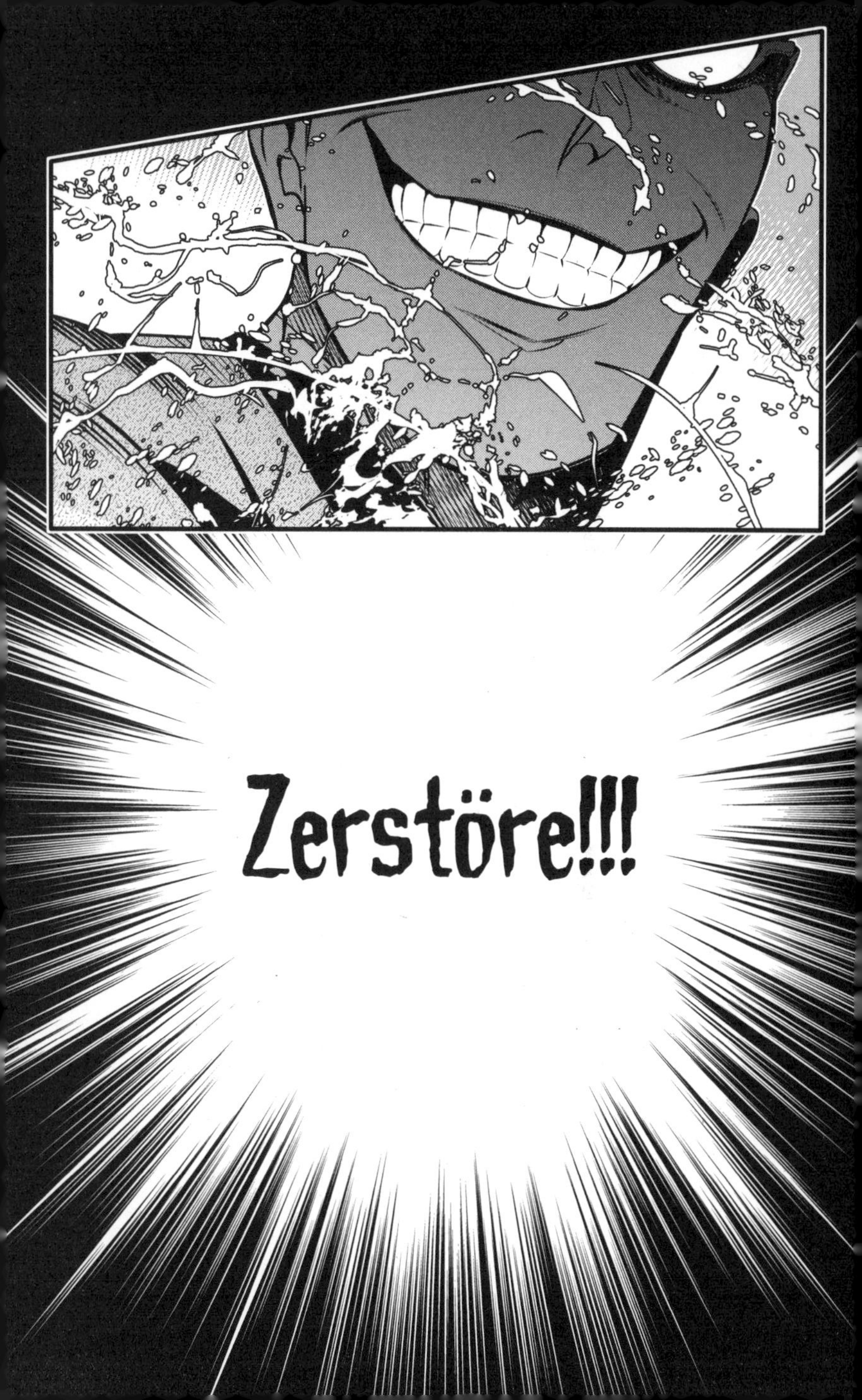
Zerstöre!!!

Storyboard ♡

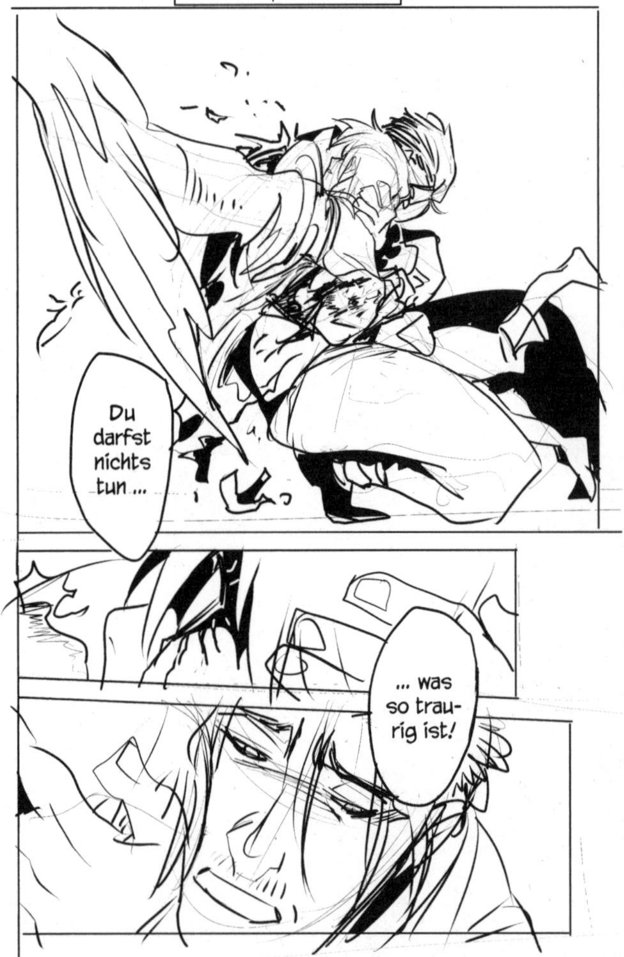

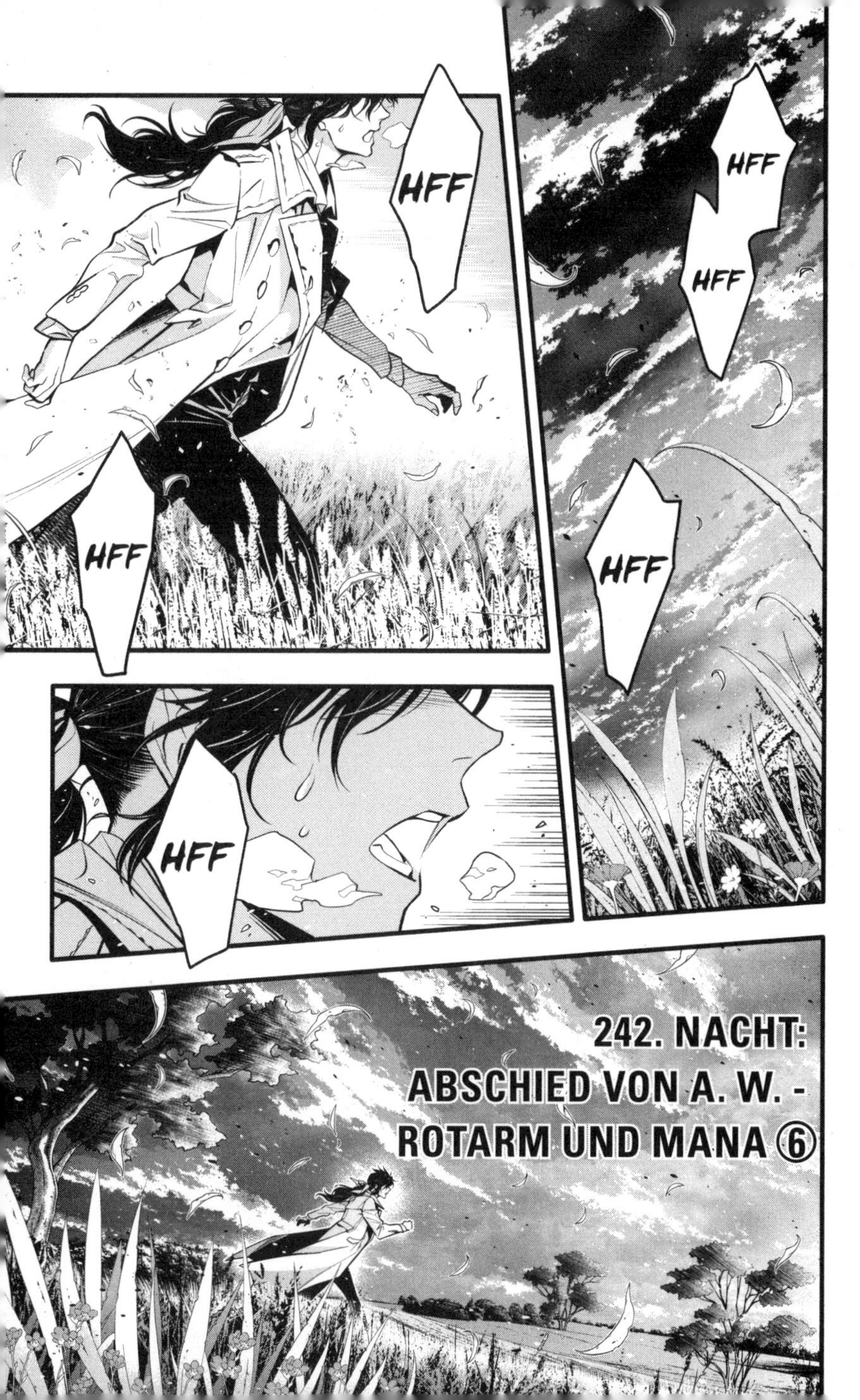
HFF
HFF
HFF
HFF
HFF
HFF
242. NACHT:
ABSCHIED VON A. W. -
ROTARM UND MANA ⑥

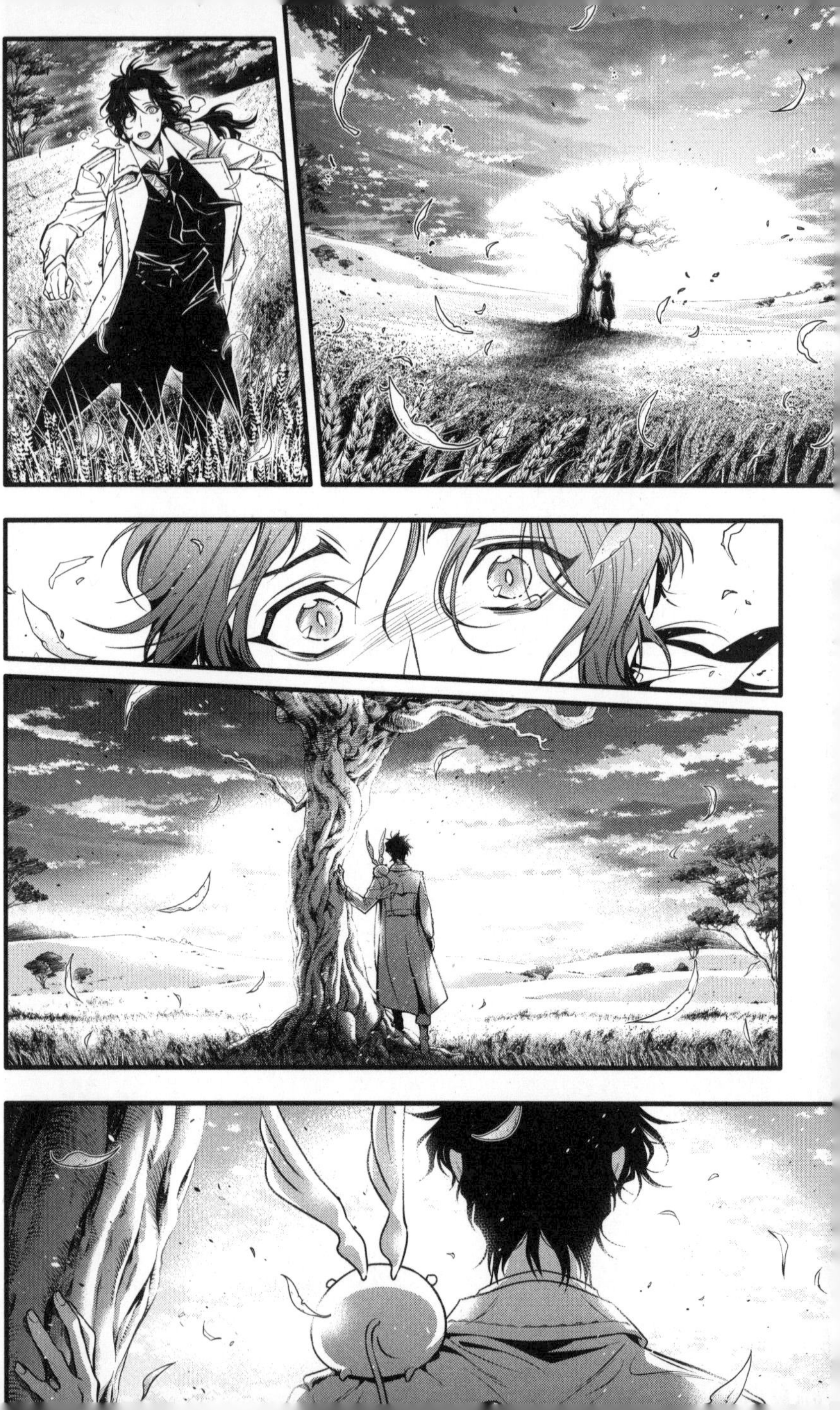

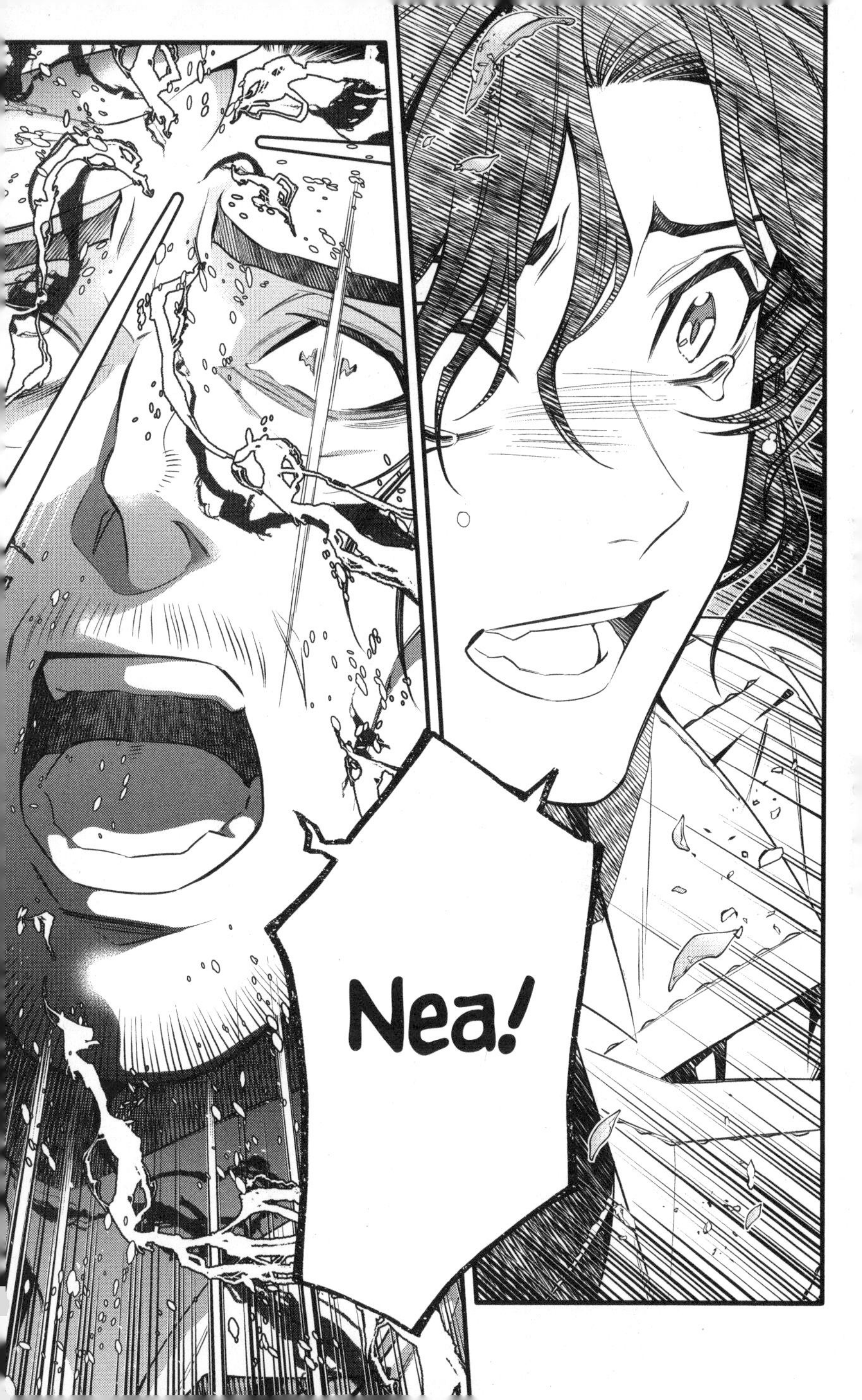
Nea!

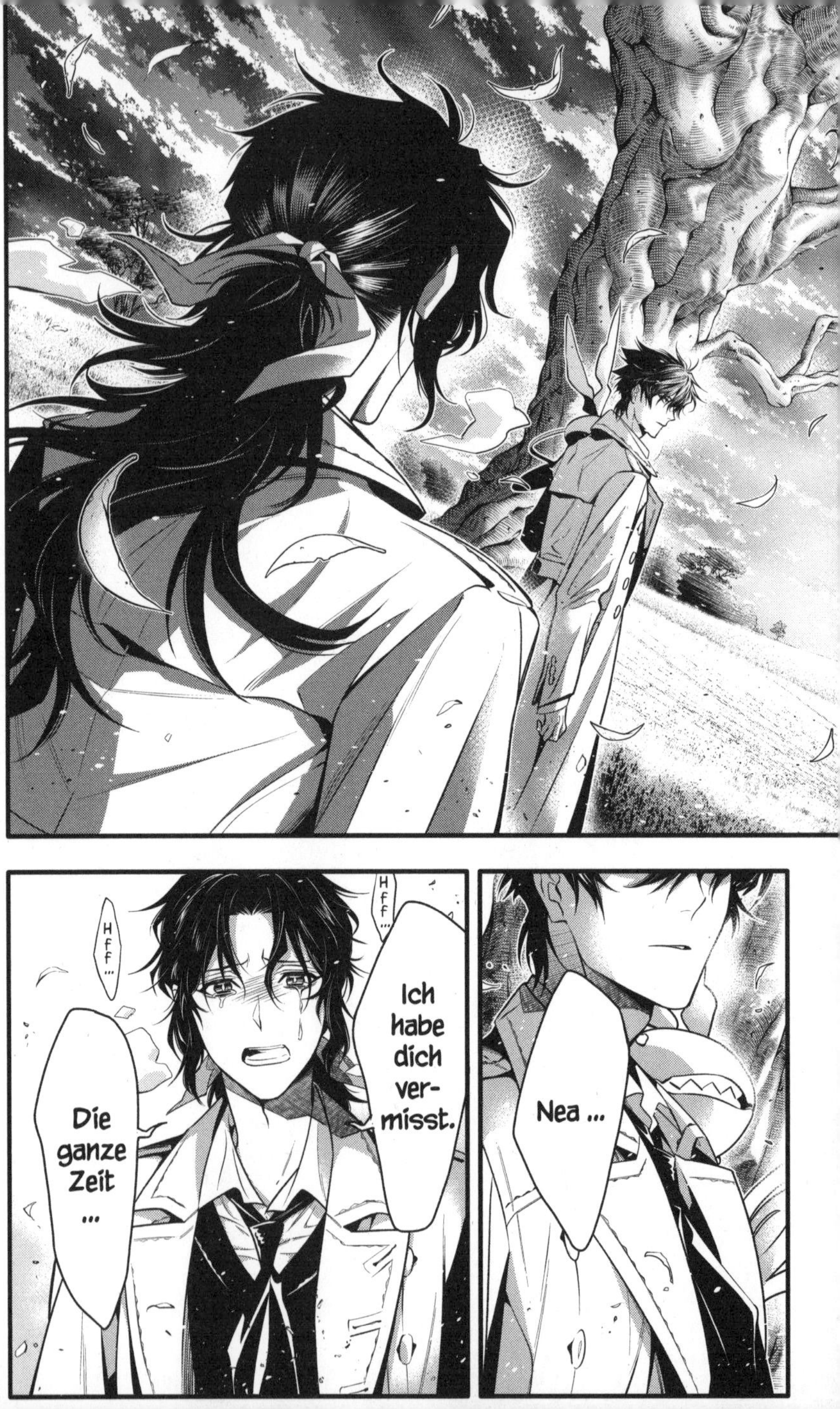
Nea ...
Hff ...
Ich habe dich vermisst.
Hff ...
Die ganze Zeit ...

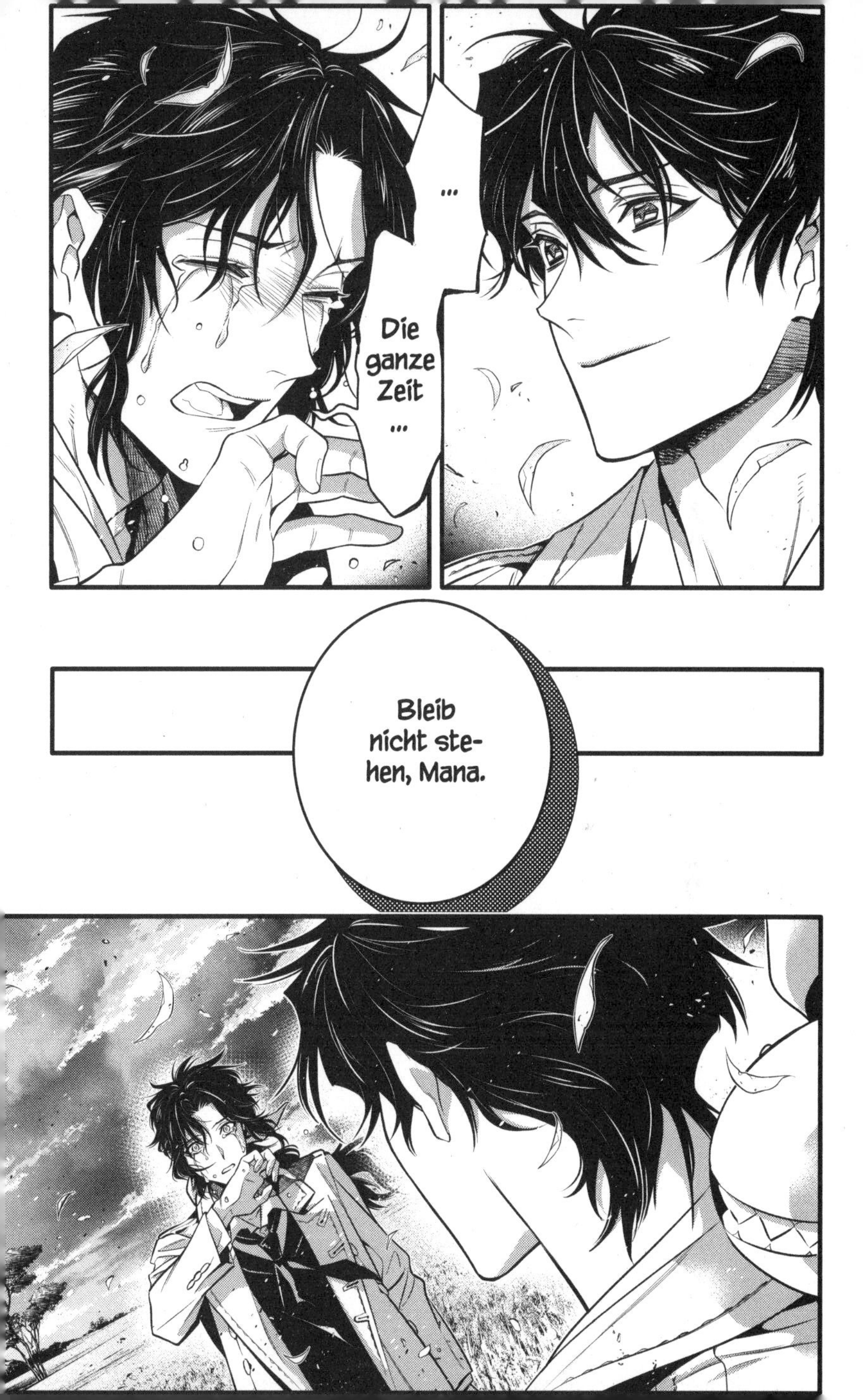
...
Die ganze Zeit ...
Bleib nicht ste-hen, Mana.

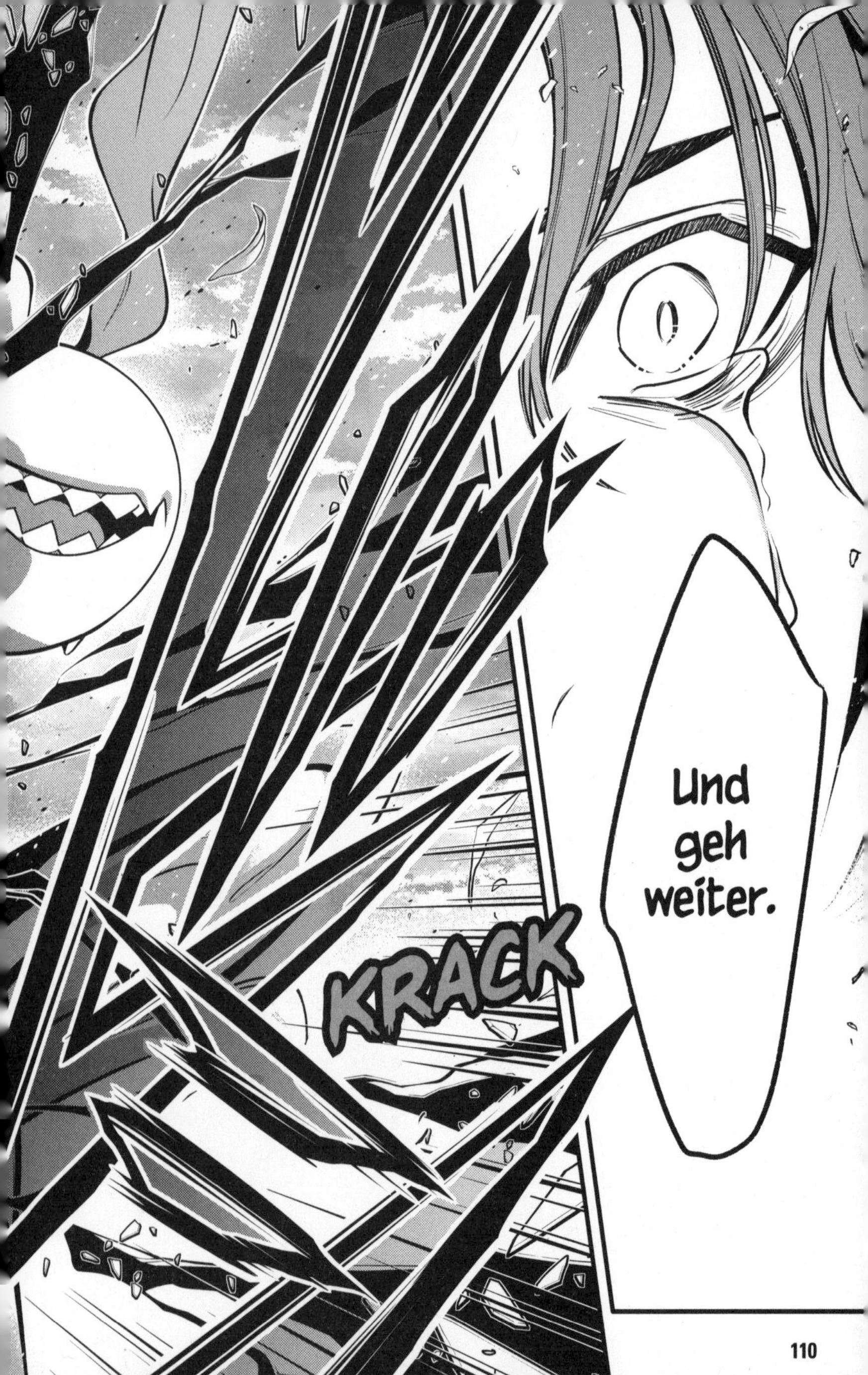
Und geh weiter.
KRACK

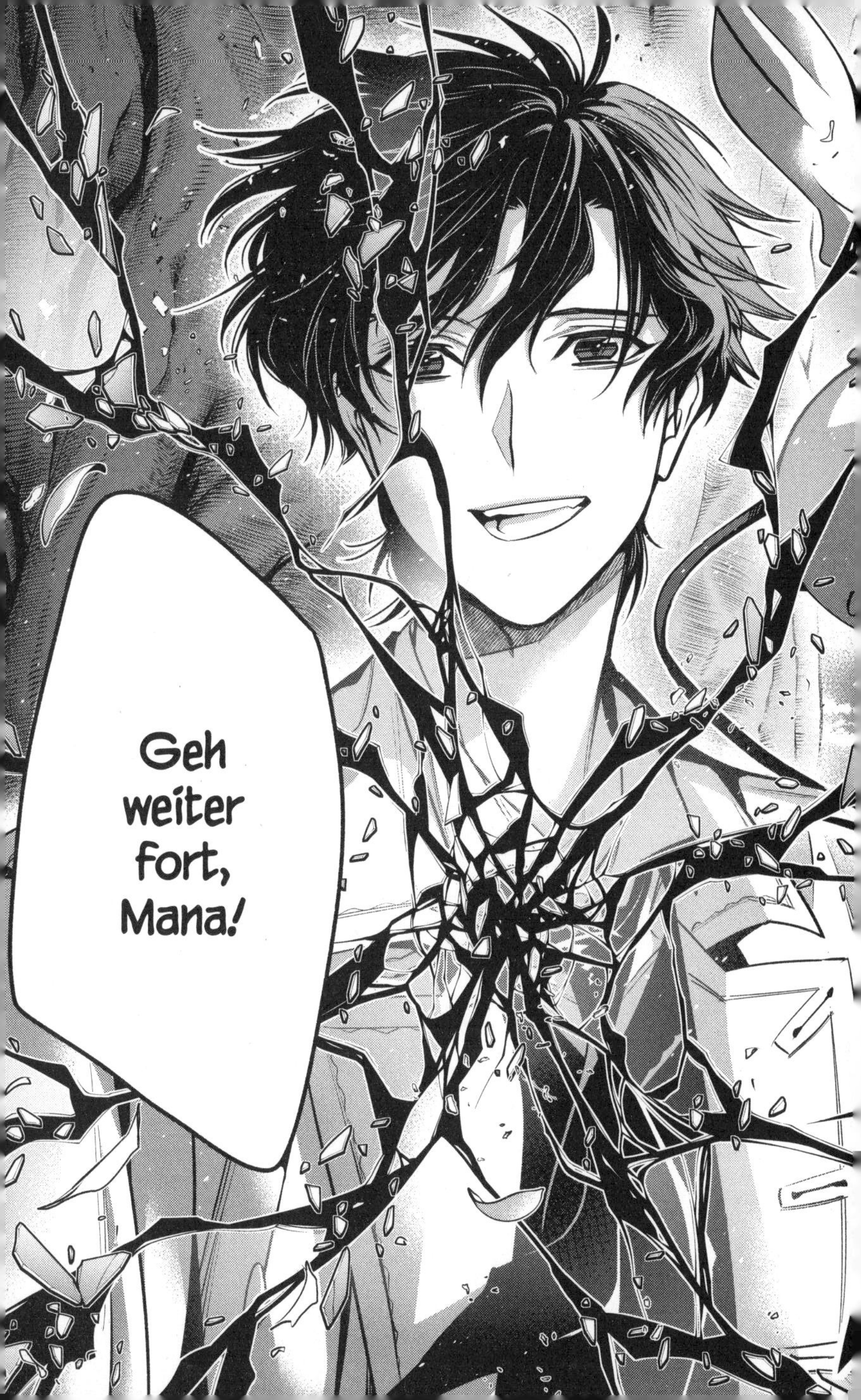
Geh weiter fort, Mana!

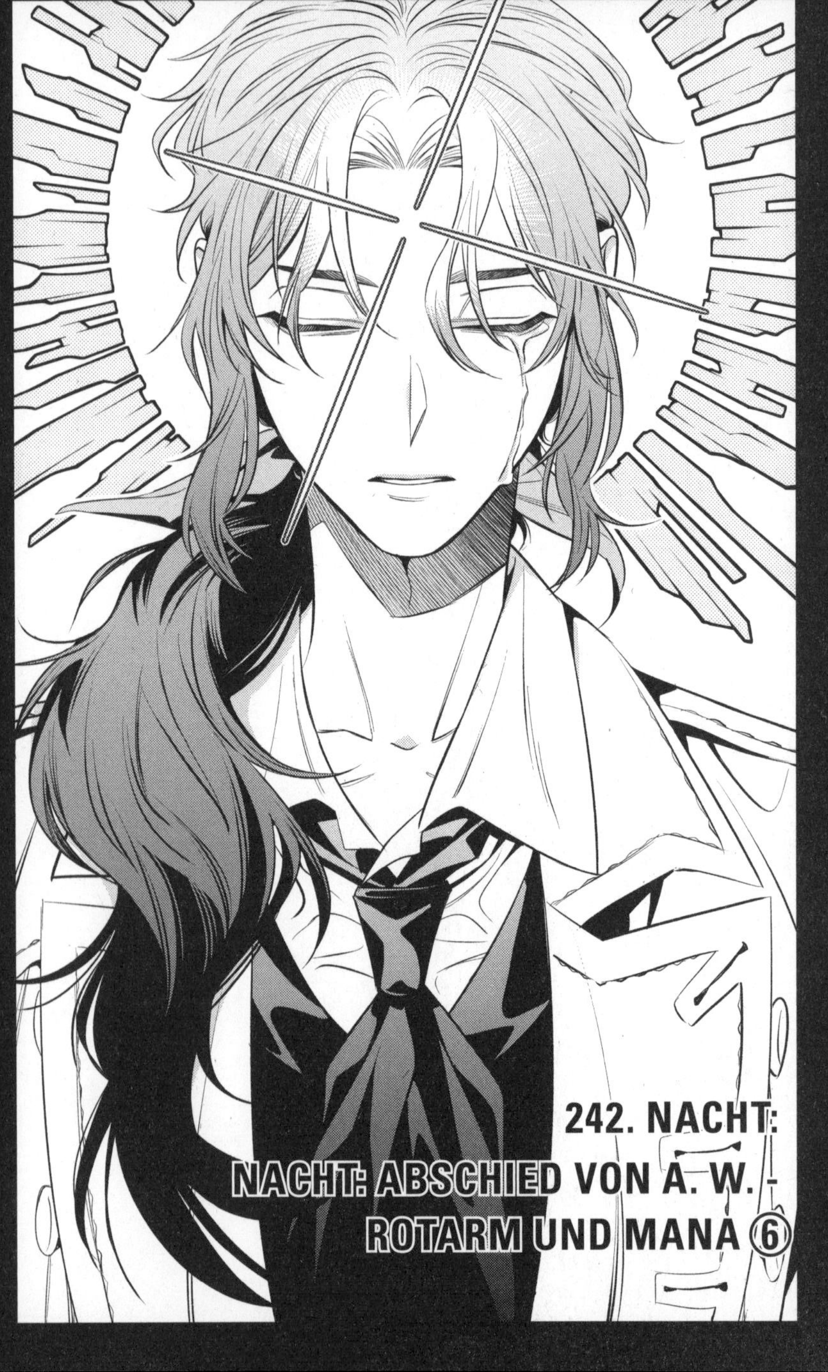
242. NACHT:
NACHT: ABSCHIED VON A. W. -
ROTARM UND MANA ⑥

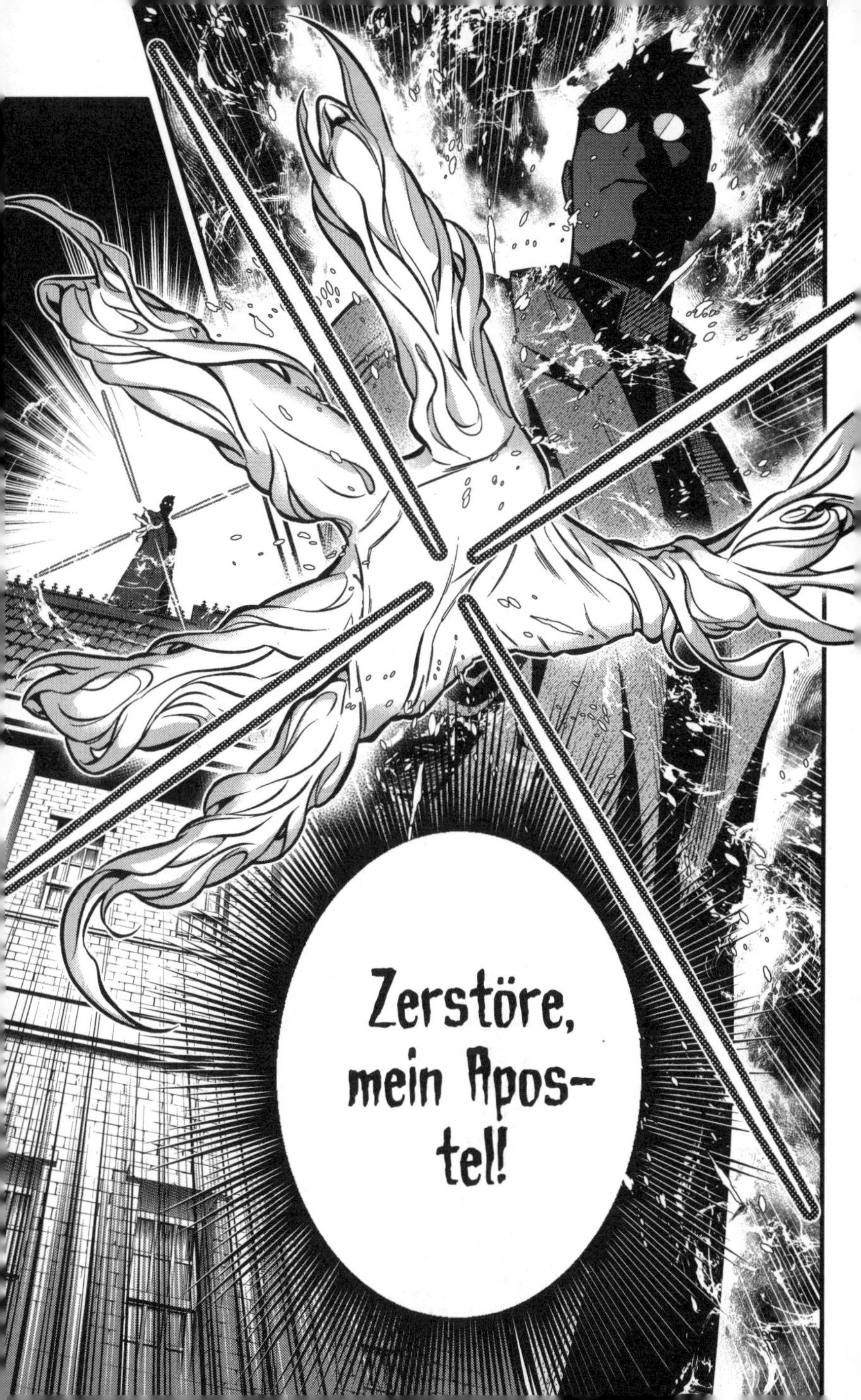
Zerstöre, mein Apos-tel!

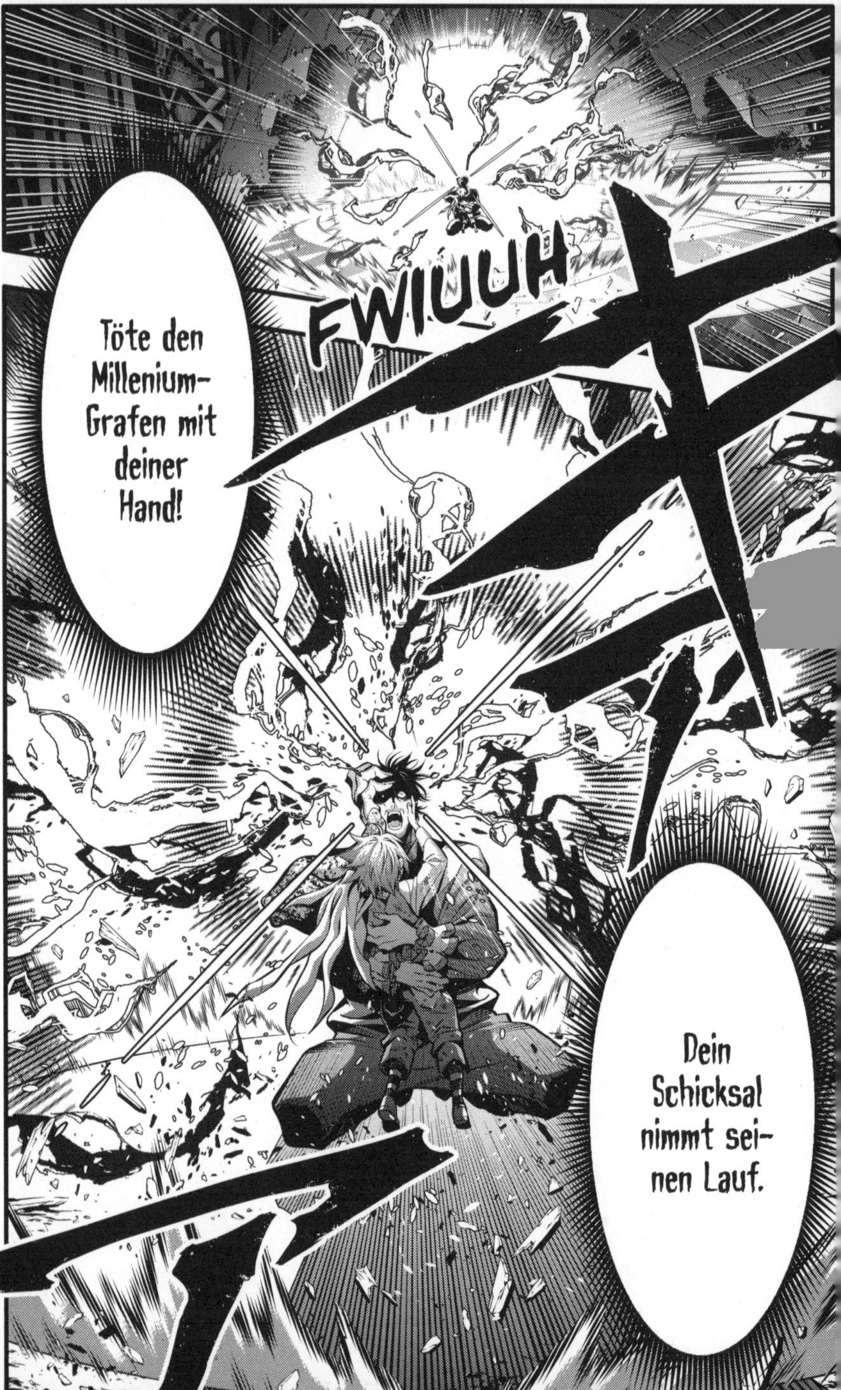
FWIUUH
Töte den Millenium-Grafen mit deiner Hand!
Dein Schicksal nimmt sei-nen Lauf.

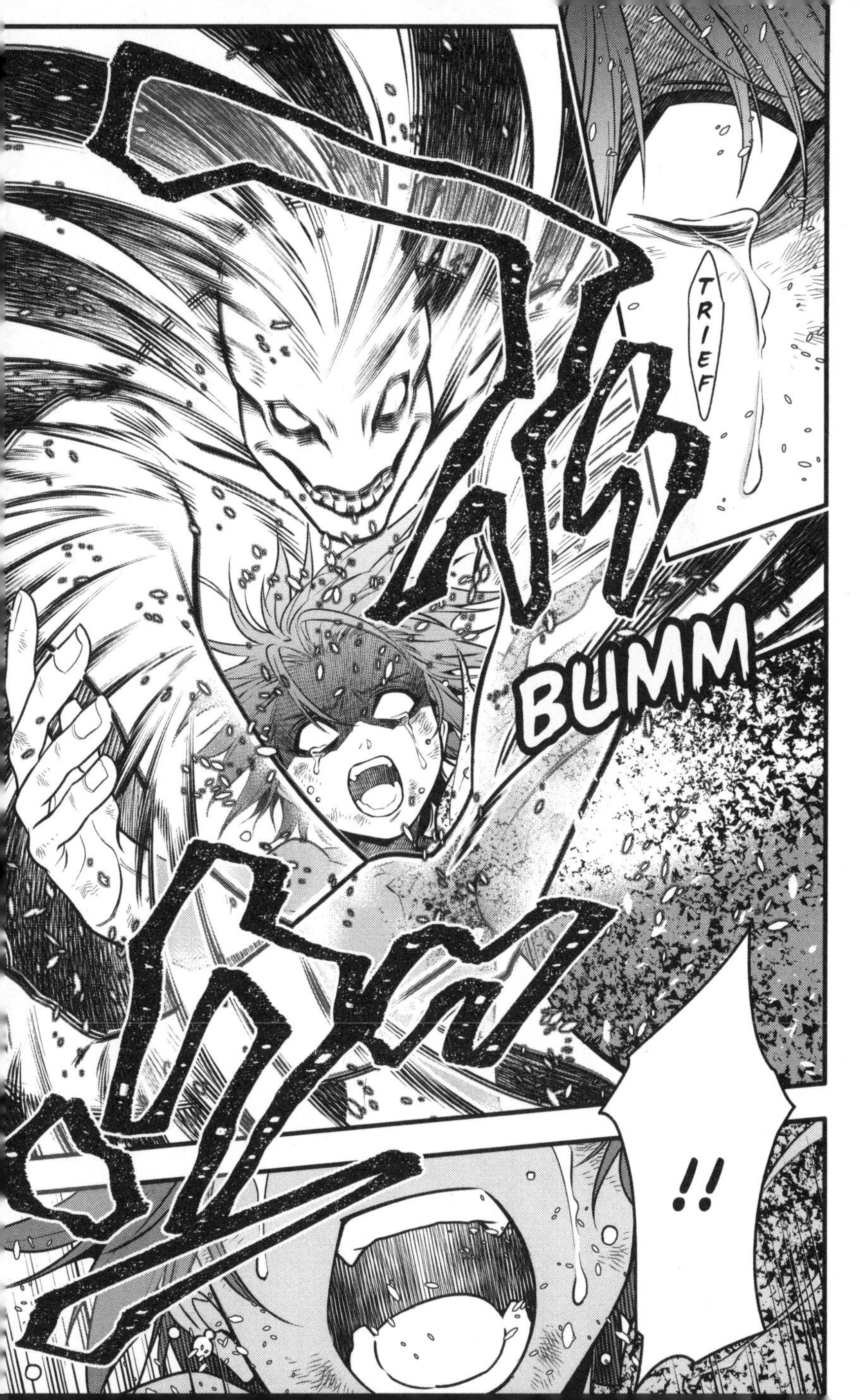
TRIEF
BUMM
!!

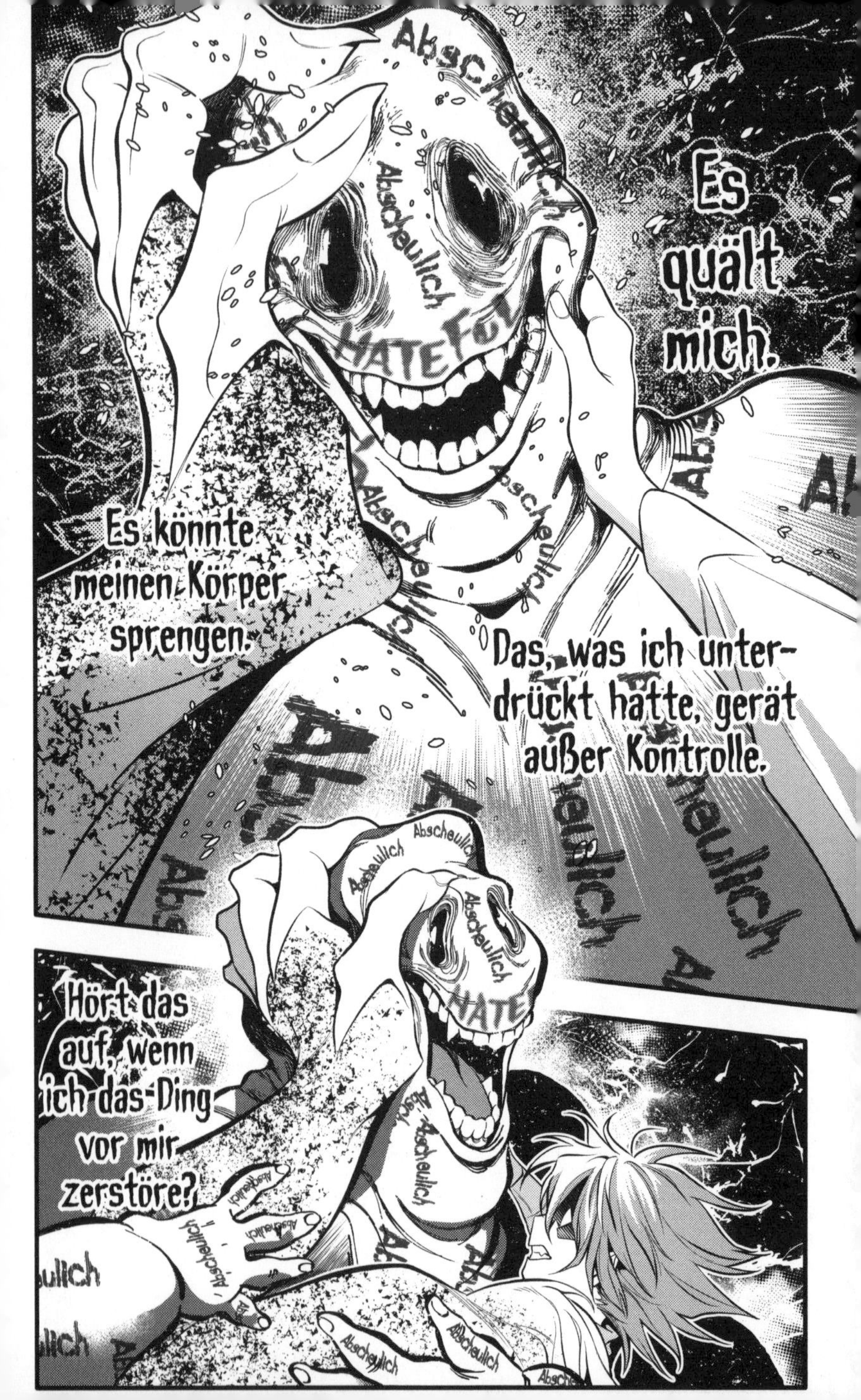
Es quält mich.
Es könnte meinen Körper sprengen.
Das, was ich unterdrückt hatte, gerät außer Kontrolle.
Hört das auf, wenn ich das Ding vor mir zerstöre?

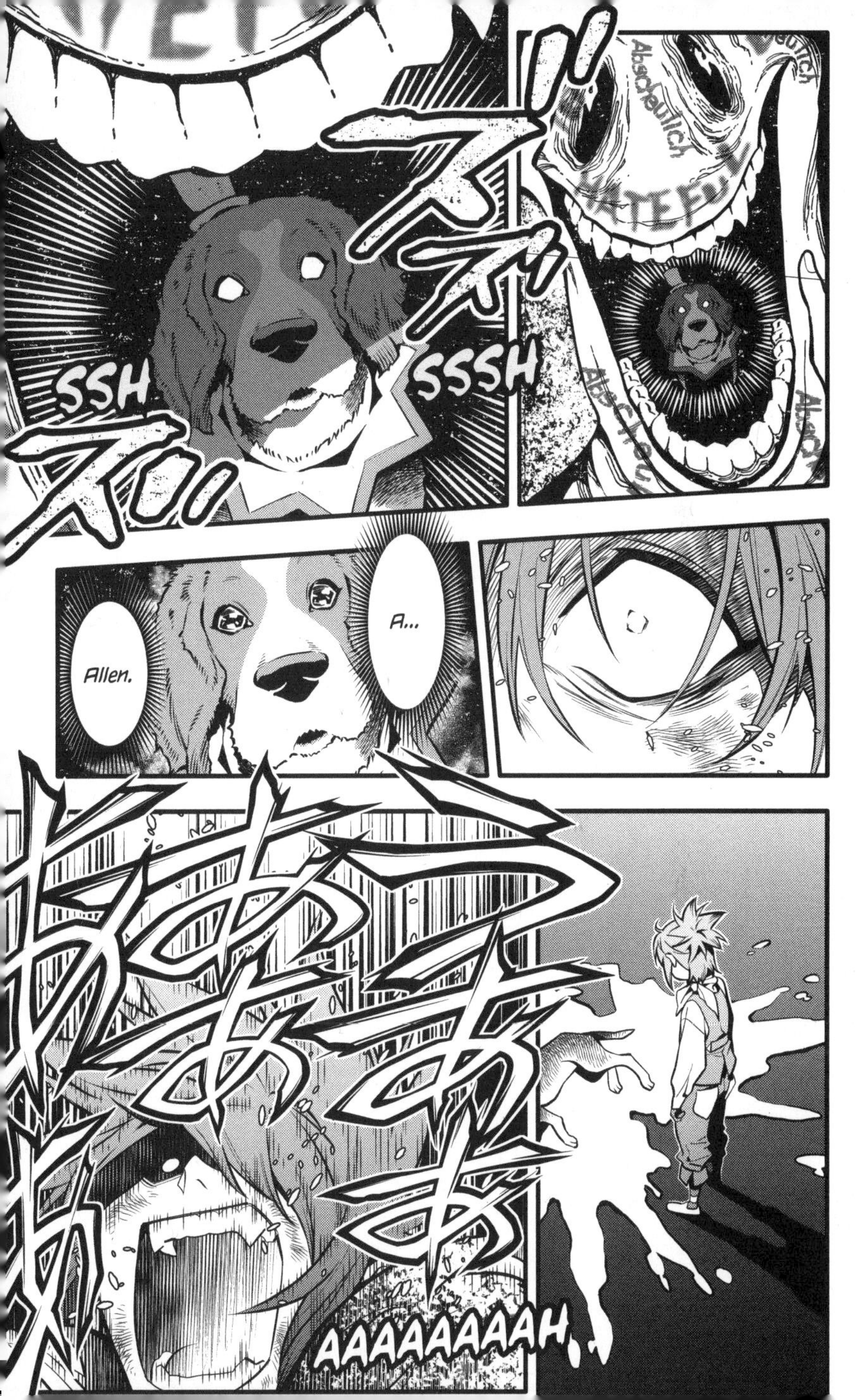
Abscheulich
Abscheulich
Abscheulich
SSSH
SSH
A...
Allen.
AAAAAAAAH

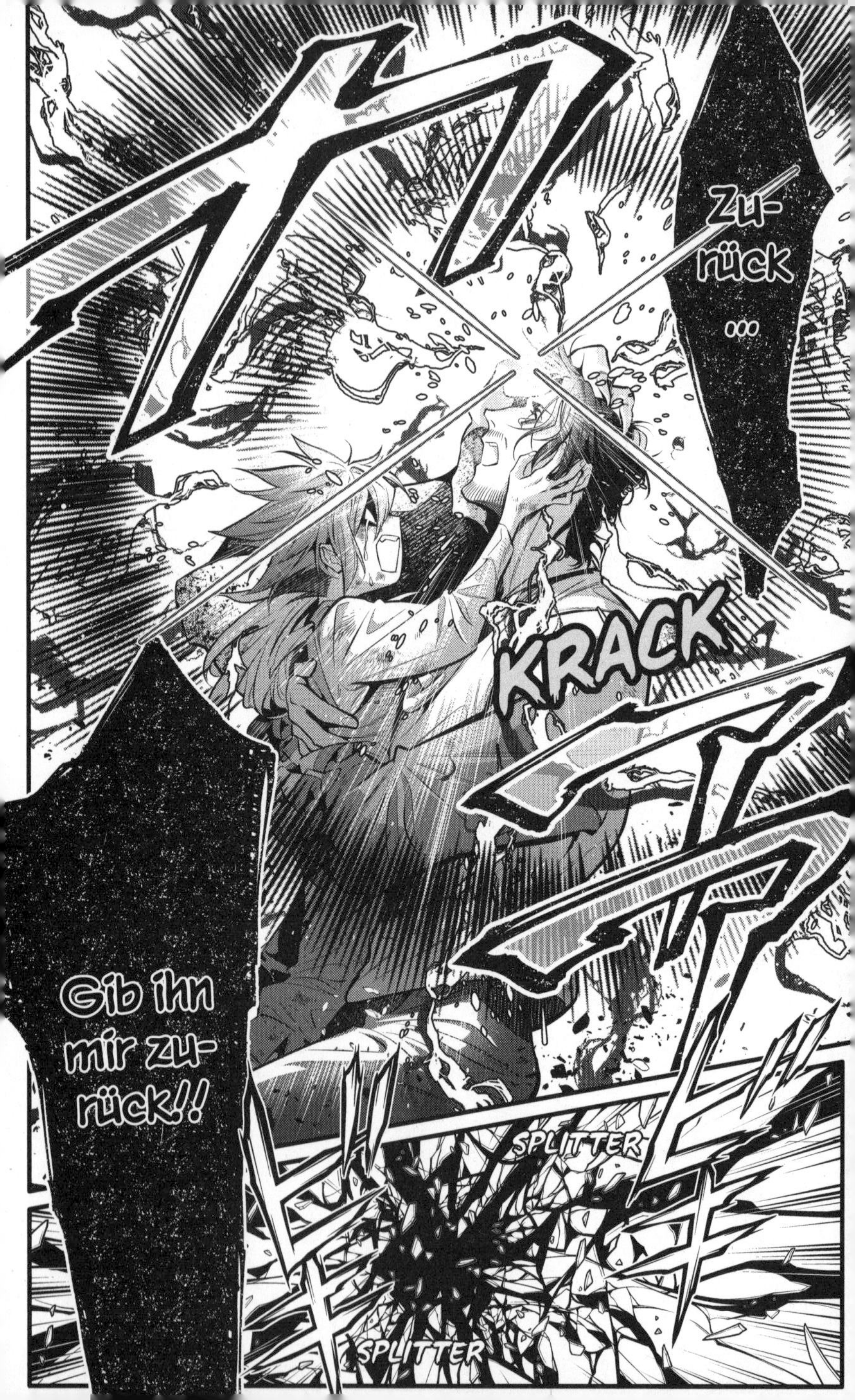
Zu-
rück
...
KRACK
Gib ihn
mir zu-
rück!!
SPLITTER
SPLITTER

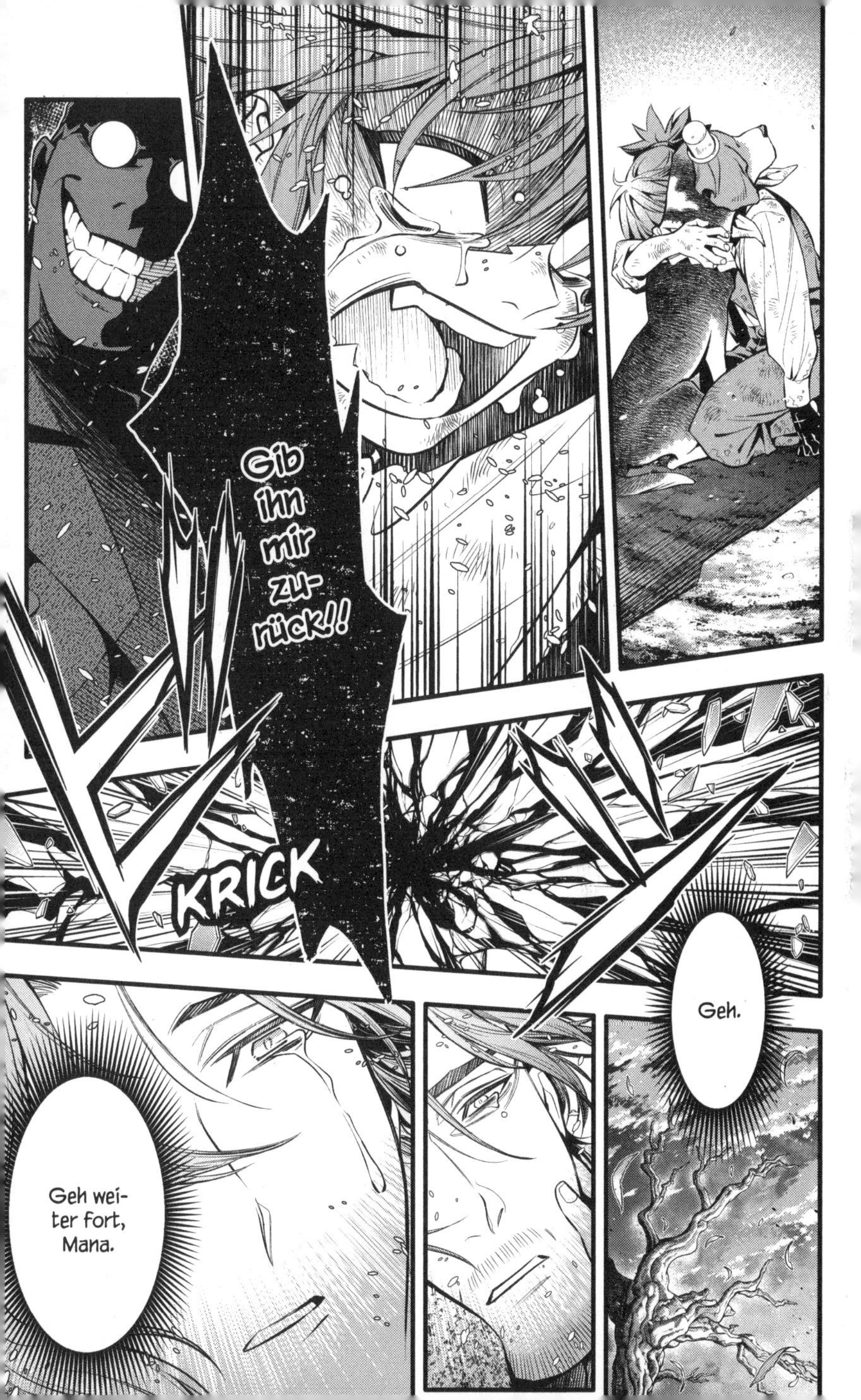
Gib ihn mir zurück!!
KRICK
Geh.
Geh weiter fort, Mana.

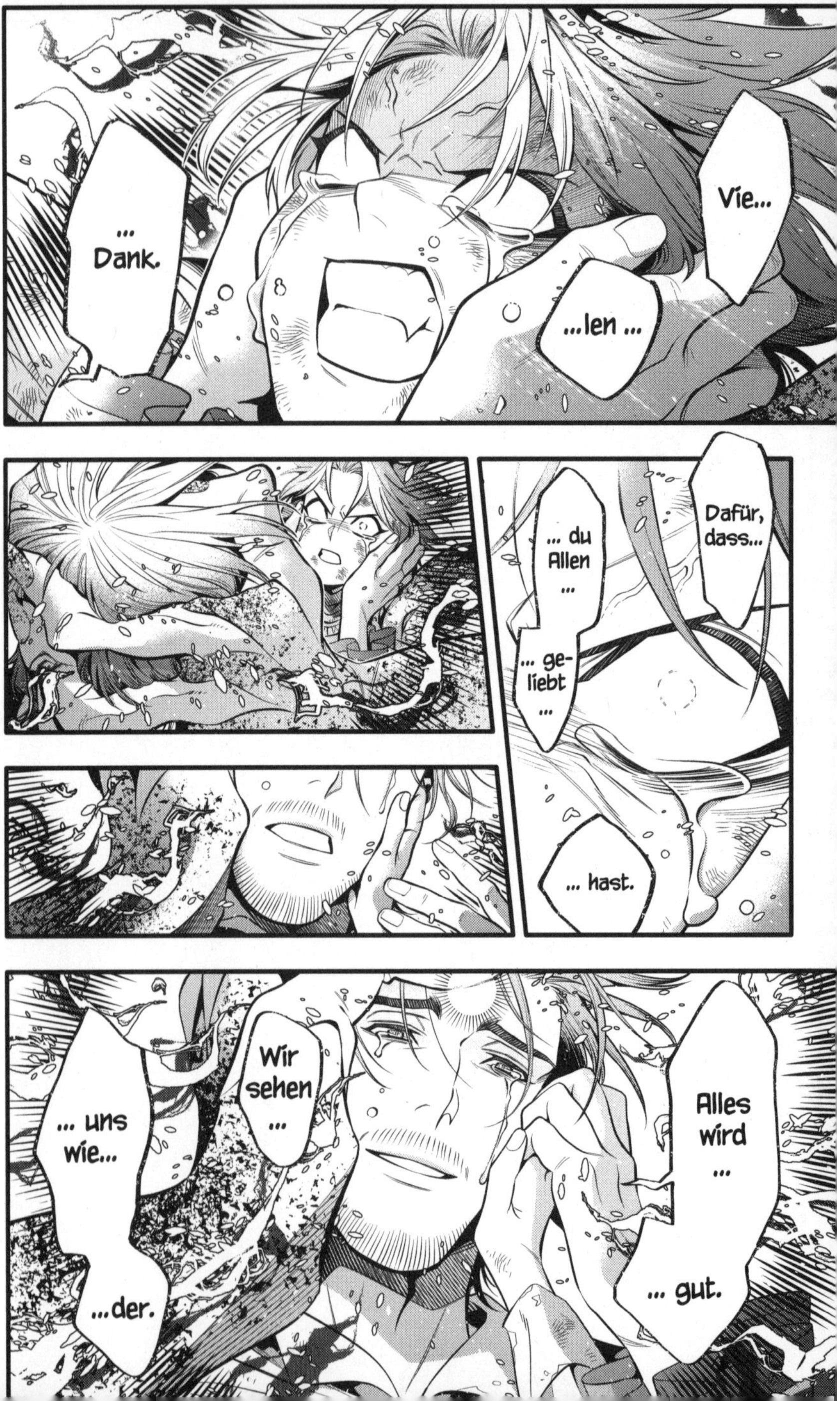
Vie...
...len ...
... Dank.
Dafür, dass...
... du Allen ...
... ge- liebt ...
... hast.
Alles wird ...
... gut.
Wir sehen ...
... uns wie...
...der.

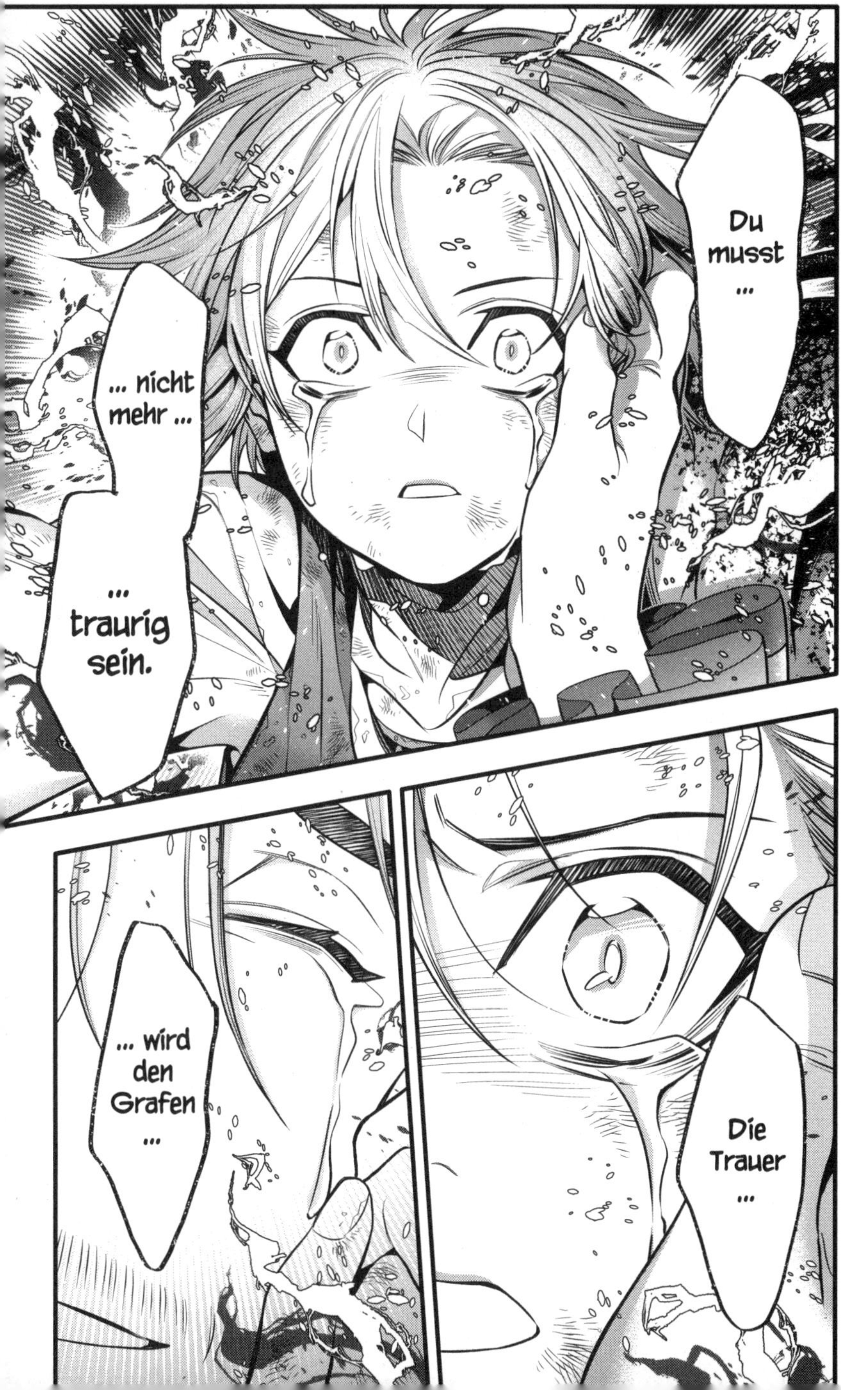

Du musst ...
... nicht mehr ...
... traurig sein.
Die Trauer ...
... wird den Grafen ...

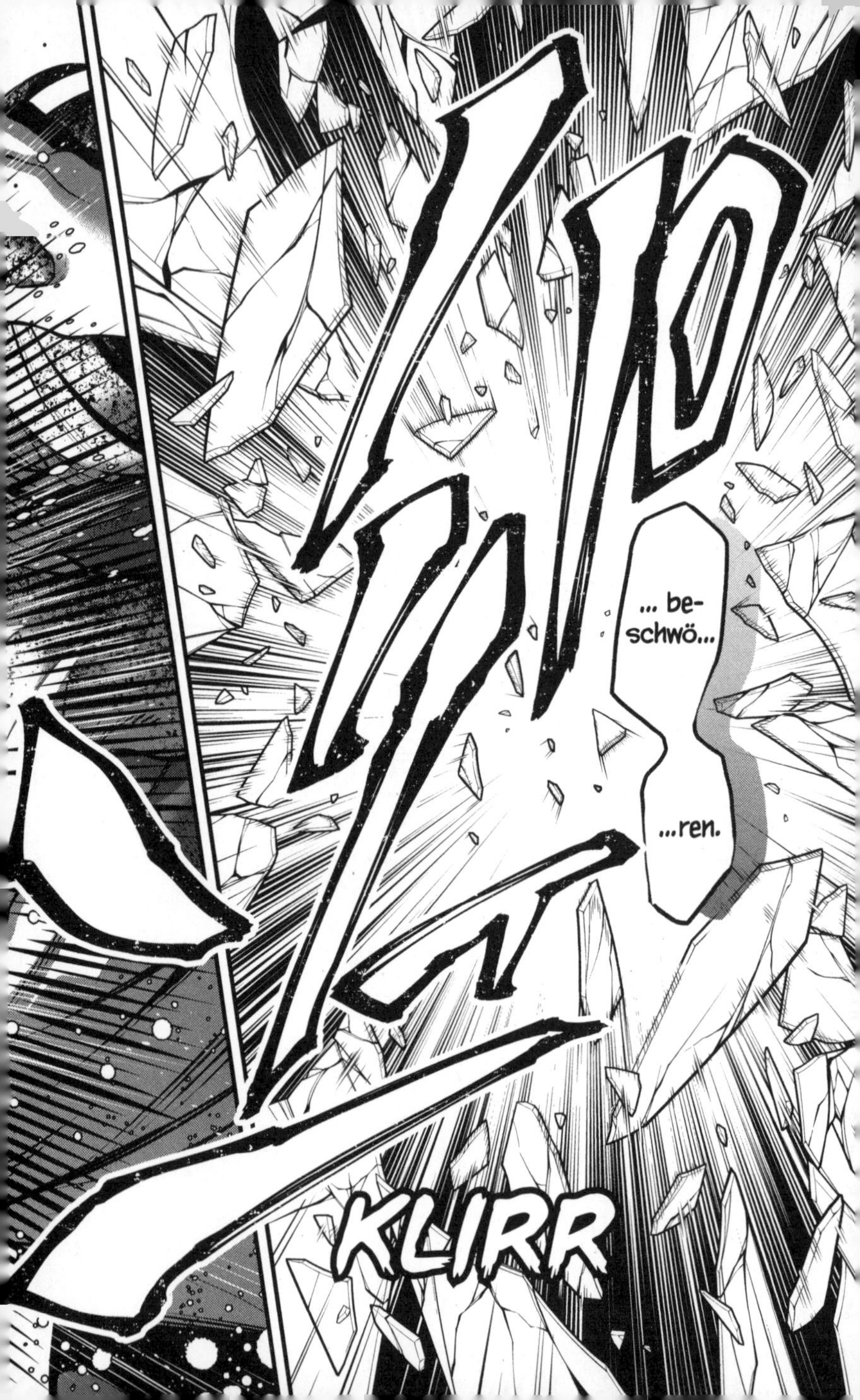

... be-
schwö...
...ren.
KLIRR

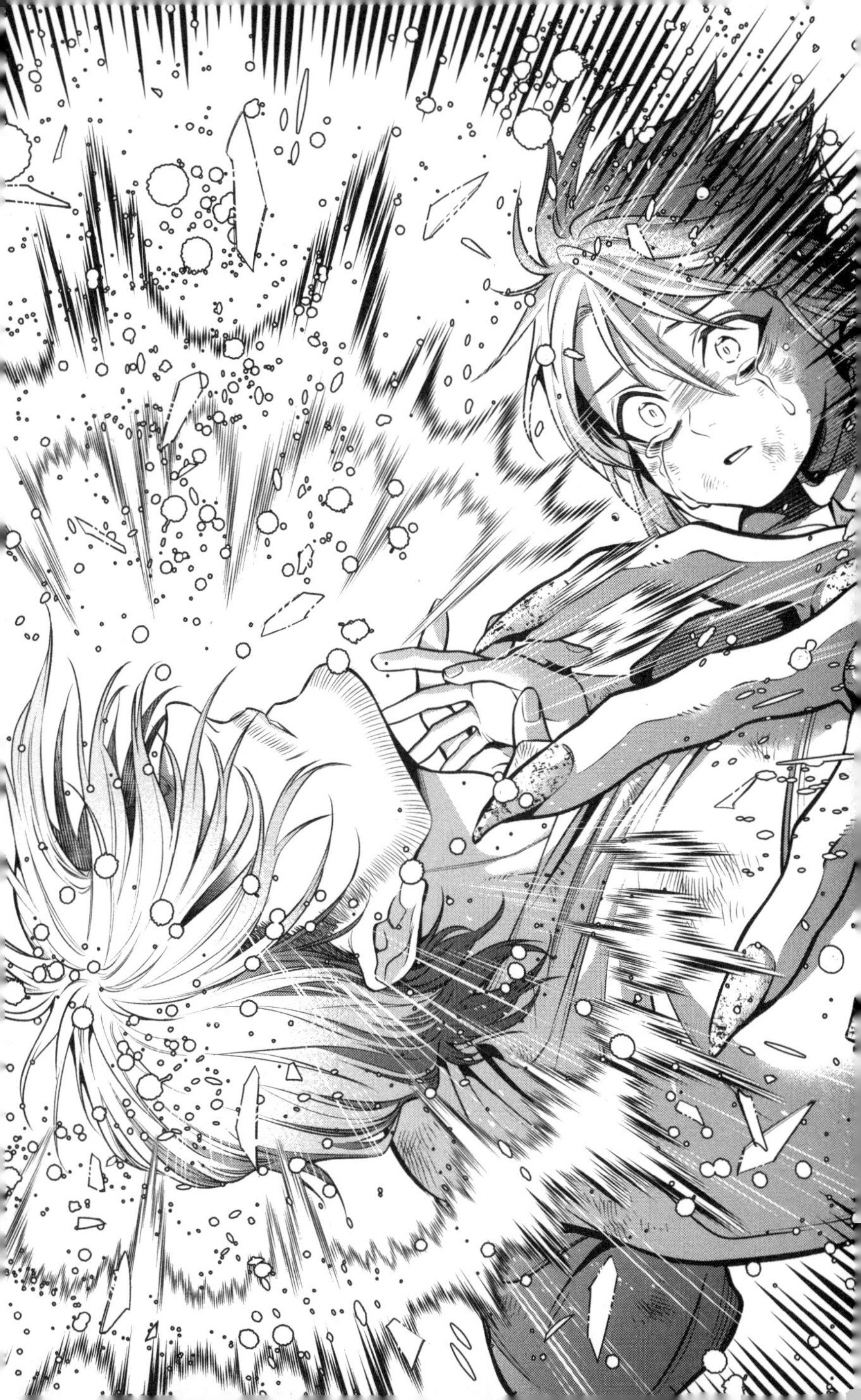

Storyboard ♡

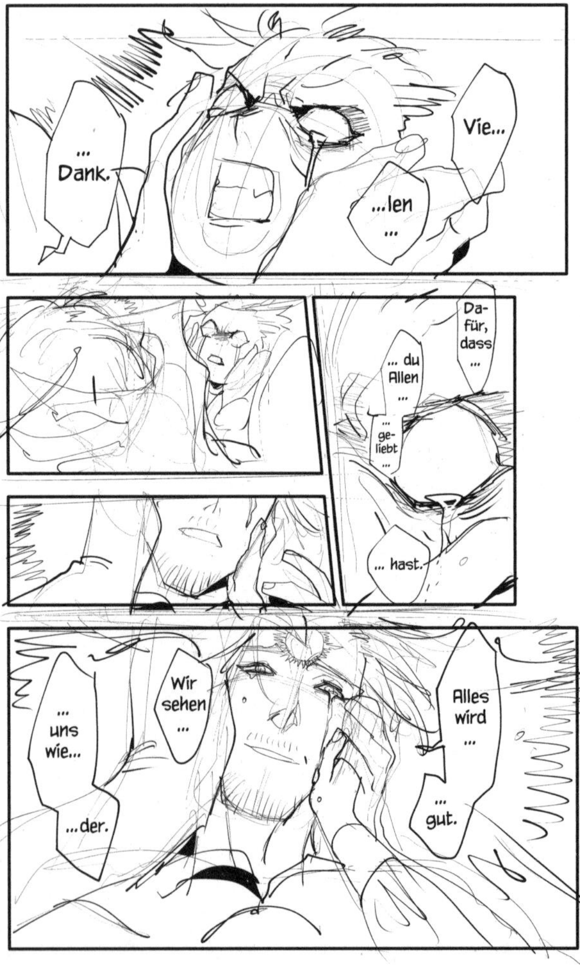
Vie...
...len ...
... Dank.
Dafür, dass ...
... du Allen ...
... geliebt ...
... hast.
Alles wird ...
... gut.
Wir sehen ...
... uns wie...
...der.

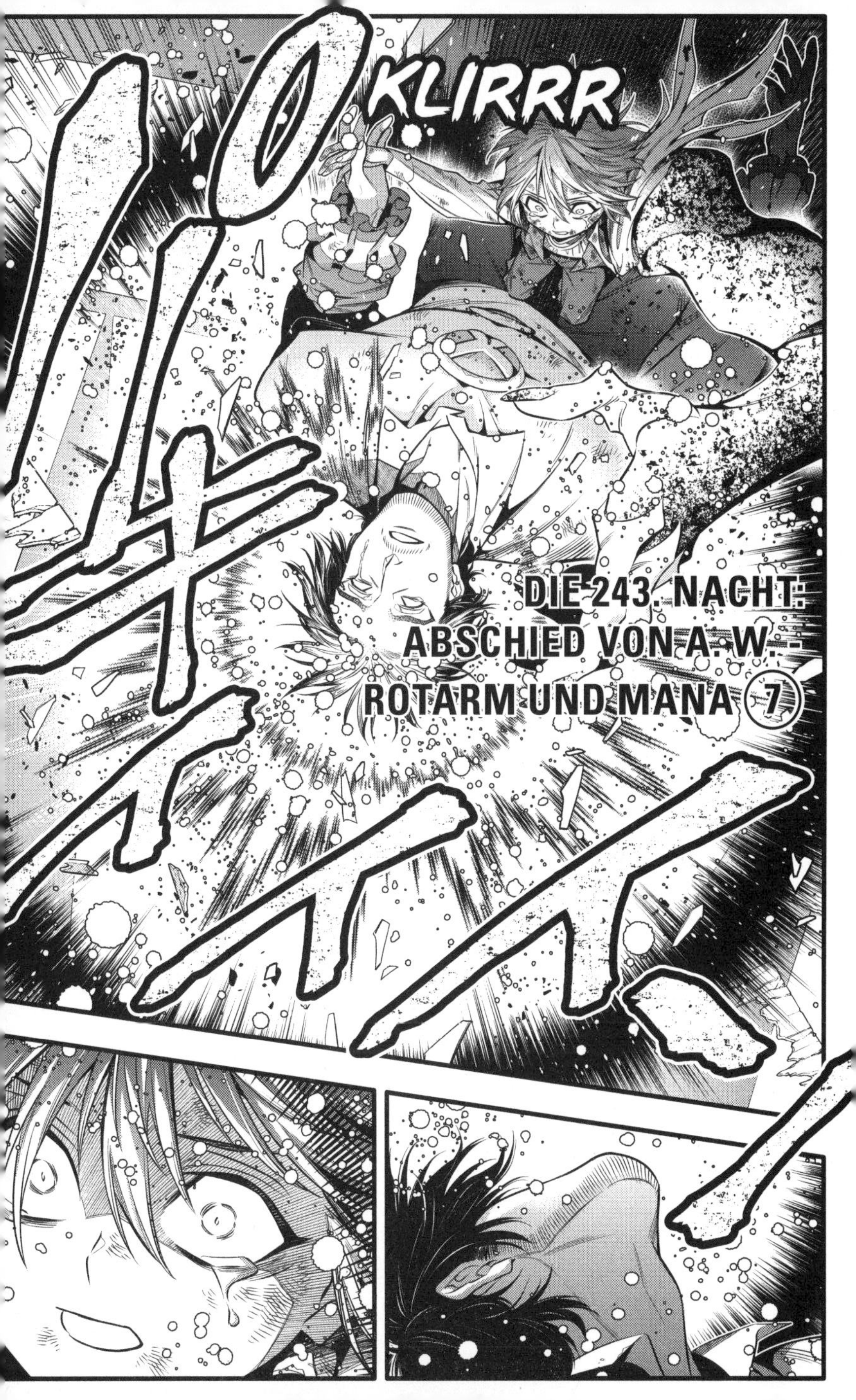
KLIRRR
DIE 243. NACHT:
ABSCHIED VON A. W. -
ROTARM UND MANA ⑦

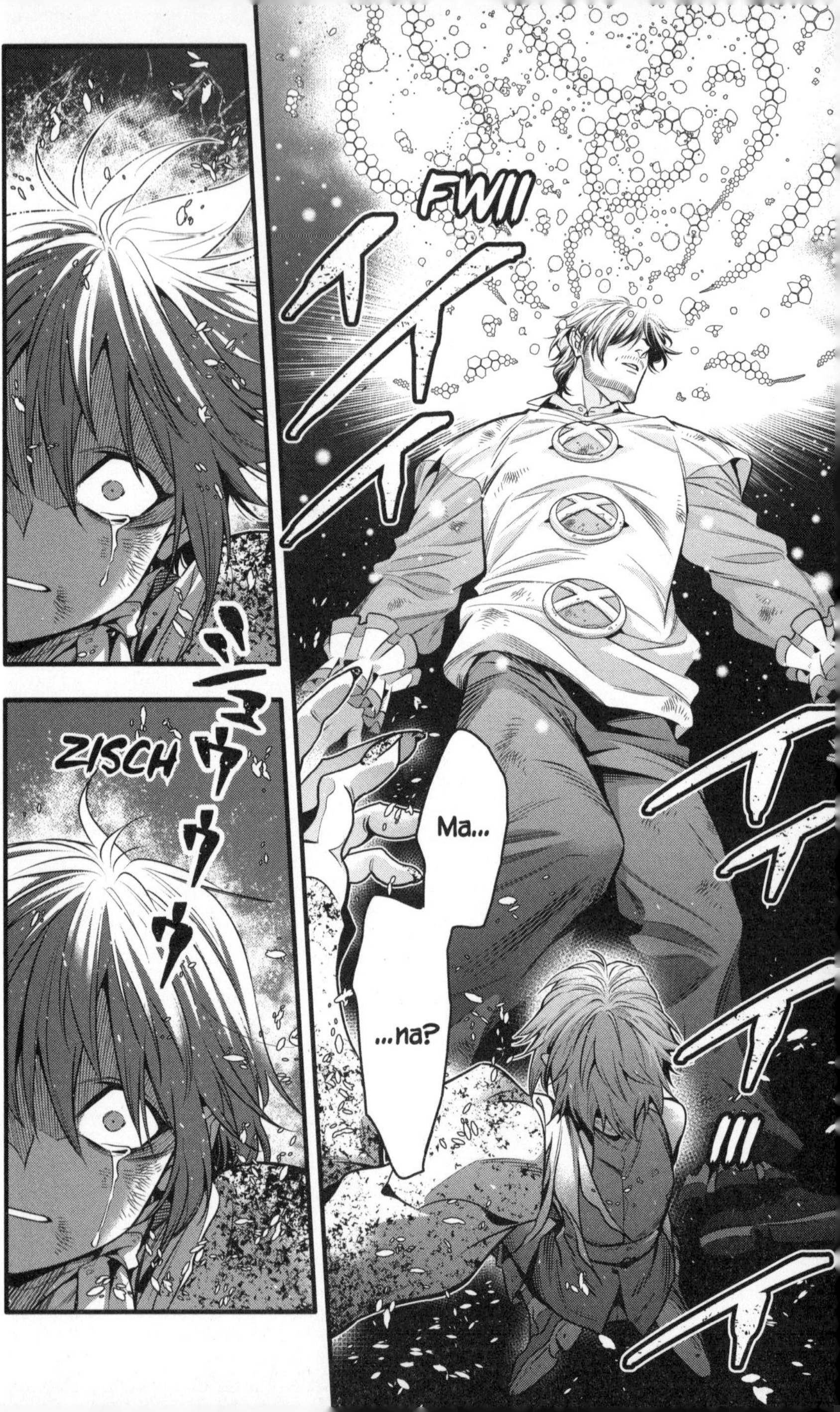
FWII
ZISCH
Ma...
...na?

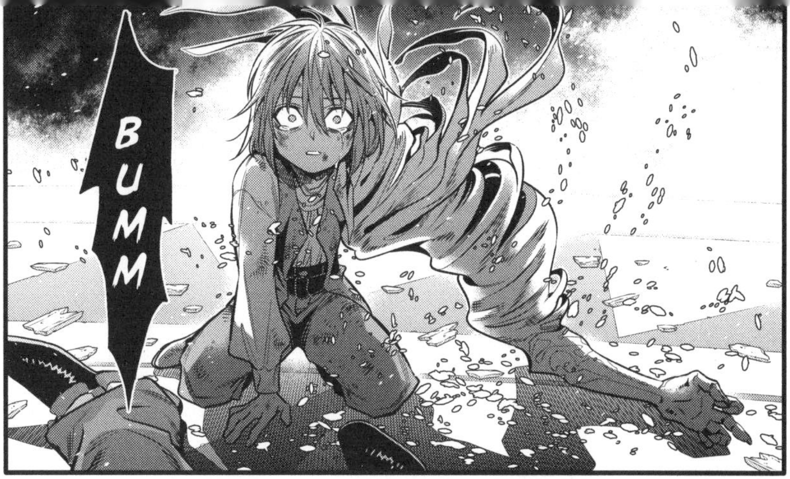

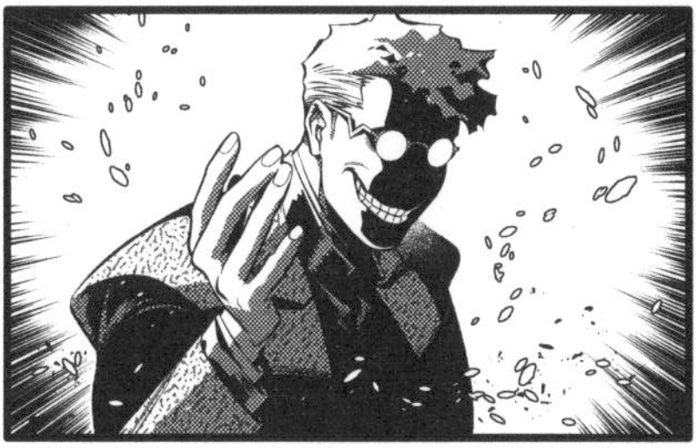

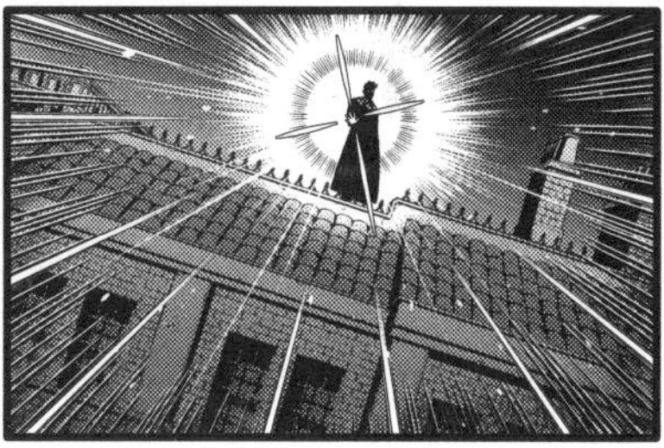

DIE 243. NACHT: ABSCHIED VON A. W. - ROTARM UND MANA ⑦

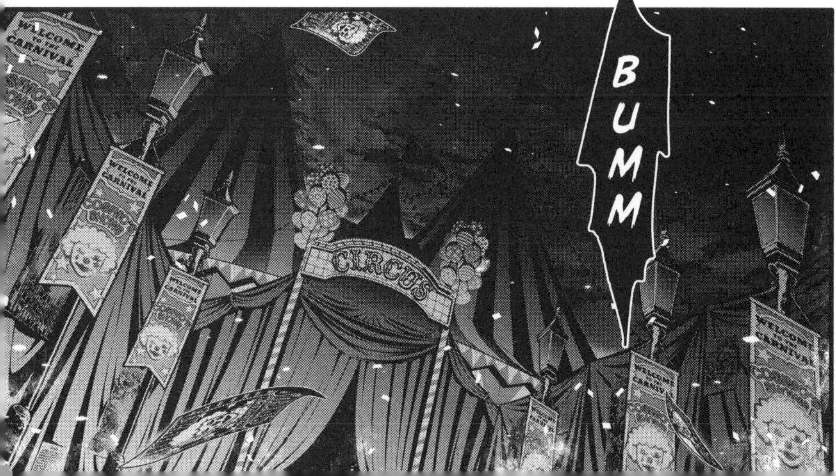

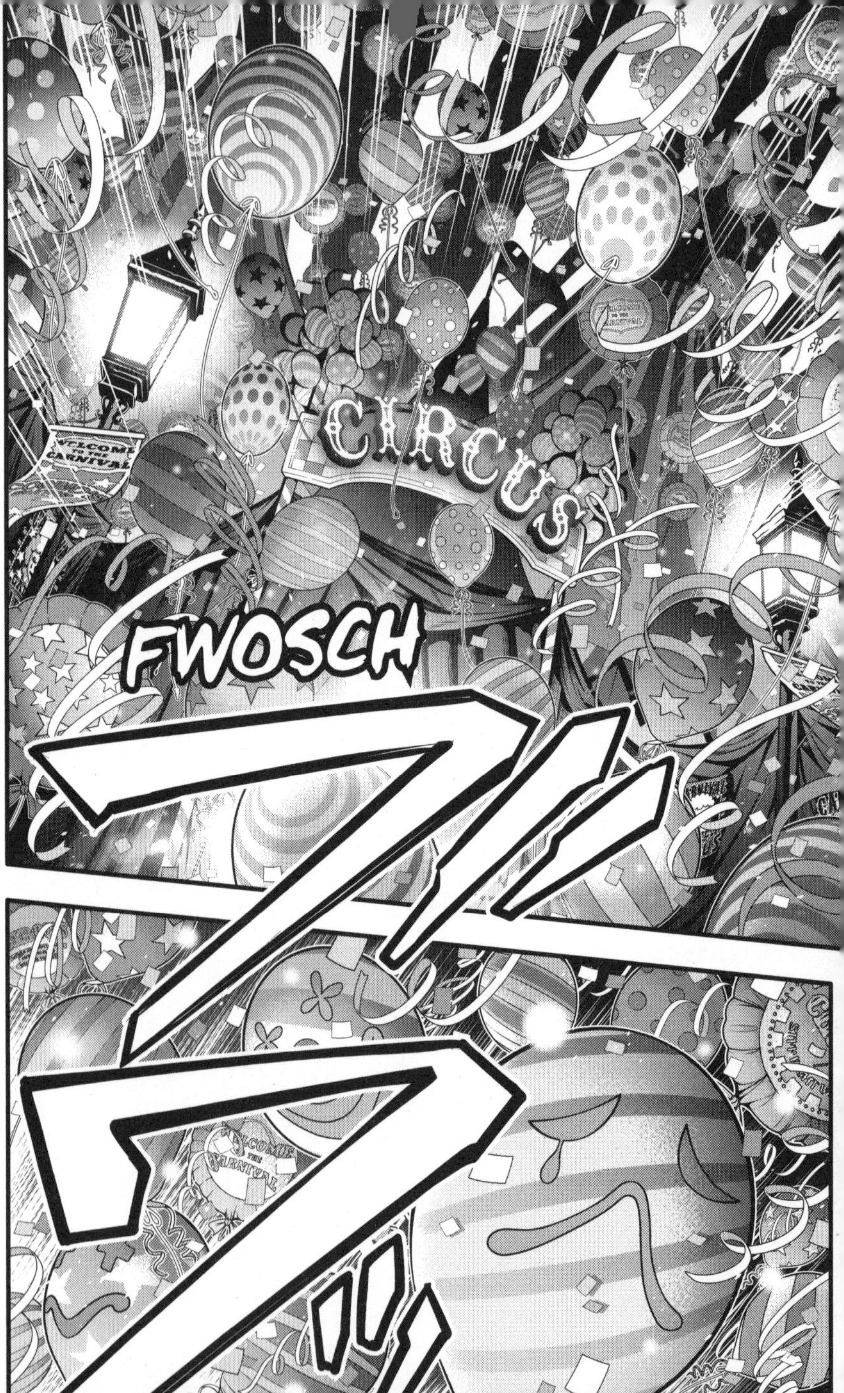
CIRCUS
FWOSCH

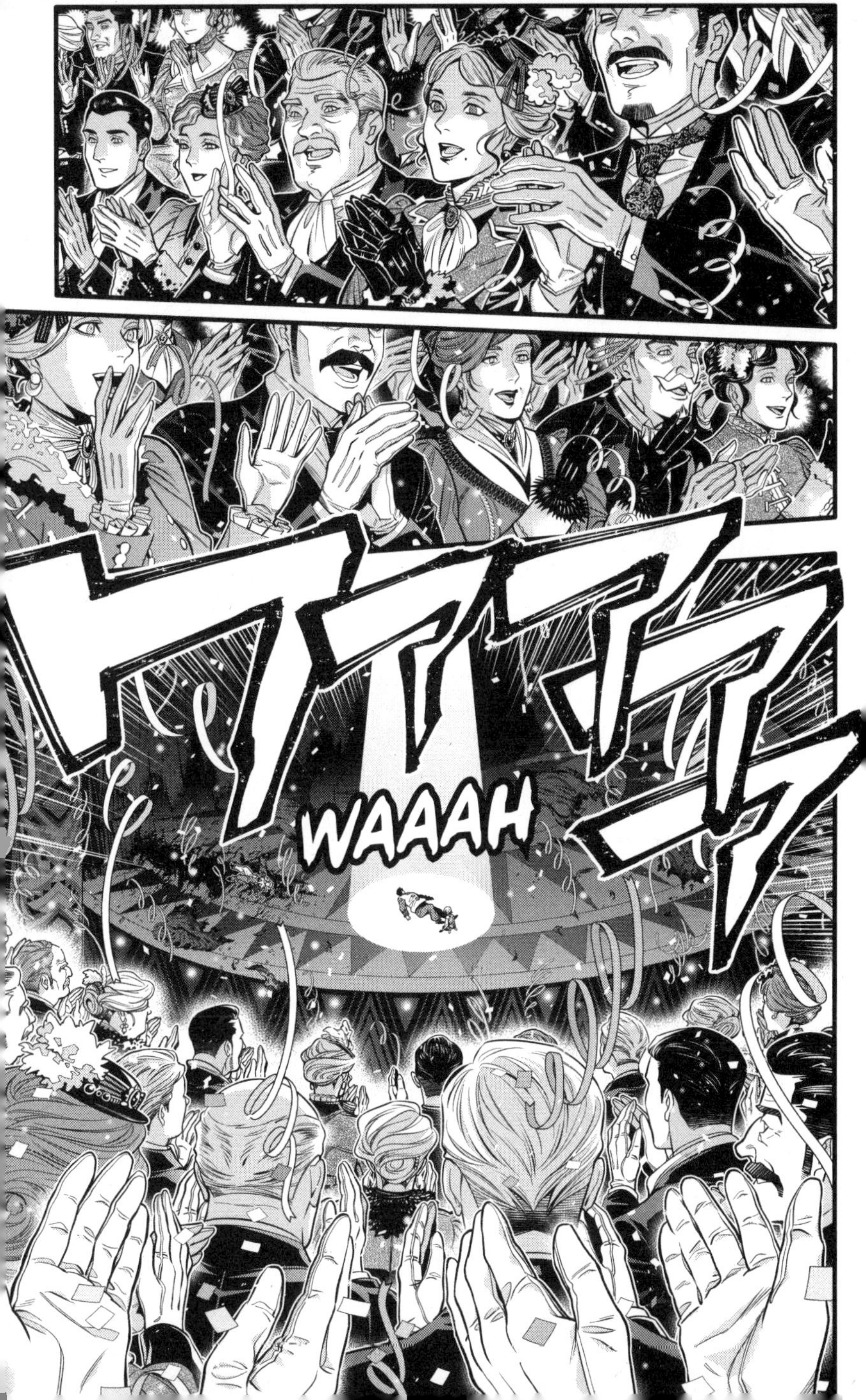
WAAAH

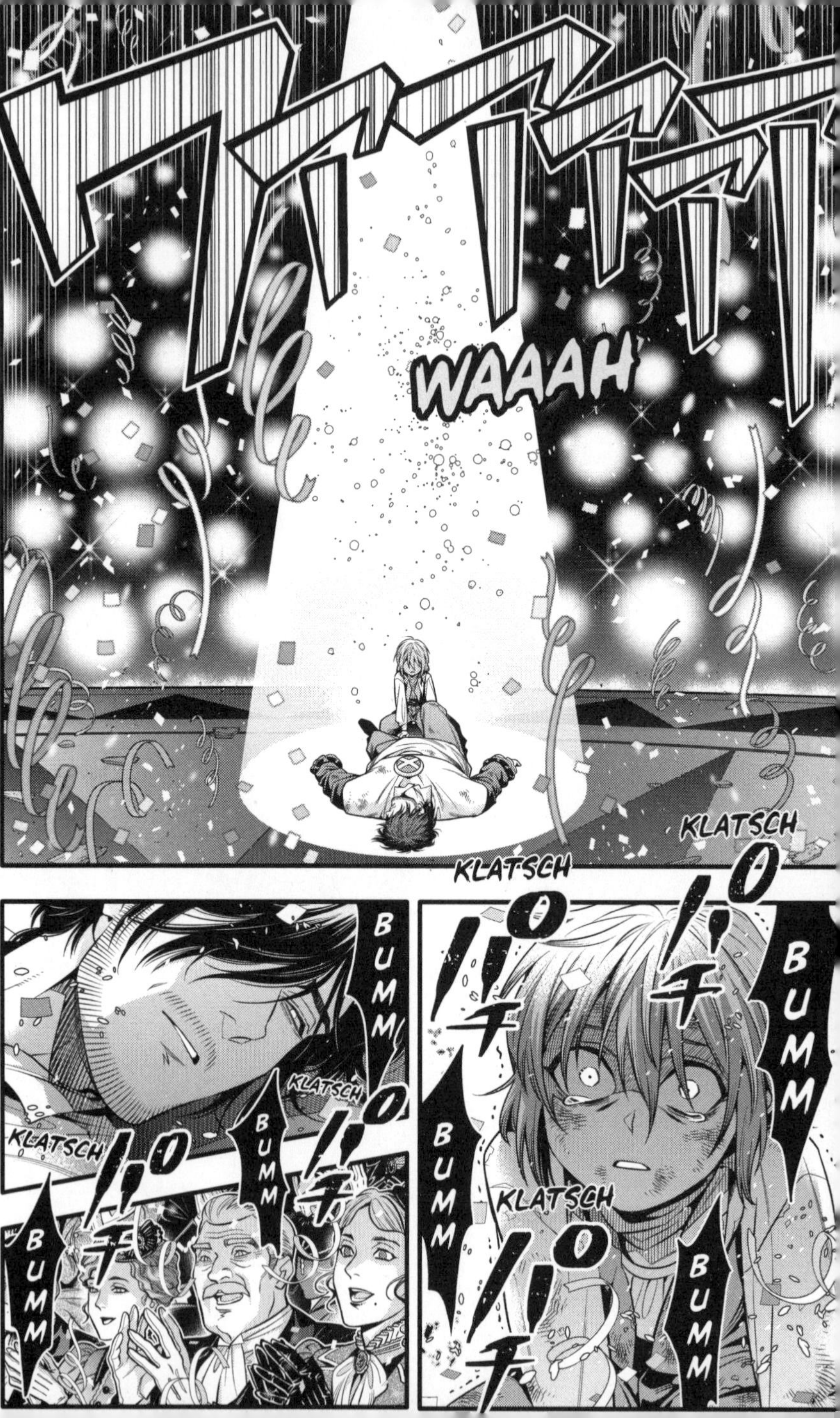

WAAAH
KLATSCH
KLATSCH
BUMM
BUMM
KLATSCH
BUMM
BUMM
KLATSCH
BUMM
KLATSCH
BUMM

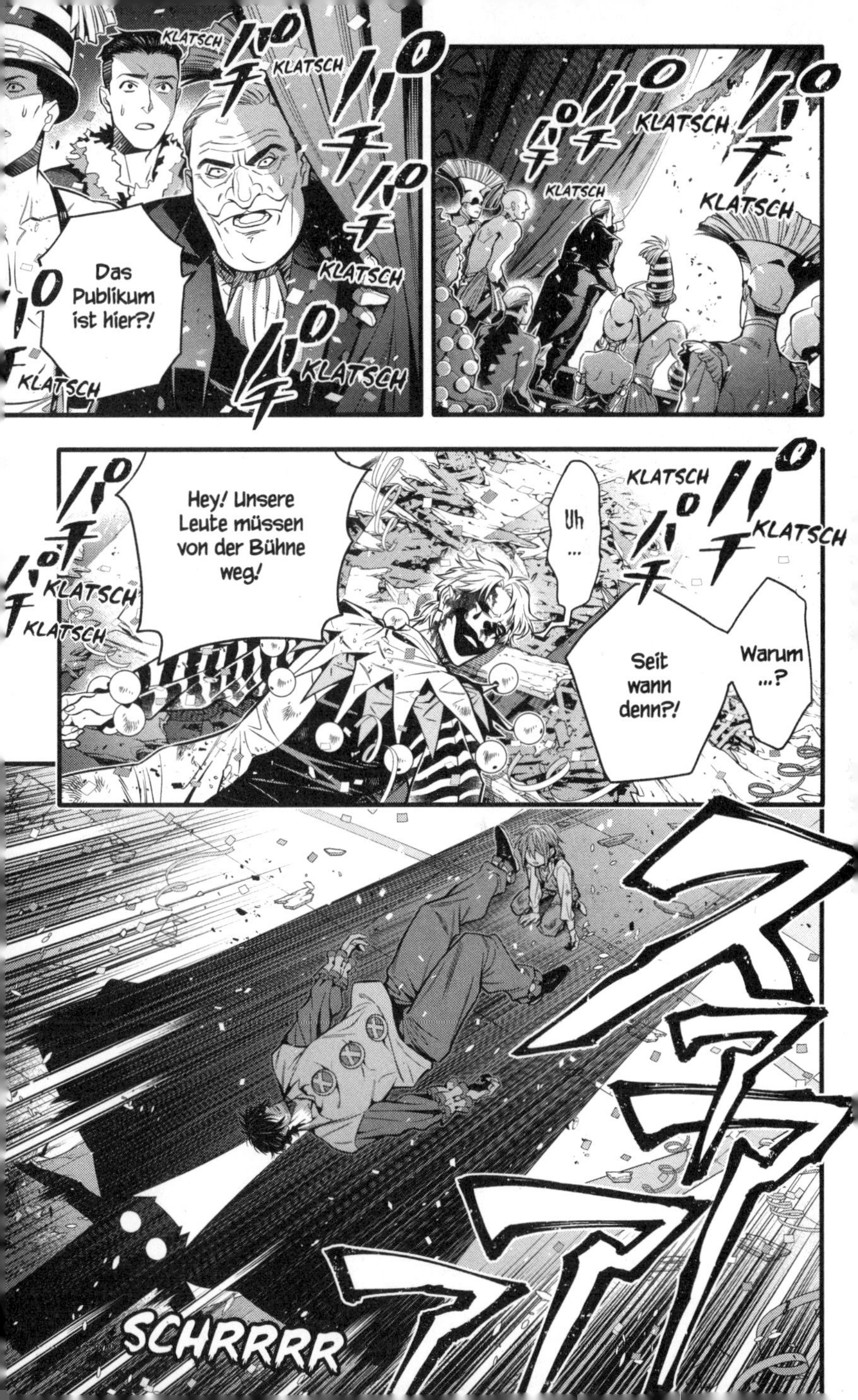
KLATSCH
KLATSCH
KLATSCH
KLATSCH
KLATSCH
KLATSCH
KLATSCH
Das Publikum ist hier?!
KLATSCH
KLATSCH
KLATSCH
Warum ...?
Seit wann denn?!
Uh ...
Hey! Unsere Leute müssen von der Bühne weg!
KLATSCH
KLATSCH
SCHRRRR

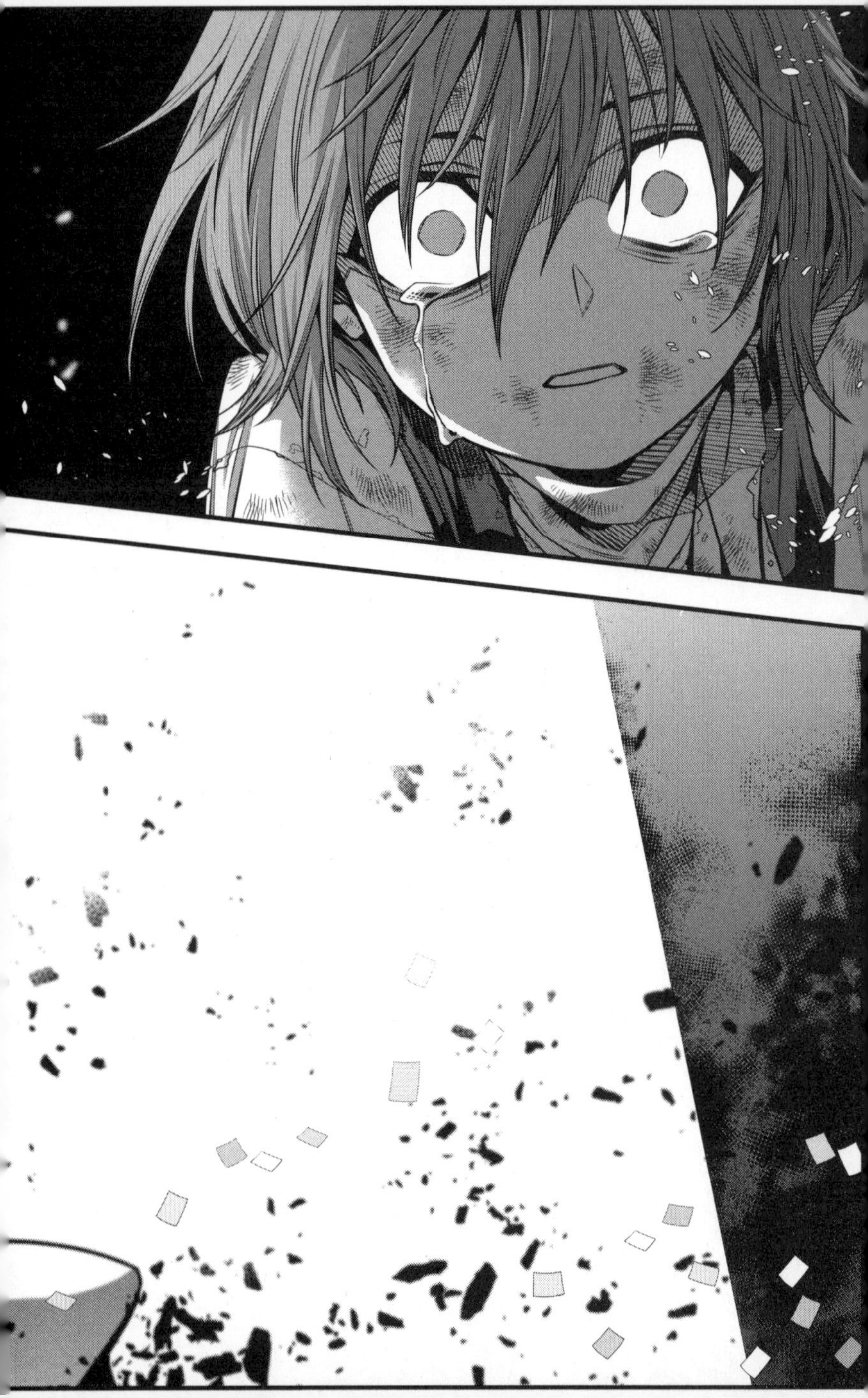

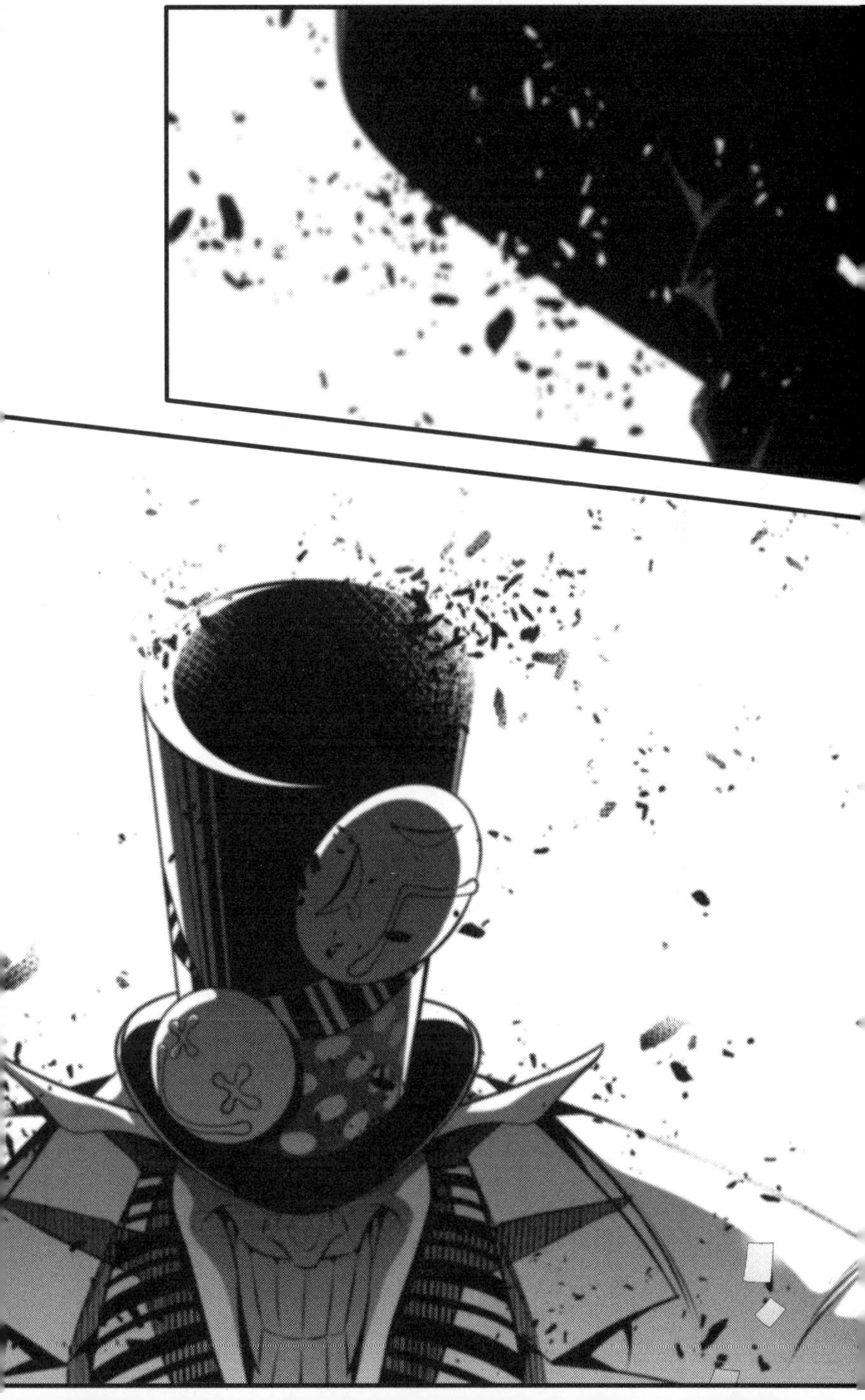

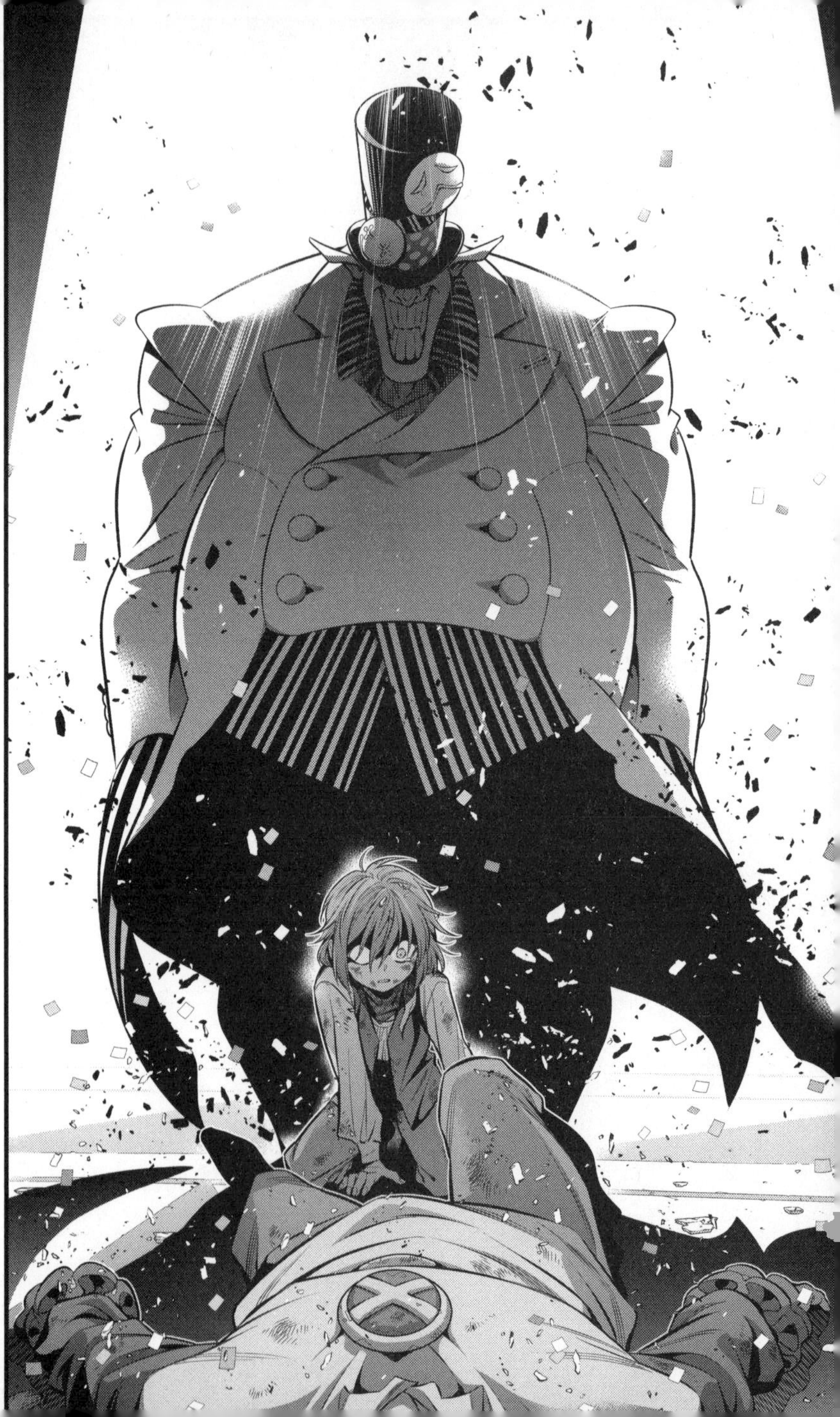

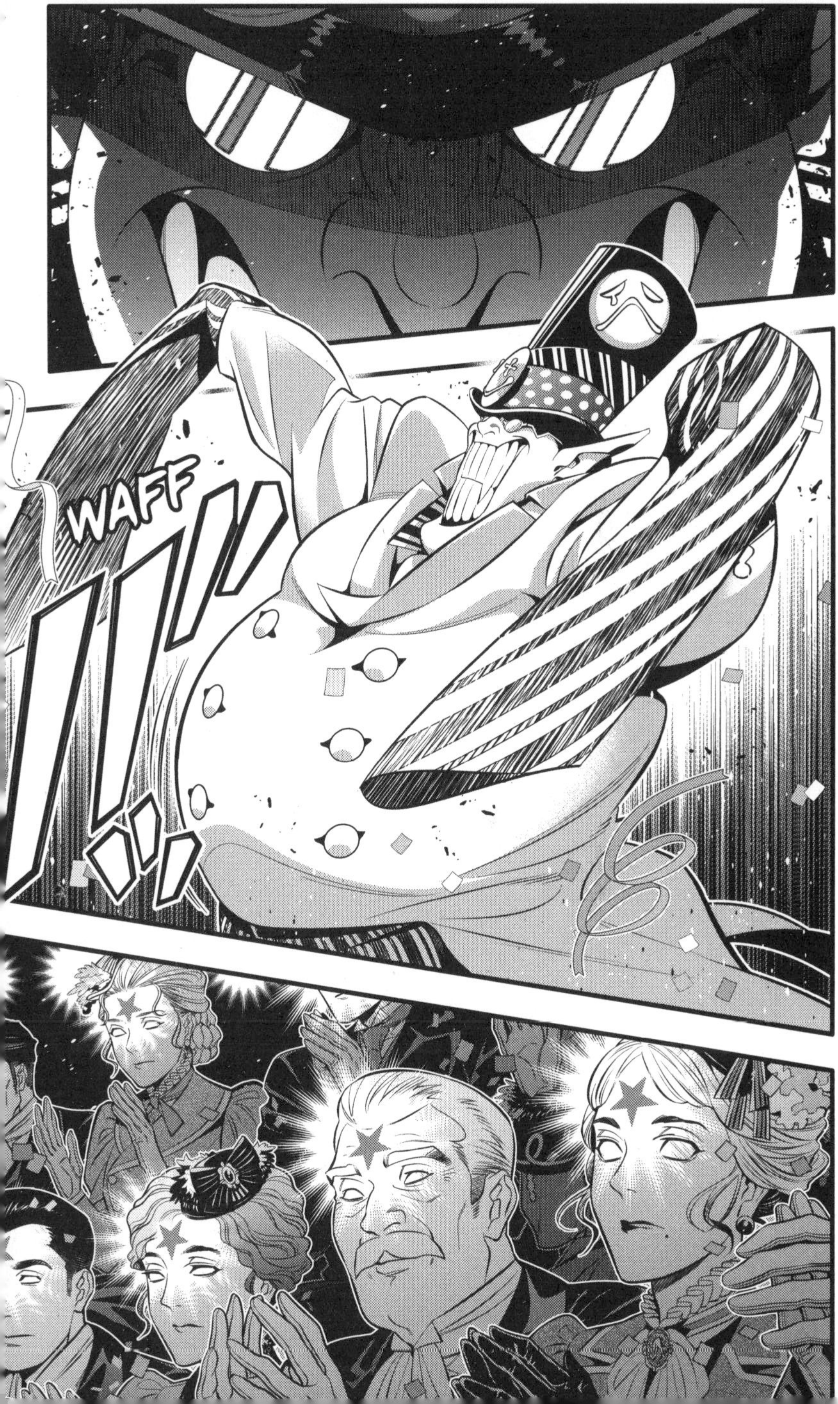
WAFF

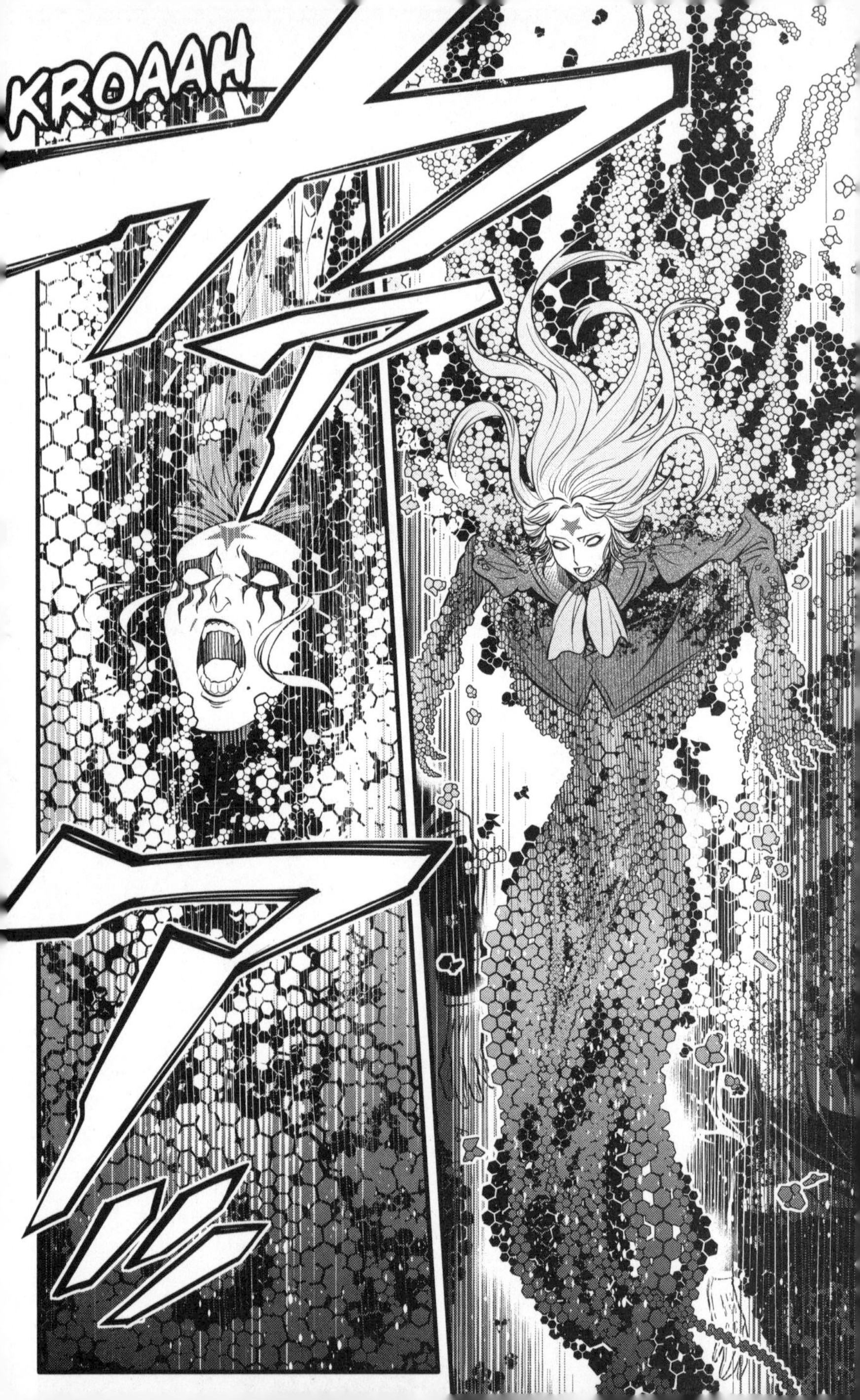
KROAAH

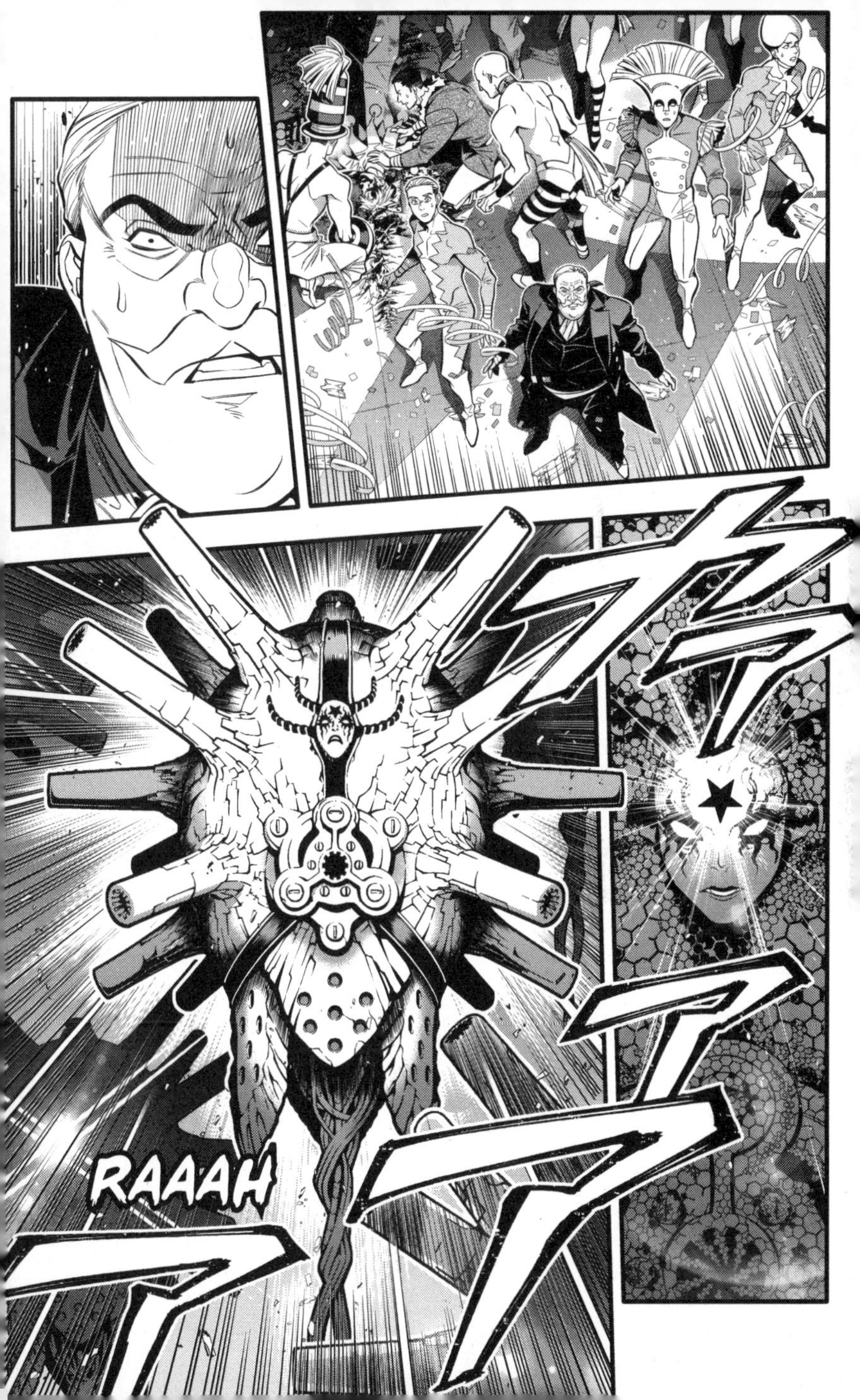
RAAAH

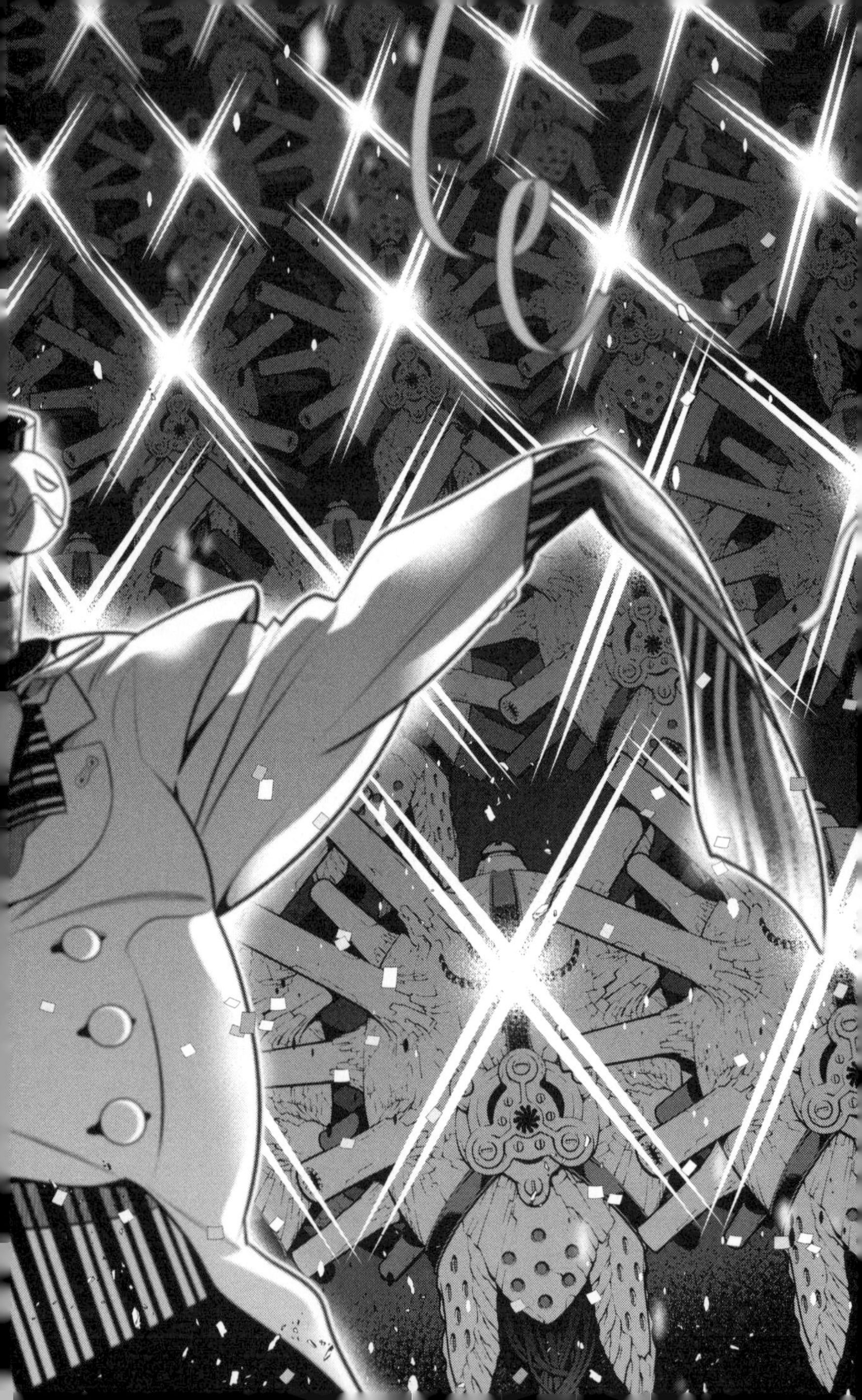

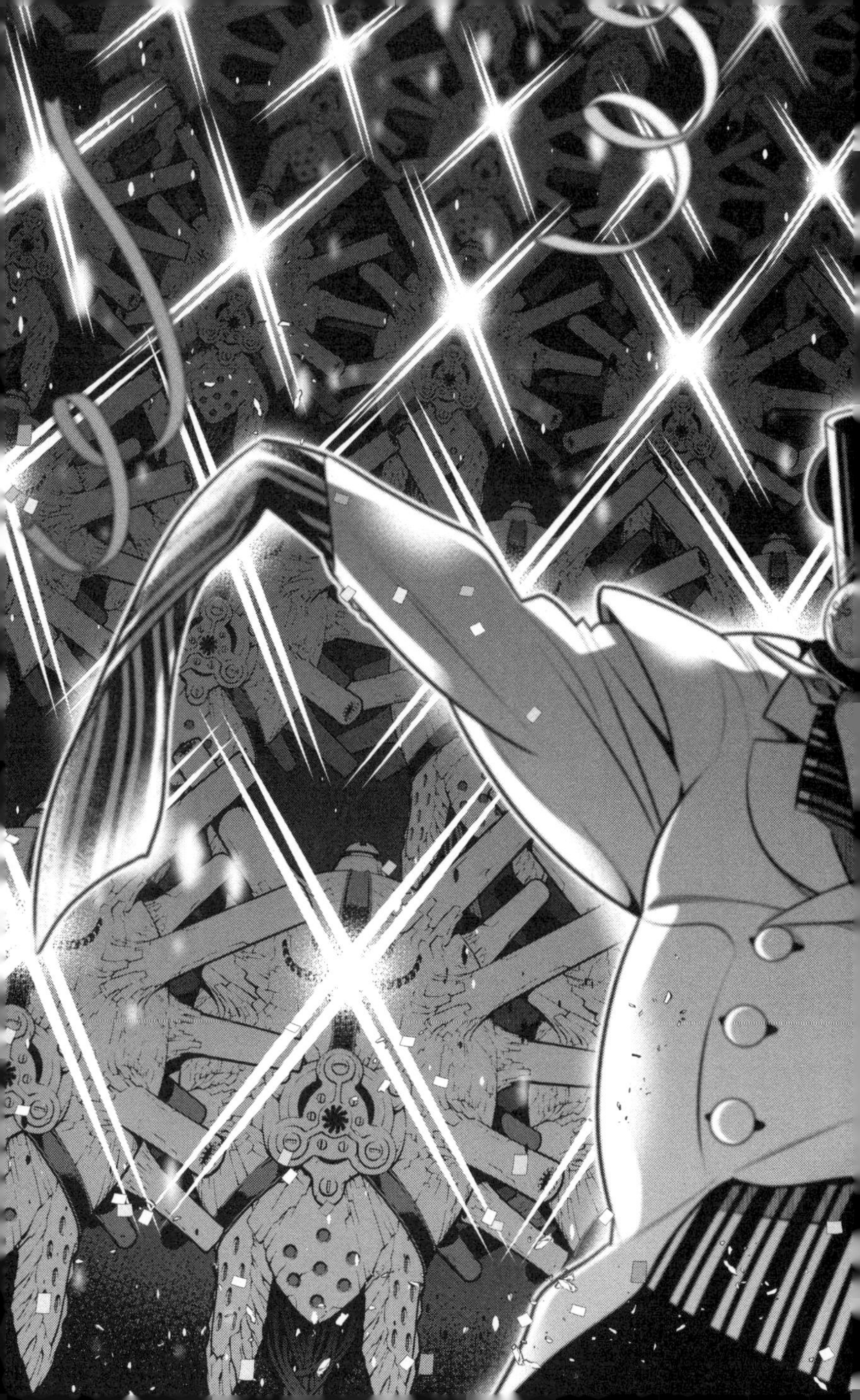

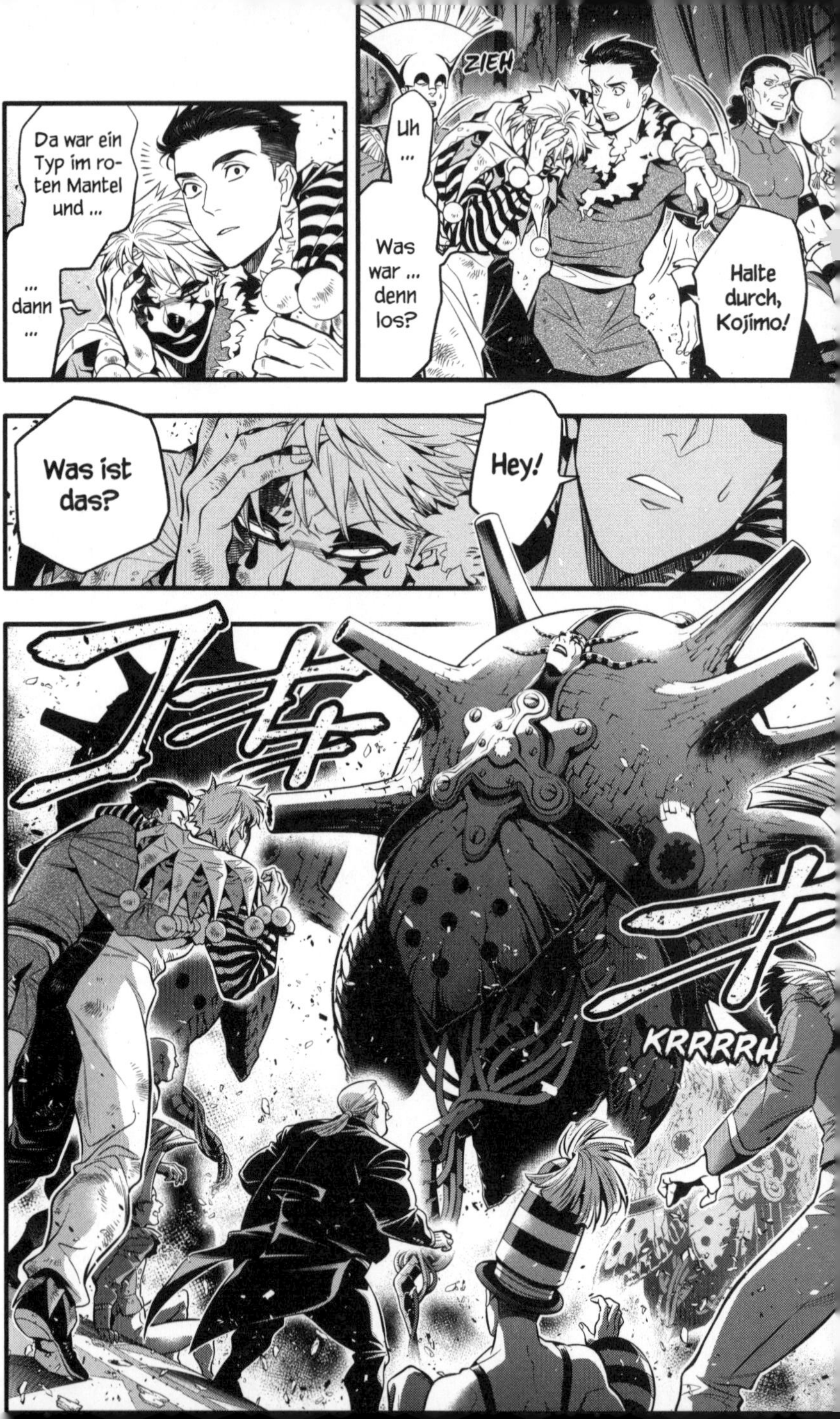
ZIEH
Halte durch, Kojimo!
Uh ...
Was war ... denn los?
Da war ein Typ im roten Mantel und ...
... dann ...
Hey!
Was ist das?
KRRRRH

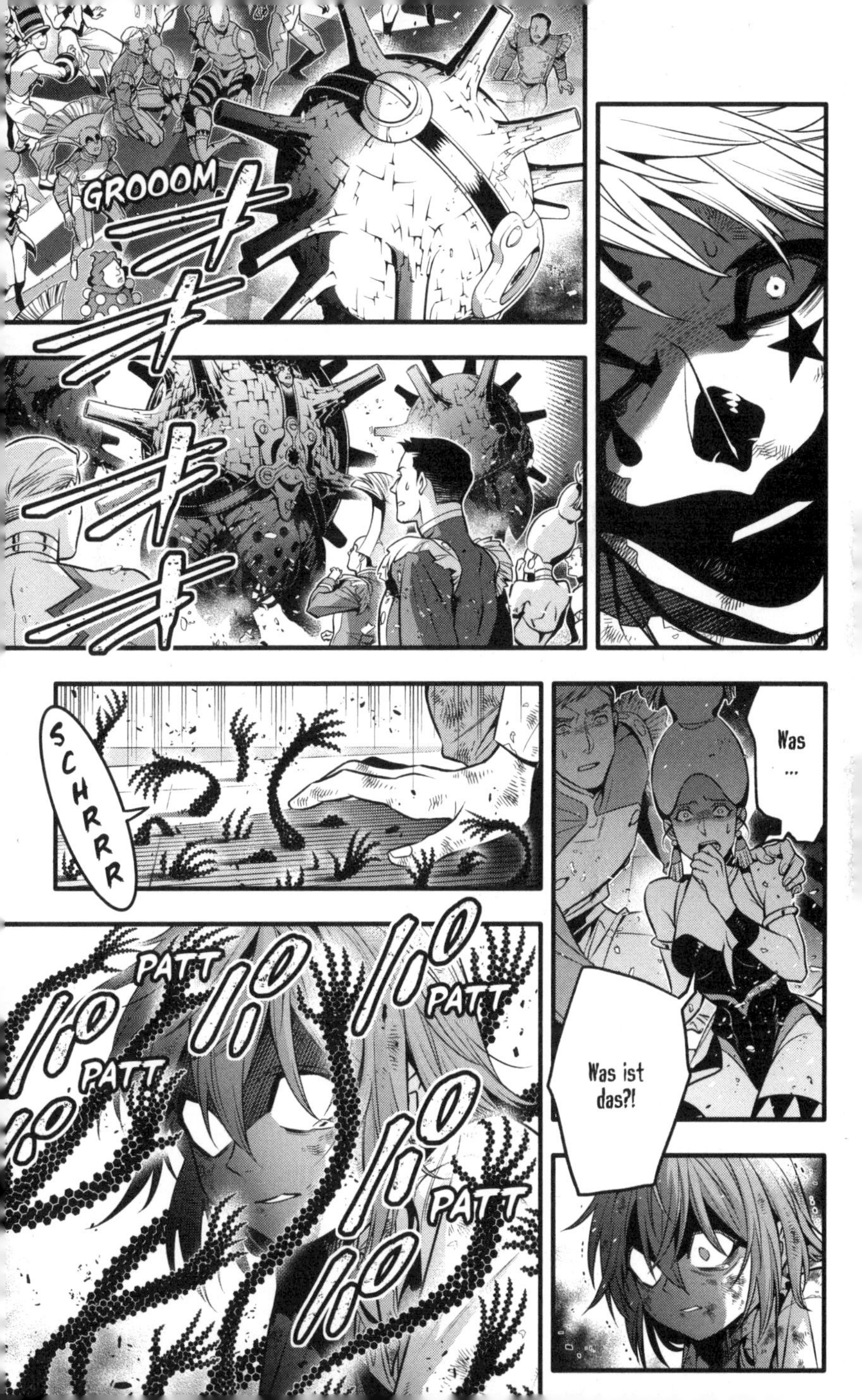

GROOOM
SCHRRR
Was ...
Was ist das?!
PATT
PATT
PATT
PATT

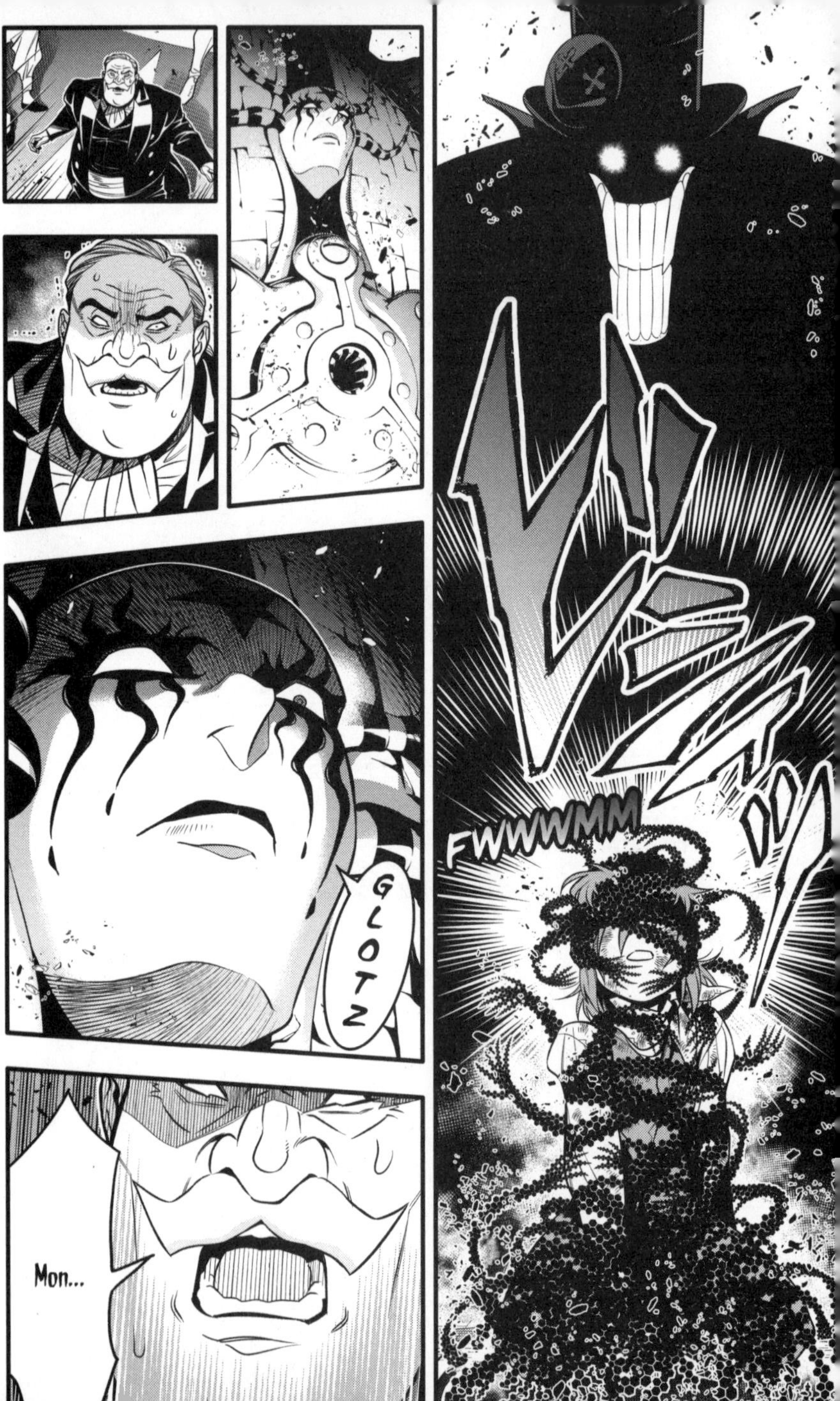
GLOTZ
Mon...
FWWWMM

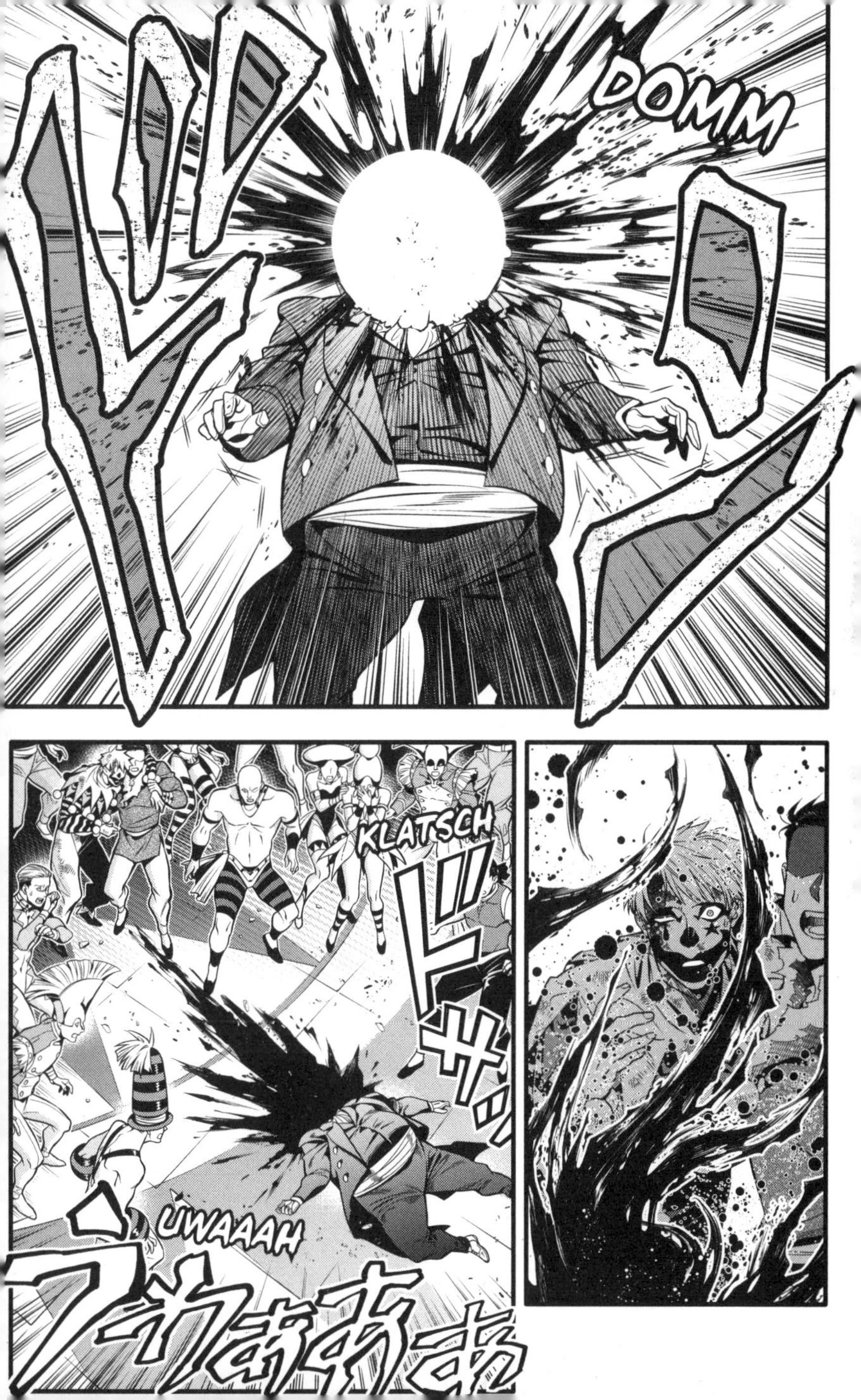
DOMM
KLATSCH
UWAAAH

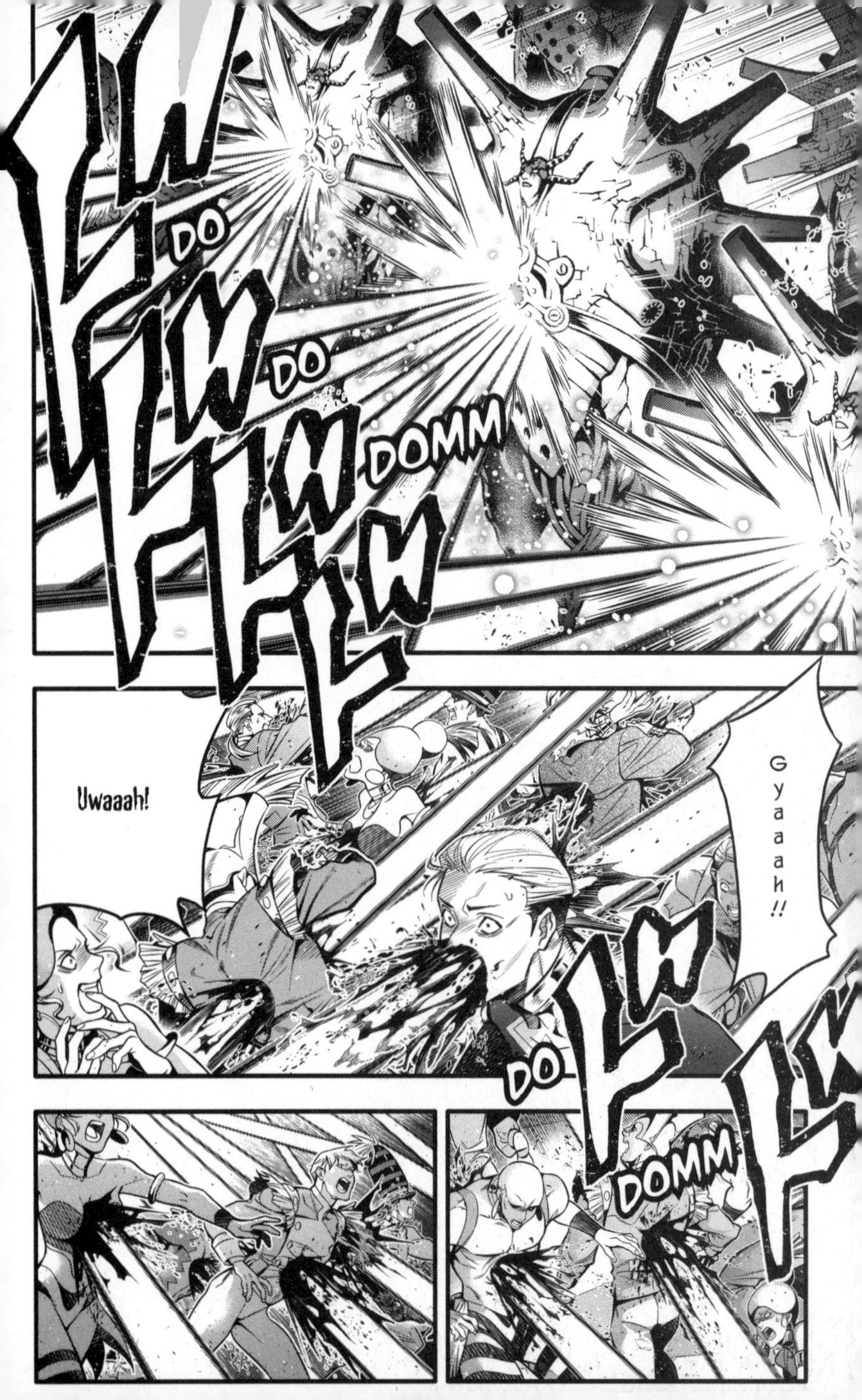
DO
DO
DOMM
Gyaaah!!
Uwaaah!
DO
DOMM

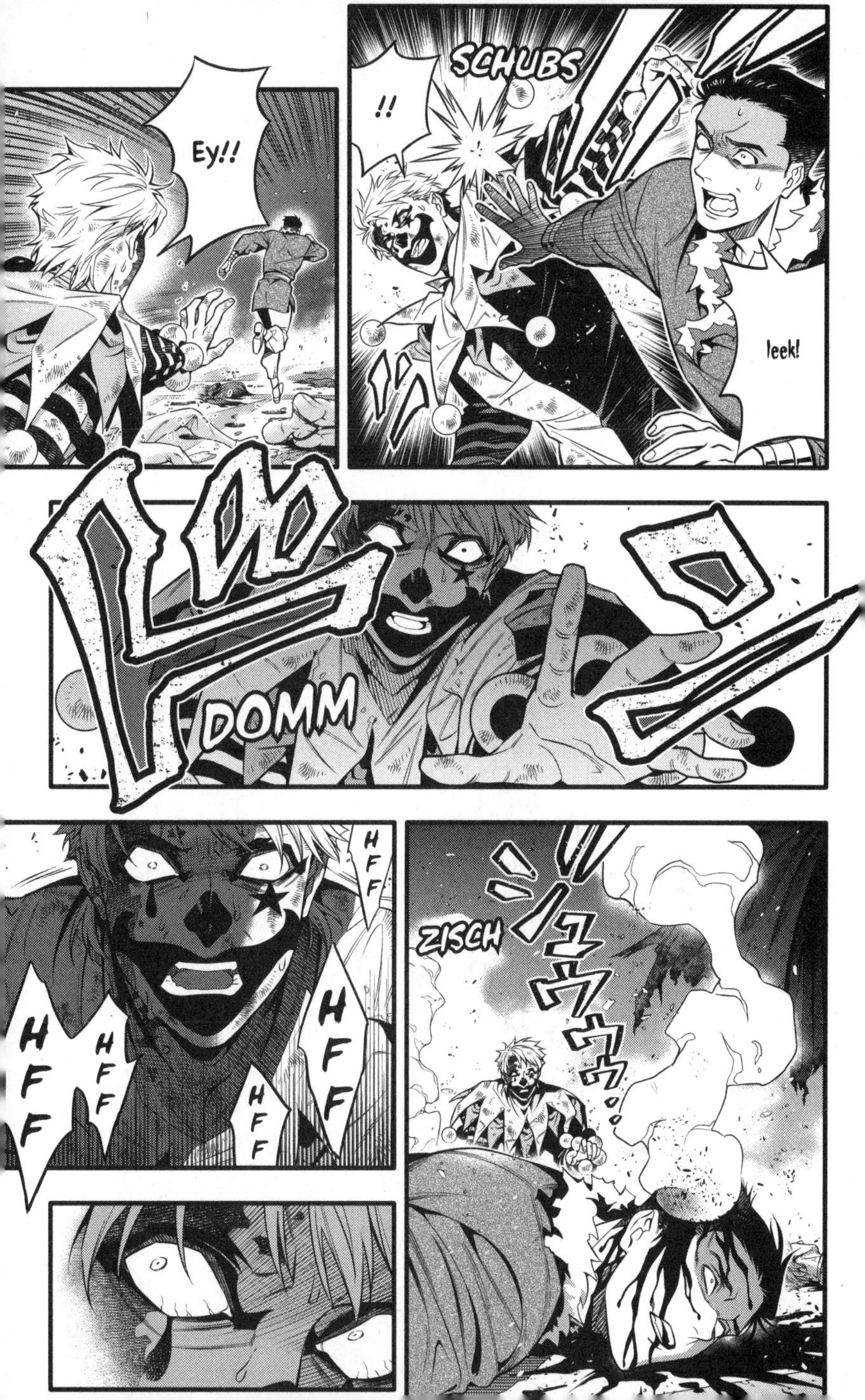

SCHUBS
!!
Ieek!
Ey!!
DOMM
ZISCH
HFF
HFF
HFF
HFF

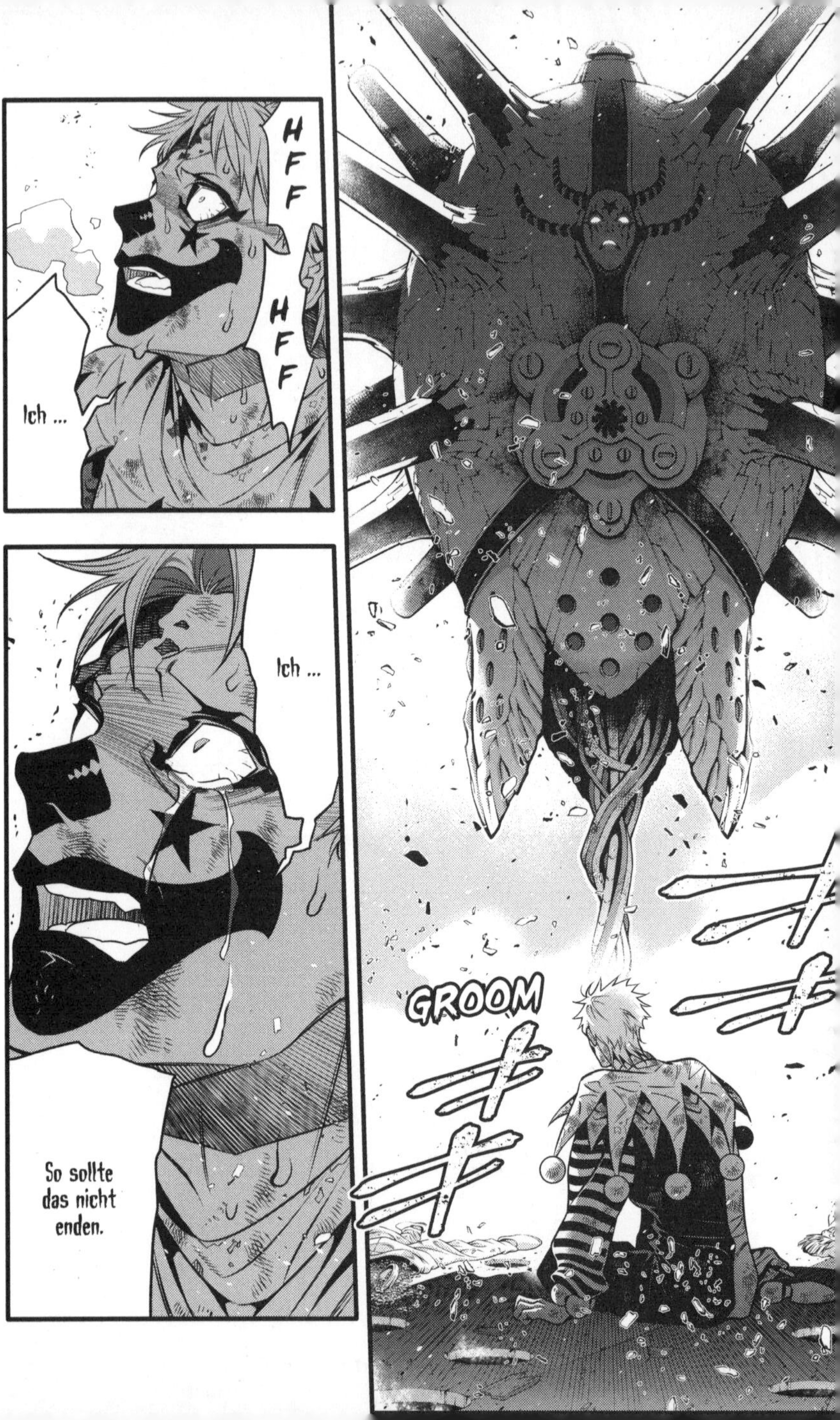
GROOM
HFF
HFF
Ich ...
Ich ...
So sollte das nicht enden.

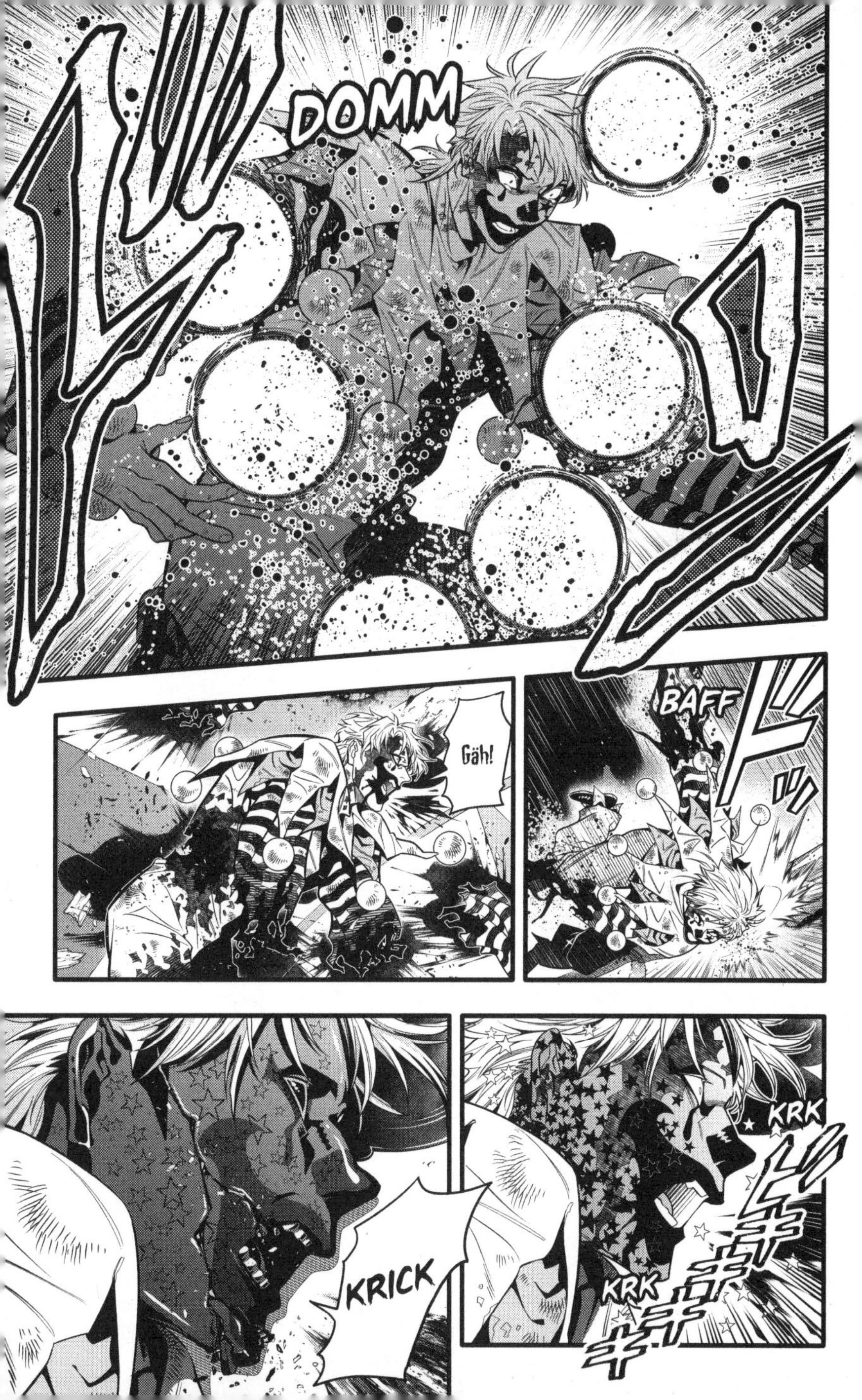
DOMM
BAFF
Gäh!
KRK
KRICK
KRK

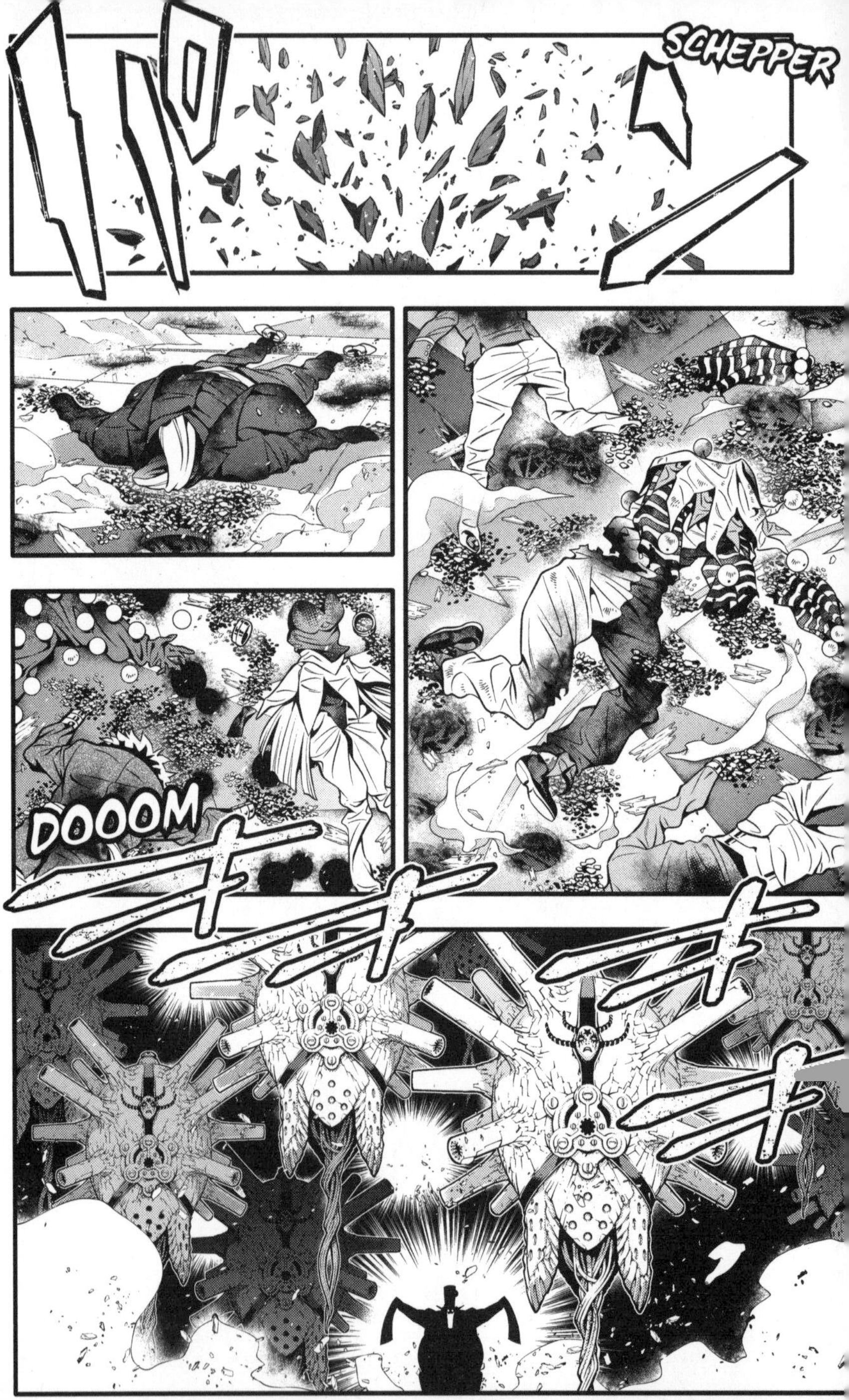
SCHEPPER
DOOOM

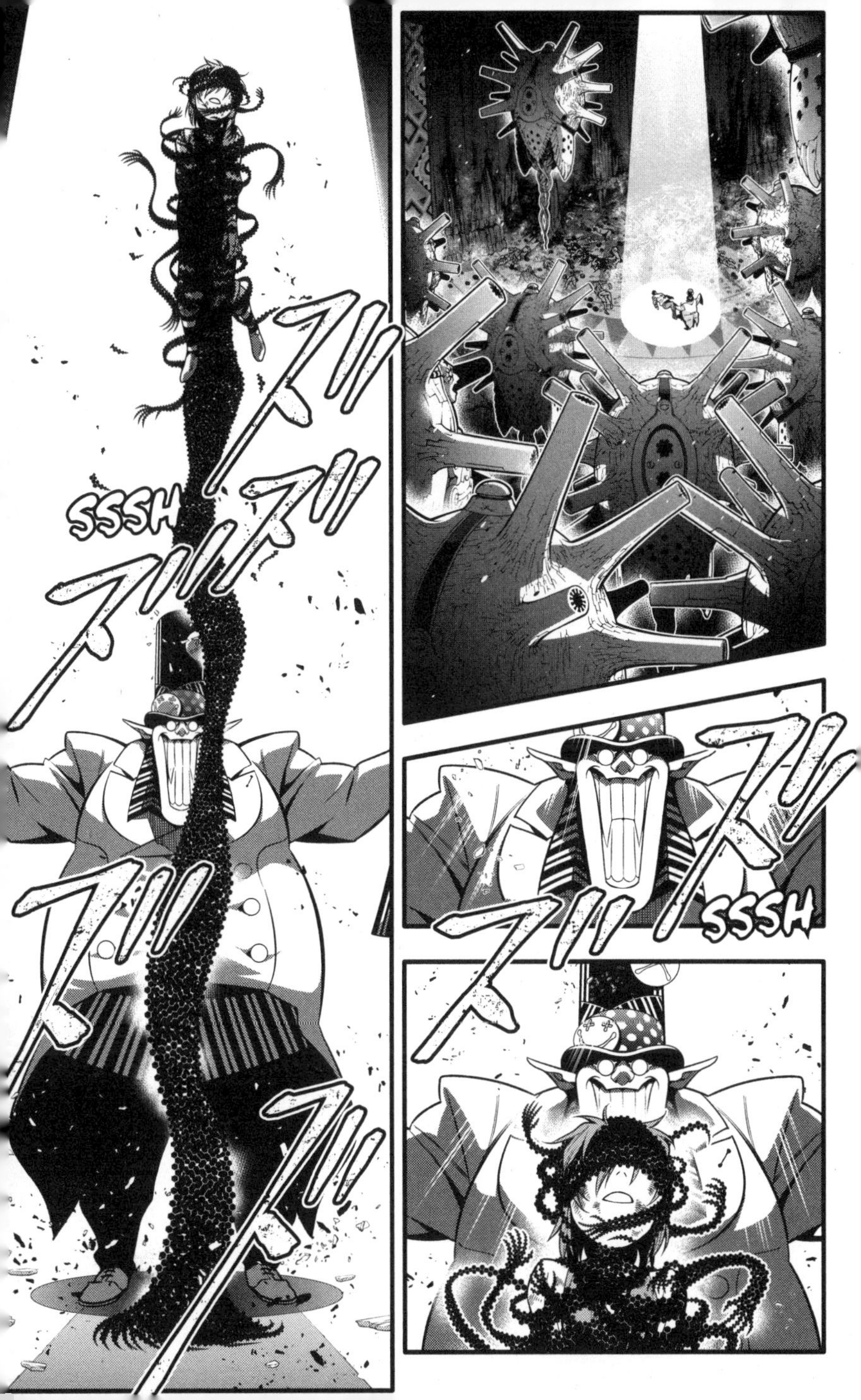
SSSH
SSSH

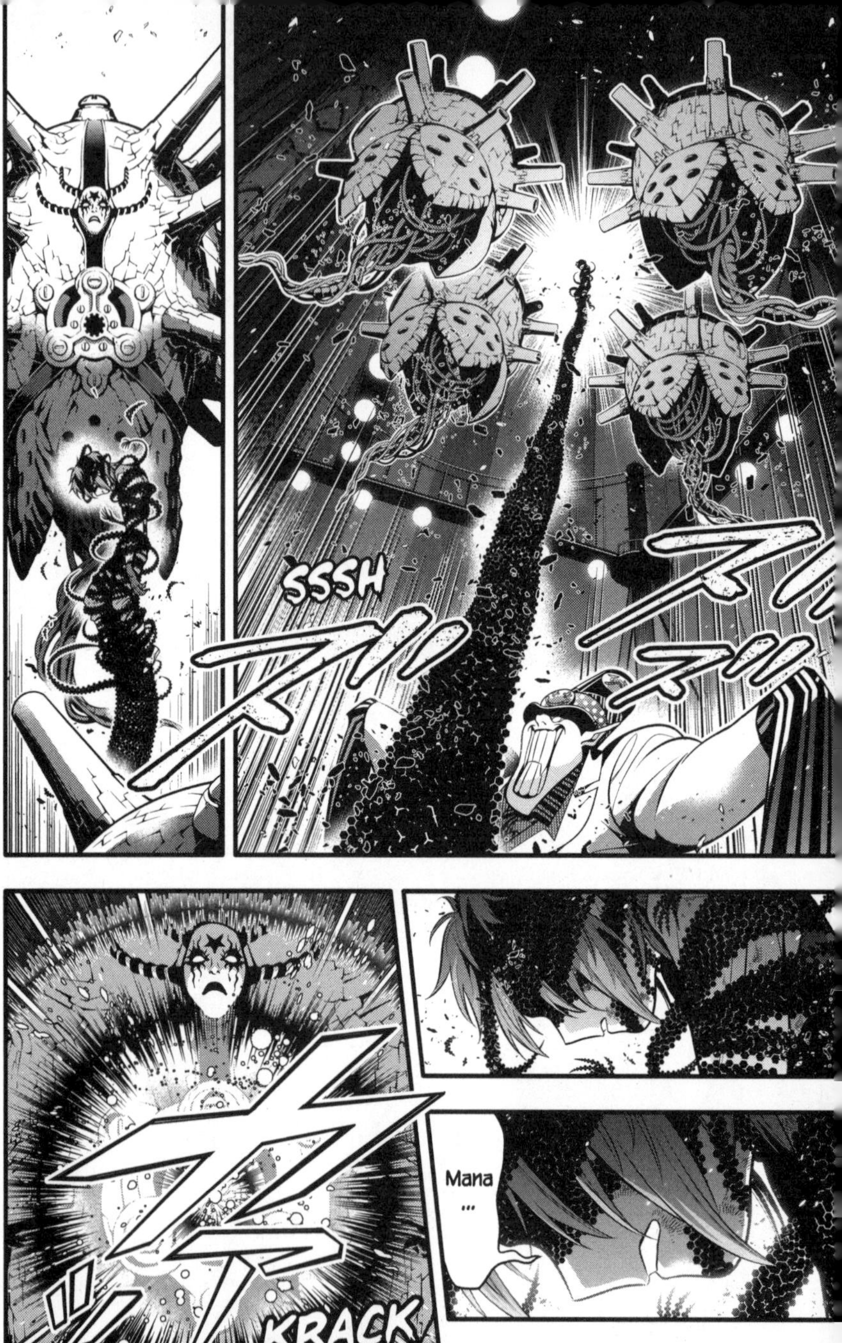

SSSH
Mana
...
KRACK

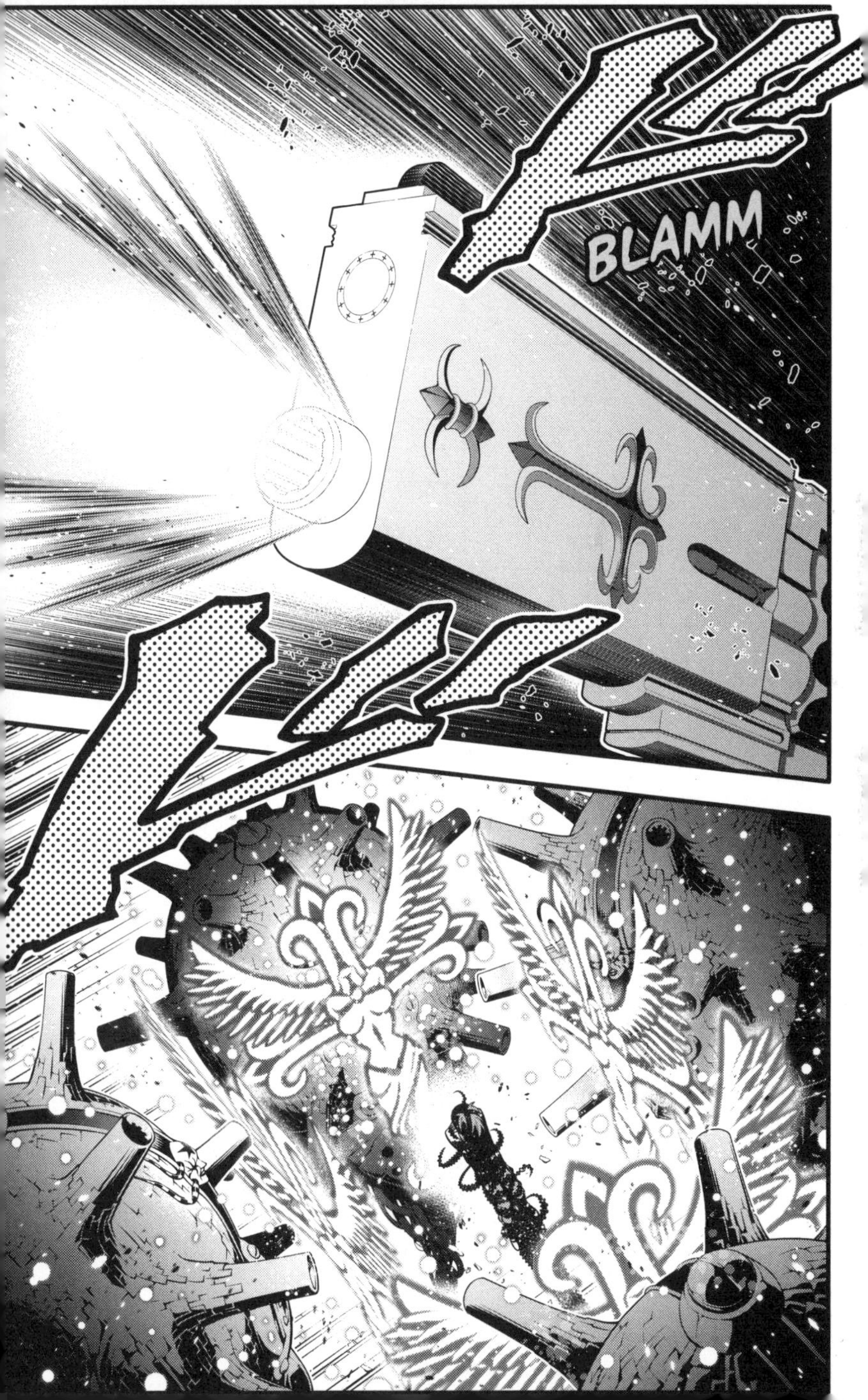
BLAMM

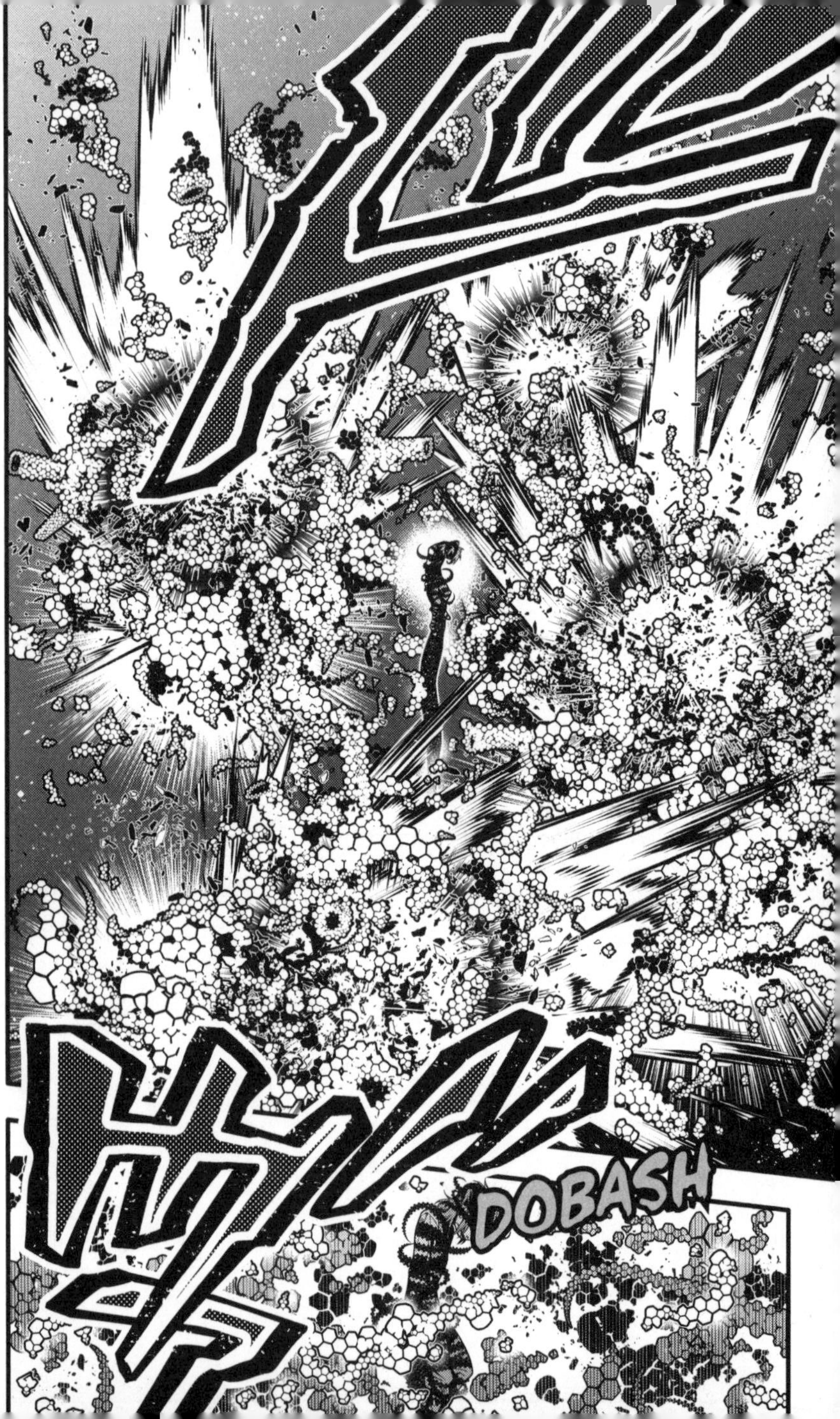
DOBASH

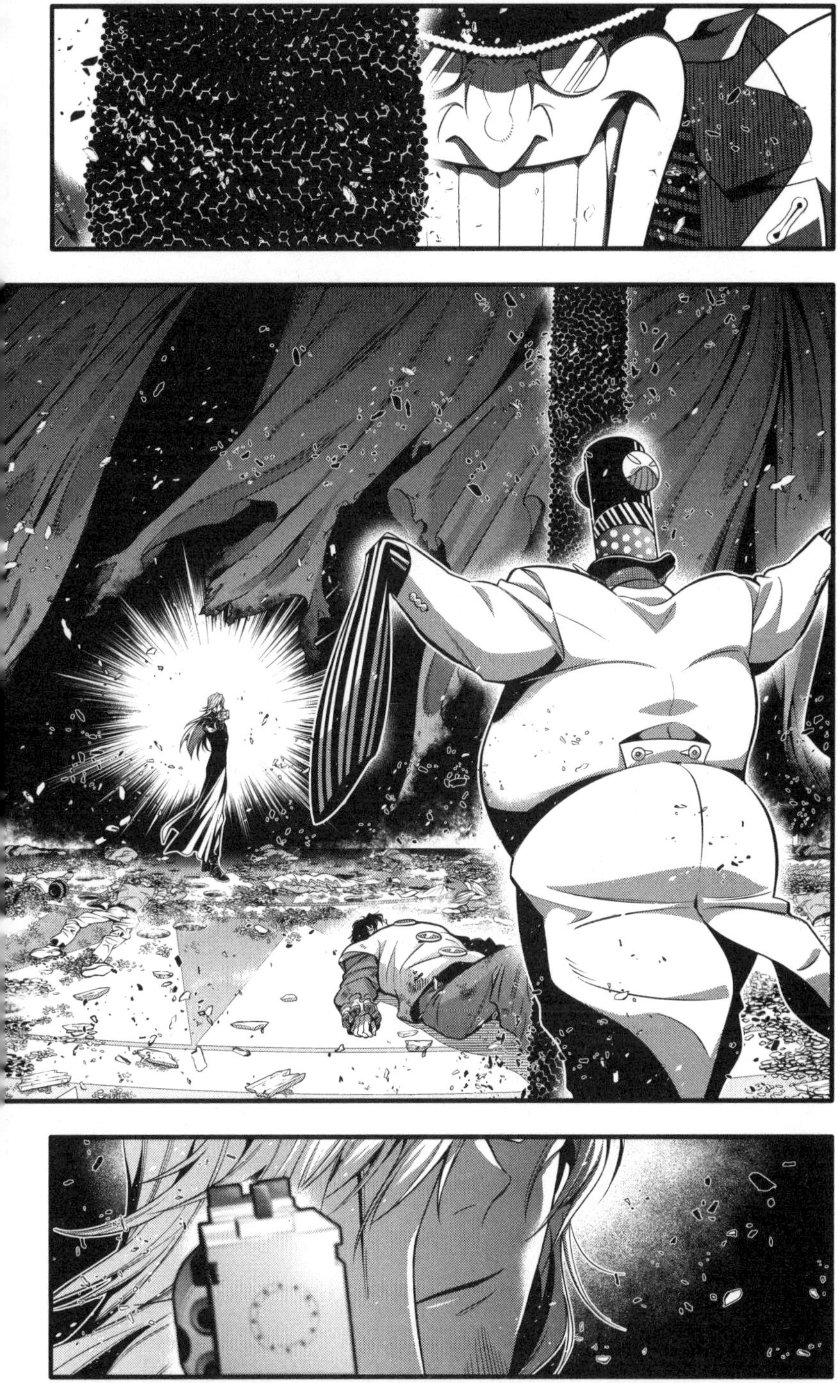

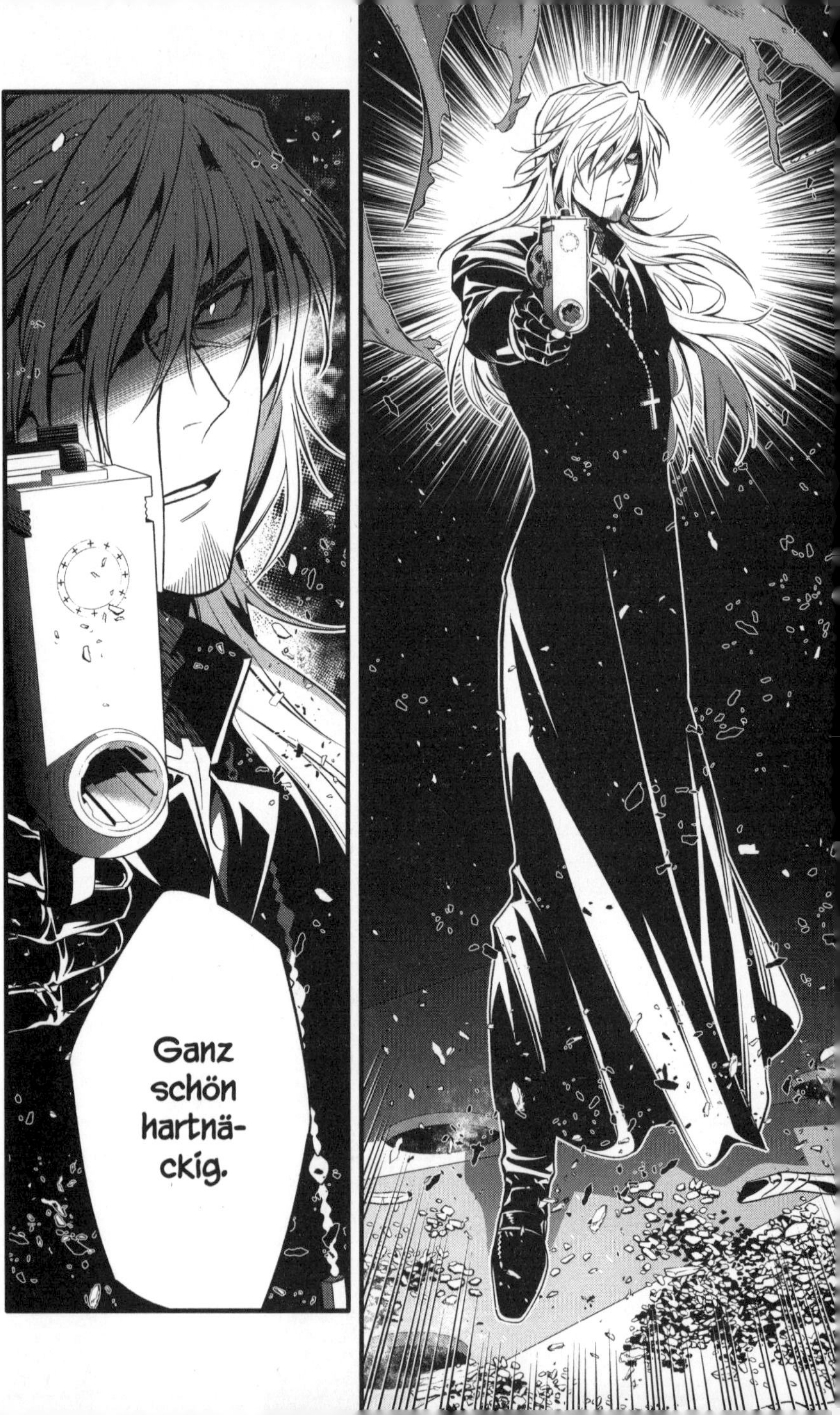
Ganz schön hartnäckig.

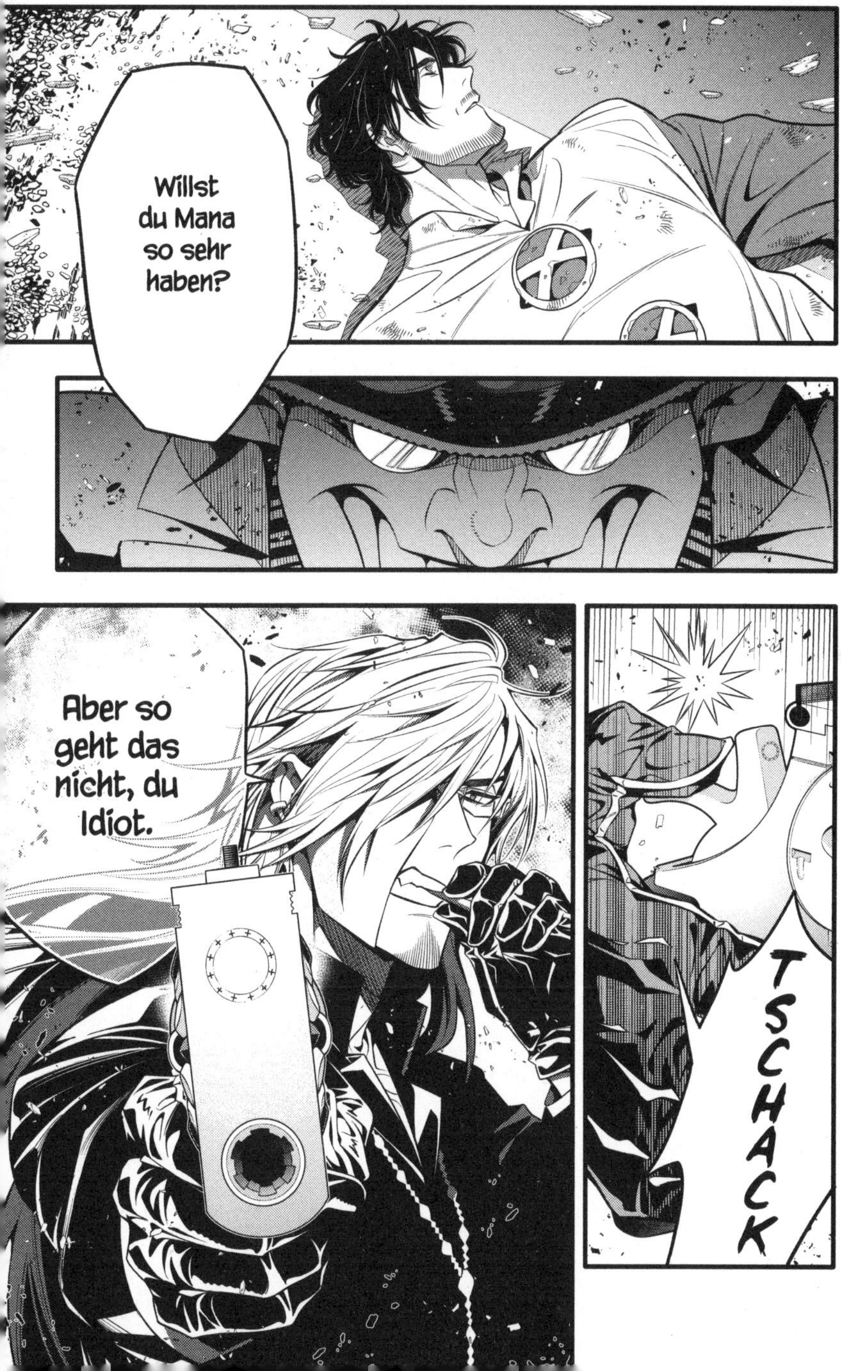
Willst du Mana so sehr haben?
Aber so geht das nicht, du Idiot.
TSCHACK

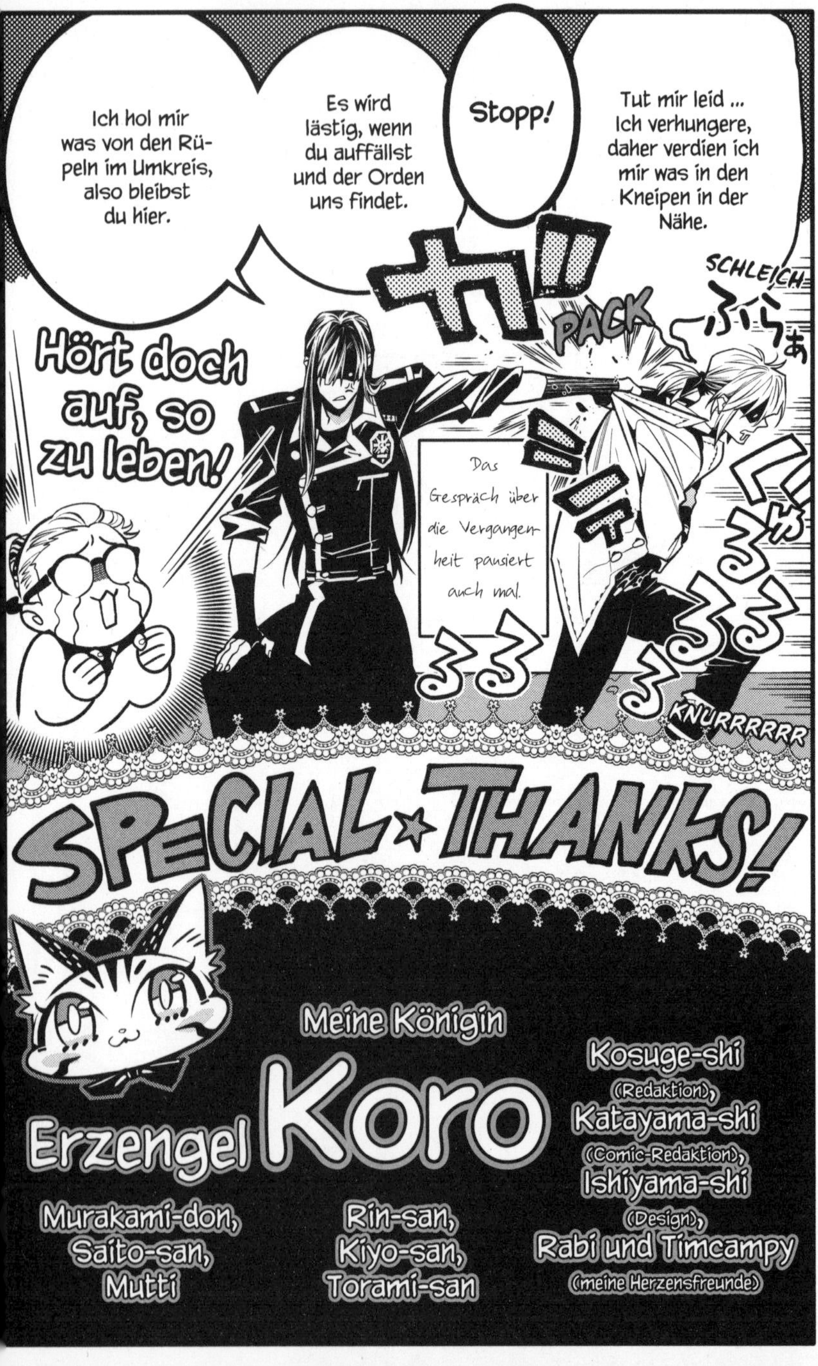
Tut mir leid ... Ich verhungere, daher verdien ich mir was in den Kneipen in der Nähe.
Stopp!
Es wird lästig, wenn du auffällst und der Orden uns findet.
Ich hol mir was von den Rüpeln im Umkreis, also bleibst du hier.
SCHLEICH
PACK
KNURRRRRR
Das Gespräch über die Vergangenheit pausiert auch mal.
Hört doch auf, so zu leben!
SPECIAL☆THANKS!
Meine Königin
Erzengel Koro
Kosuge-shi (Redaktion), Katayama-shi (Comic-Redaktion), Ishiyama-shi (Design), Rabi und Timcampy (meine Herzensfreunde)
Rin-san, Kiyo-san, Torami-san
Murakami-don, Saito-san, Mutti

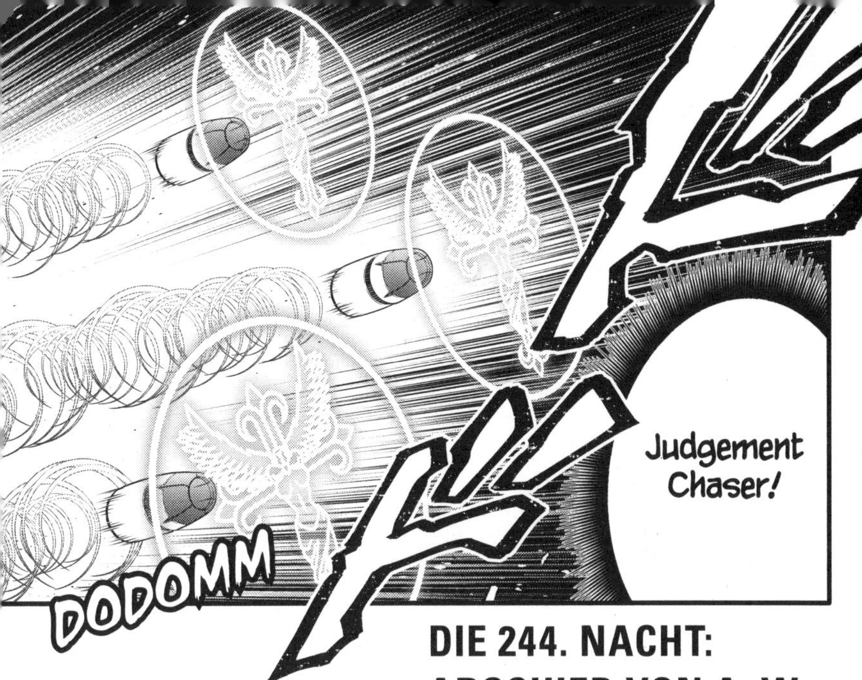

DIE 244. NACHT: ABSCHIED VON A. W. - ROTARM UND MANA (8)

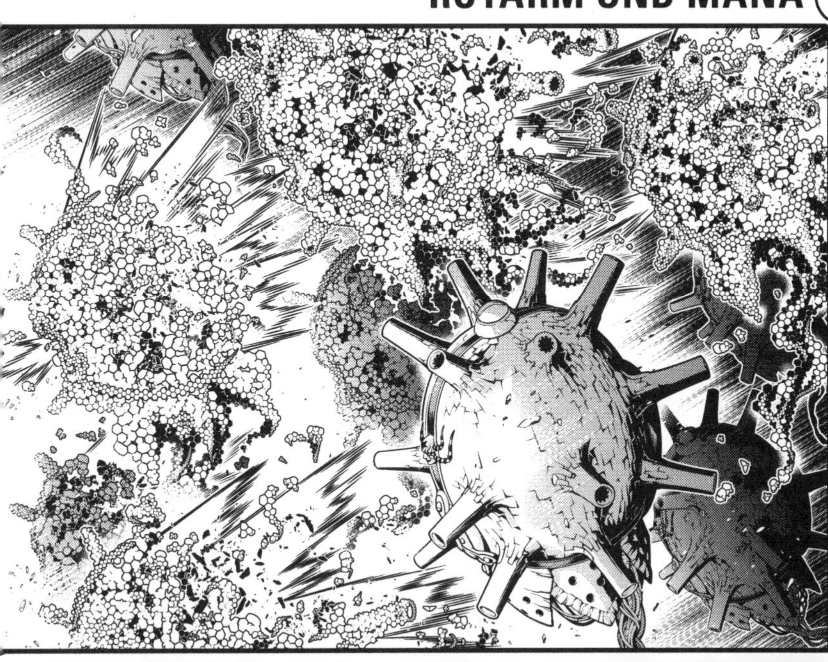

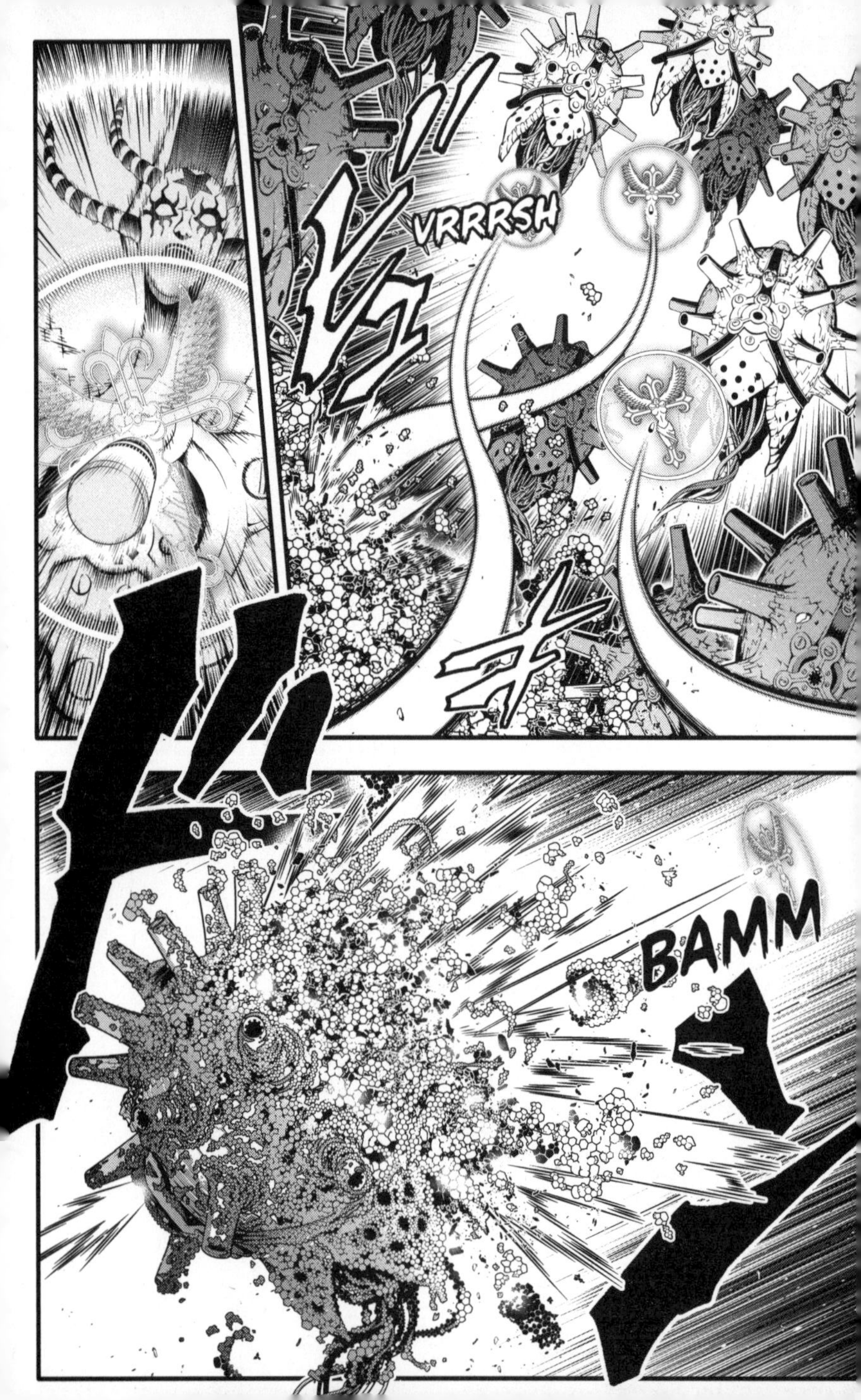
VRRRSH
BAMM

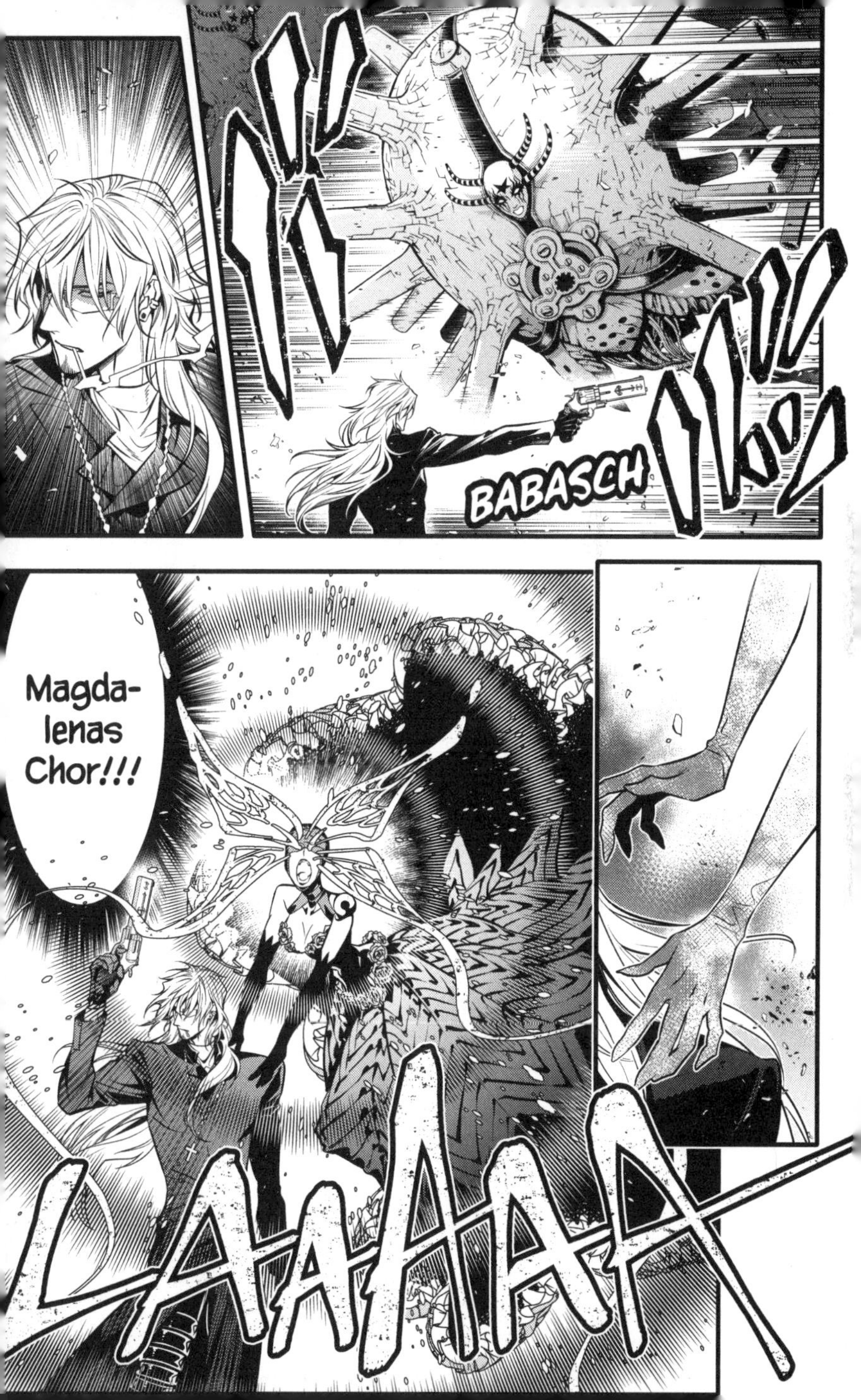
BABASCH
Magda-
lenas
Chor!!!
LAAAA

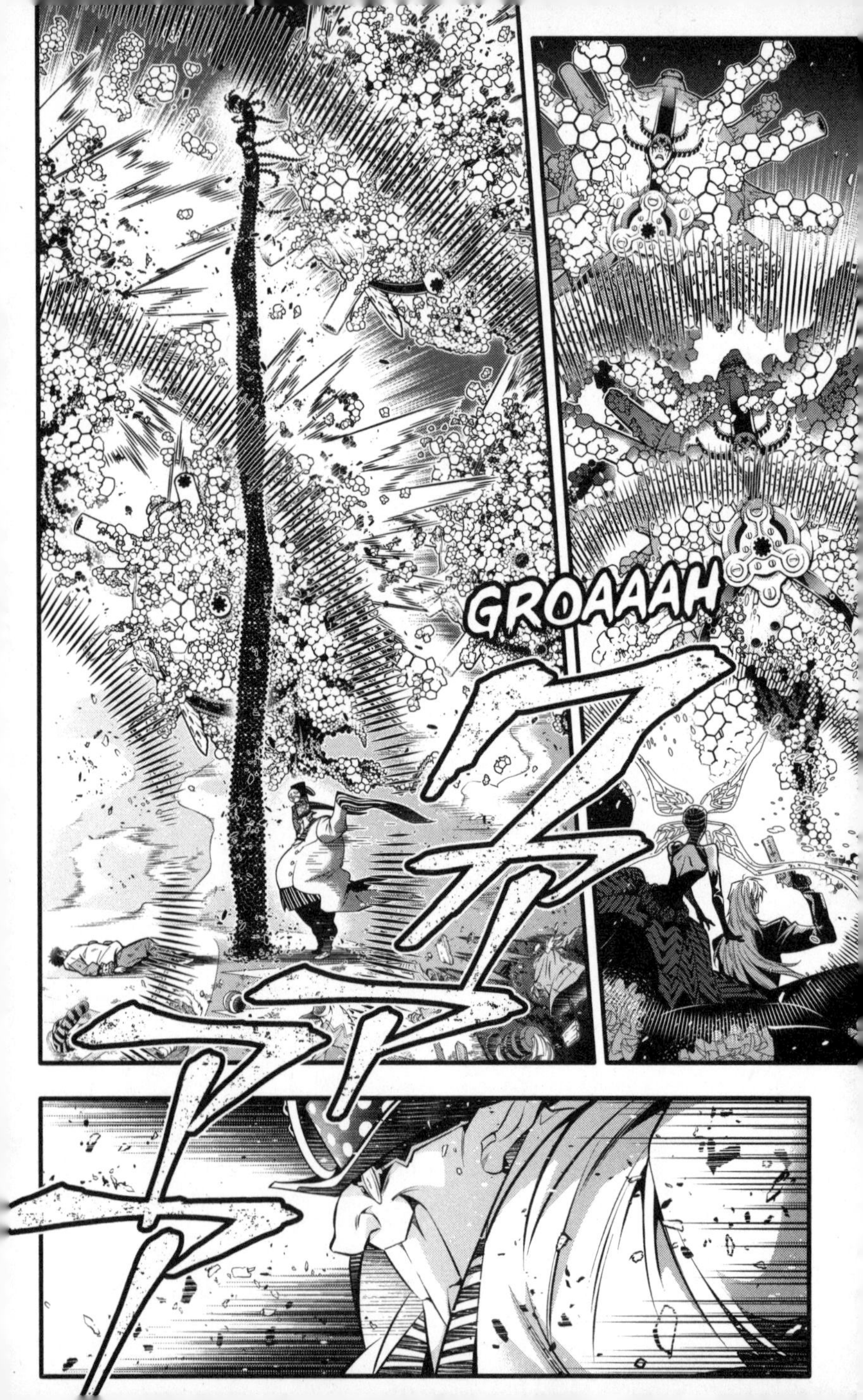
GROAAAH

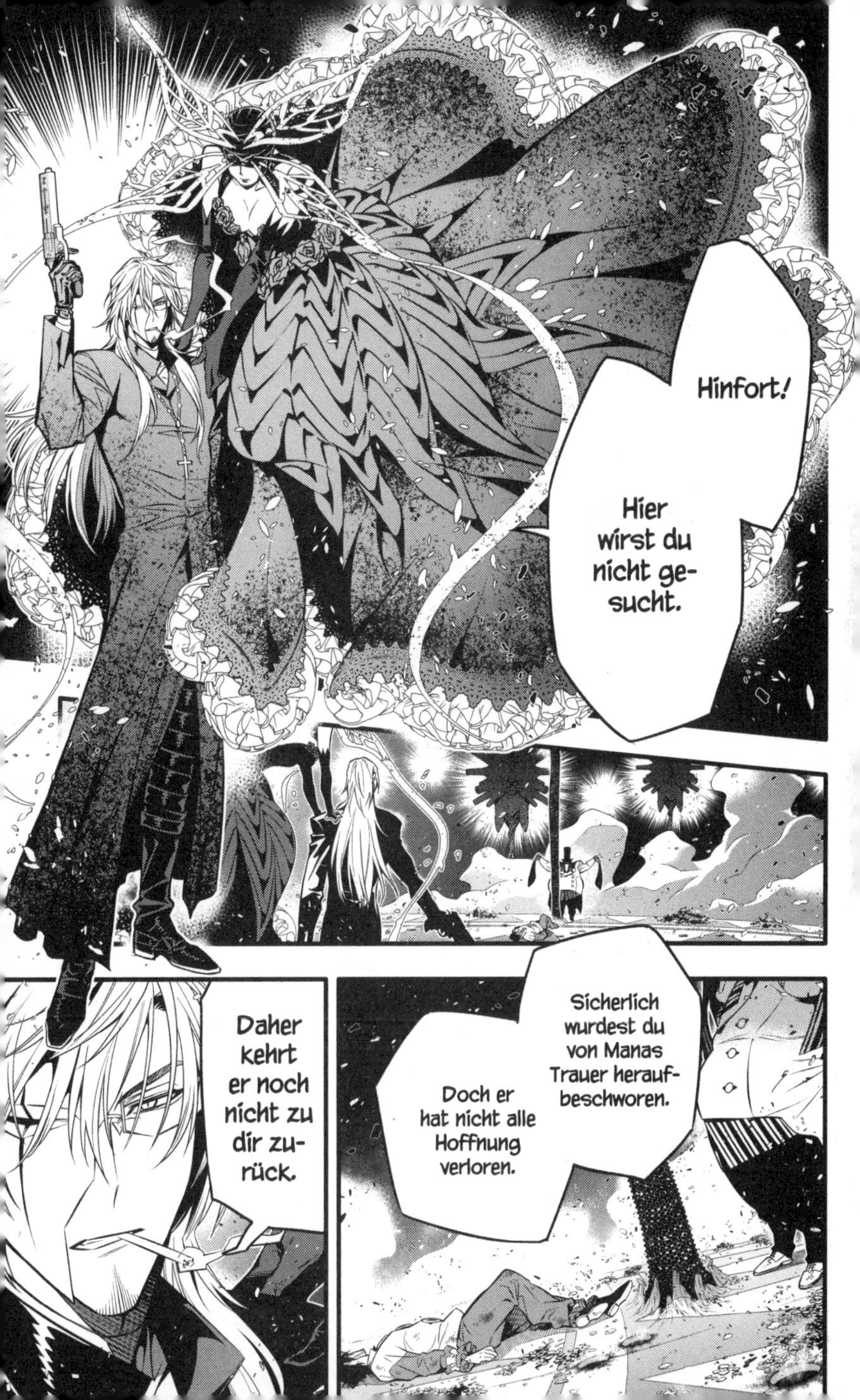
Hinfort!
Hier wirst du nicht gesucht.
Sicherlich wurdest du von Manas Trauer heraufbeschworen.
Doch er hat nicht alle Hoffnung verloren.
Daher kehrt er noch nicht zu dir zurück.

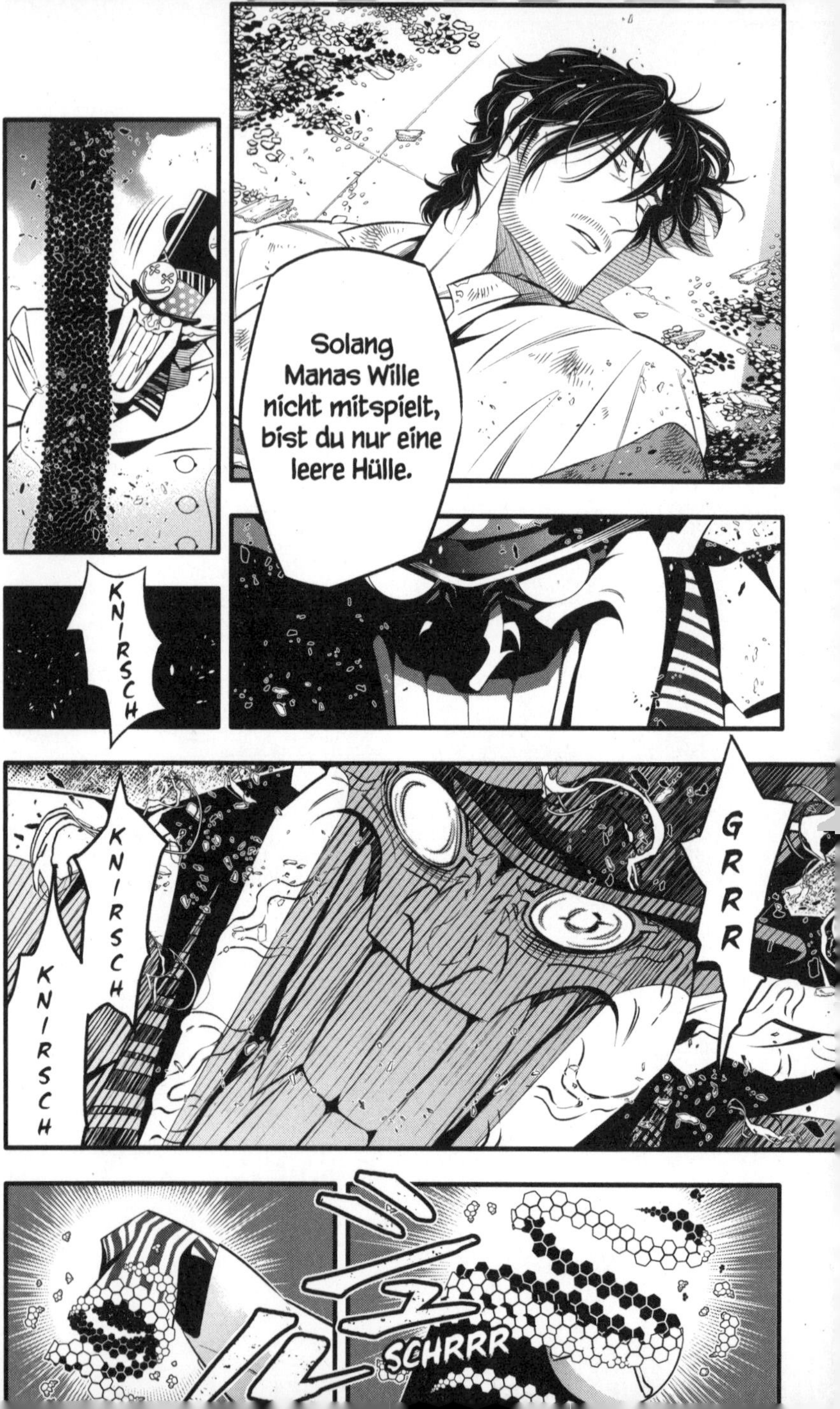
Solang Manas Wille nicht mitspielt, bist du nur eine leere Hülle.
KNIRSCH
GRRR
KNIRSCH
KNIRSCH
SCHRRR

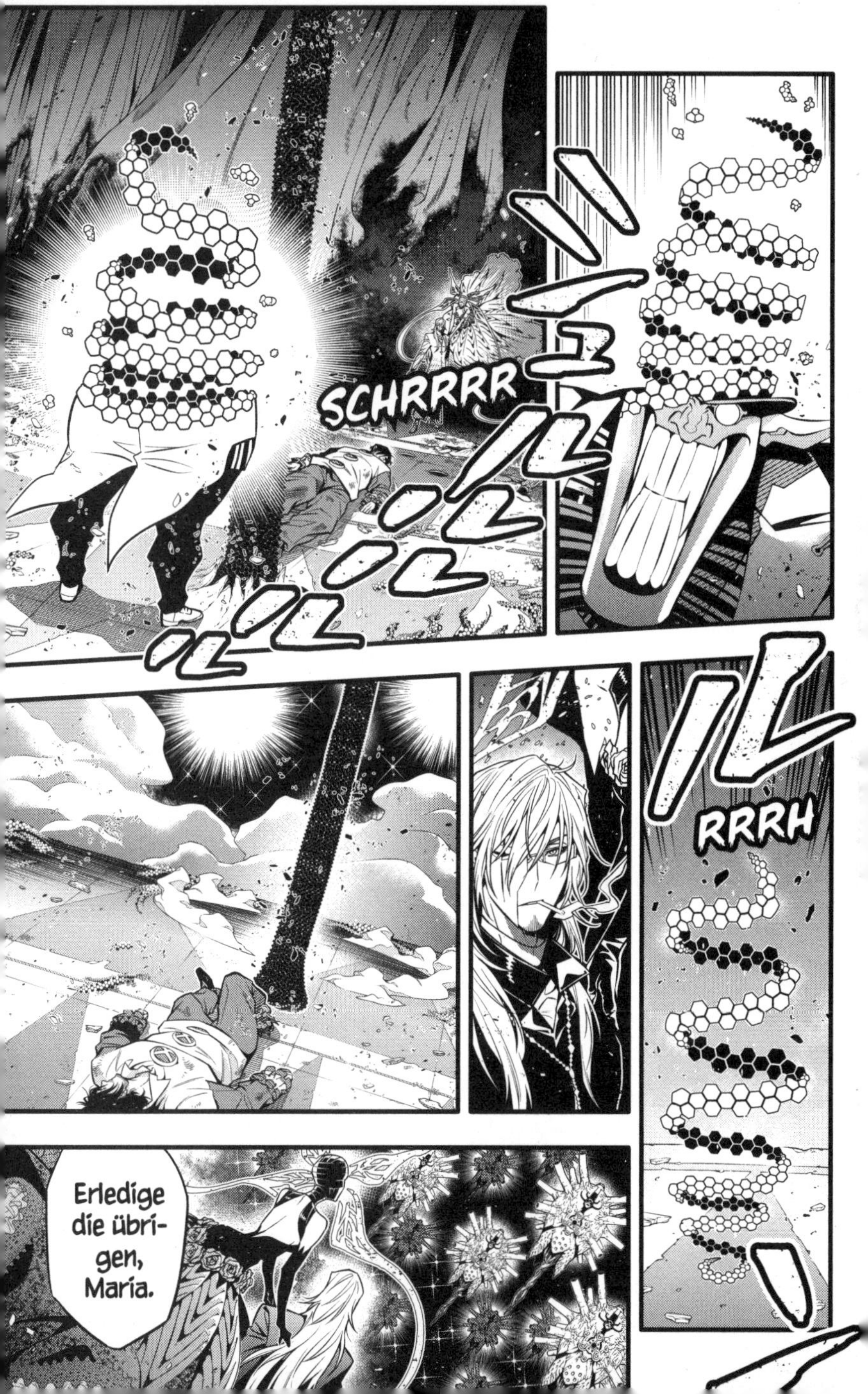
SCHRRRR
RRRH
Erledige die übri-gen, Maria.

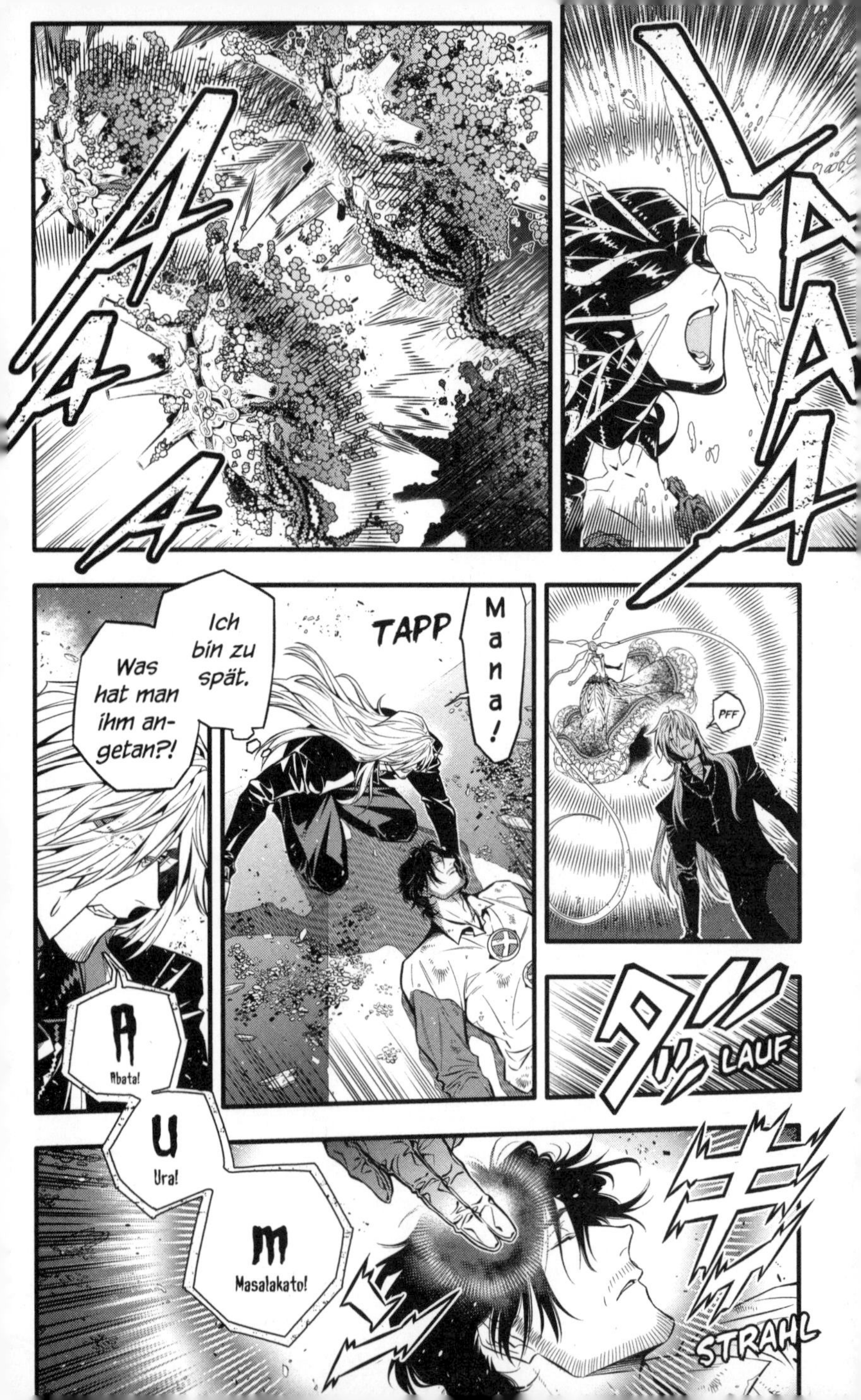

AAA
LAAA
Mana!
TAPP
Ich bin zu spät.
Was hat man ihm angetan?!
PFF
LAUF
A
Abata!
U
Ura!
M
Masalakato!
STRAHL

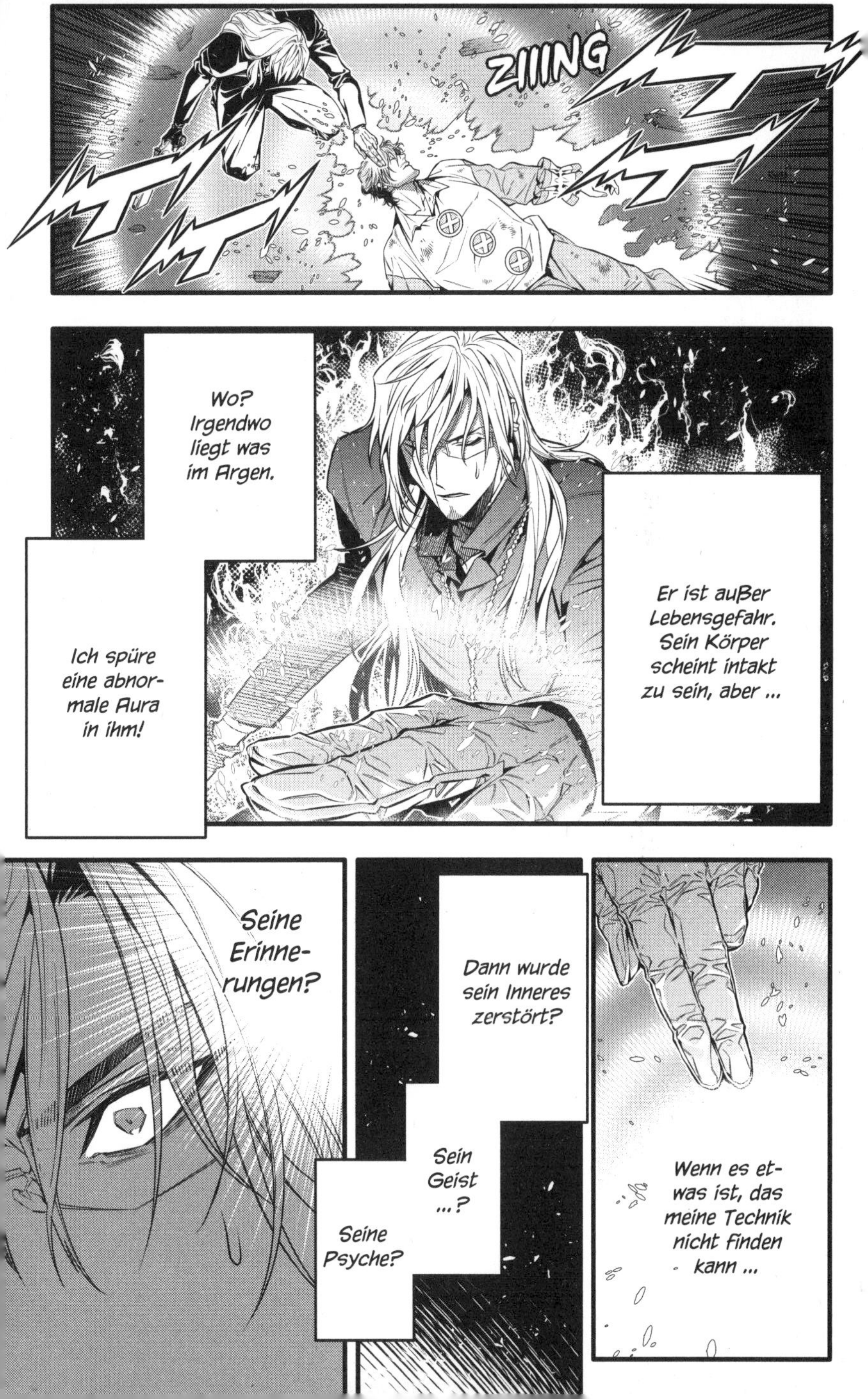
ZIIING
Er ist außer Lebensgefahr. Sein Körper scheint intakt zu sein, aber ...
Wo? Irgendwo liegt was im Argen.
Ich spüre eine abnormale Aura in ihm!
Wenn es etwas ist, das meine Technik nicht finden kann ...
Dann wurde sein Inneres zerstört?
Sein Geist ...?
Seine Psyche?
Seine Erinnerungen?

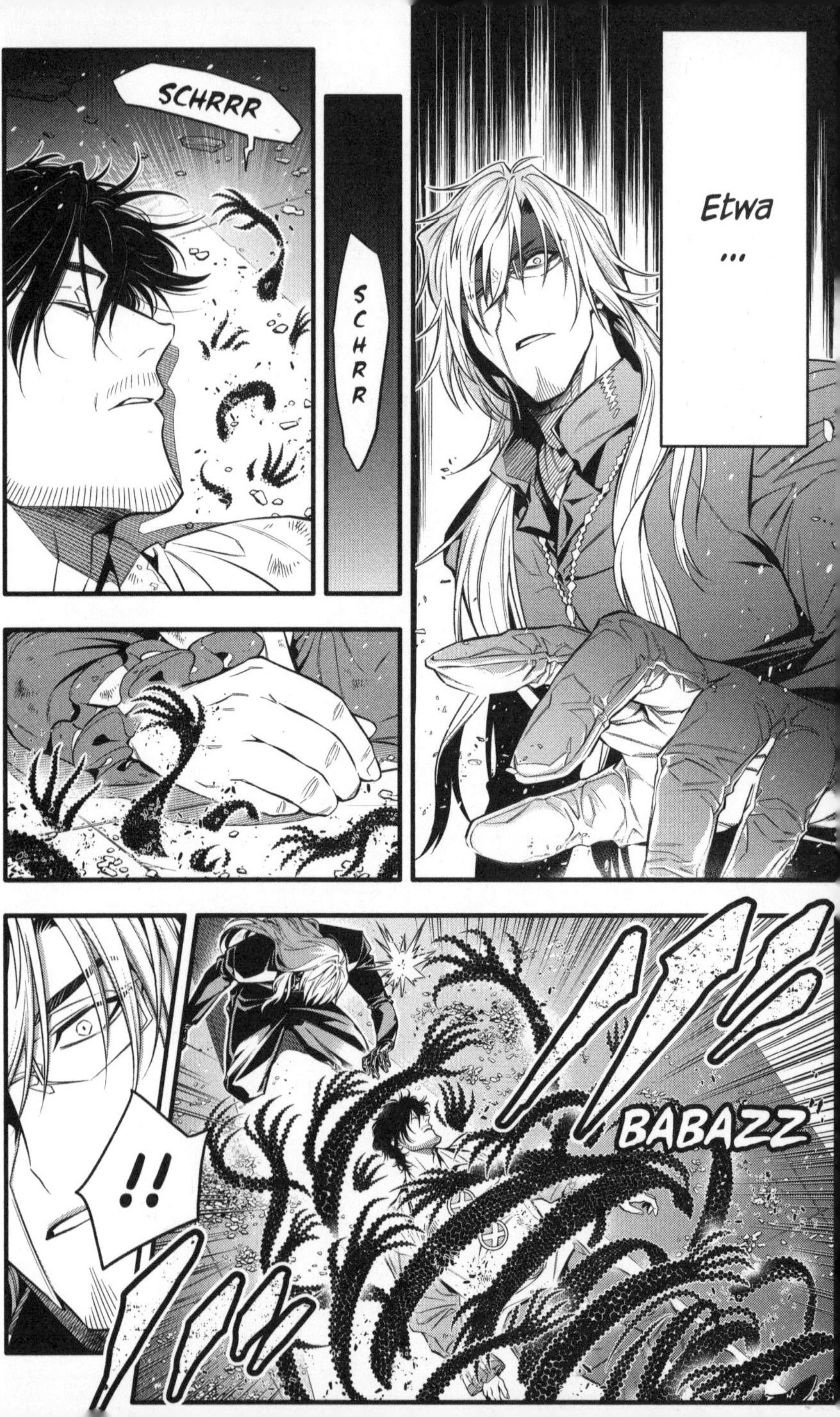
Etwa
...
SCHRR
SCHRRR
BABAZZ
!!

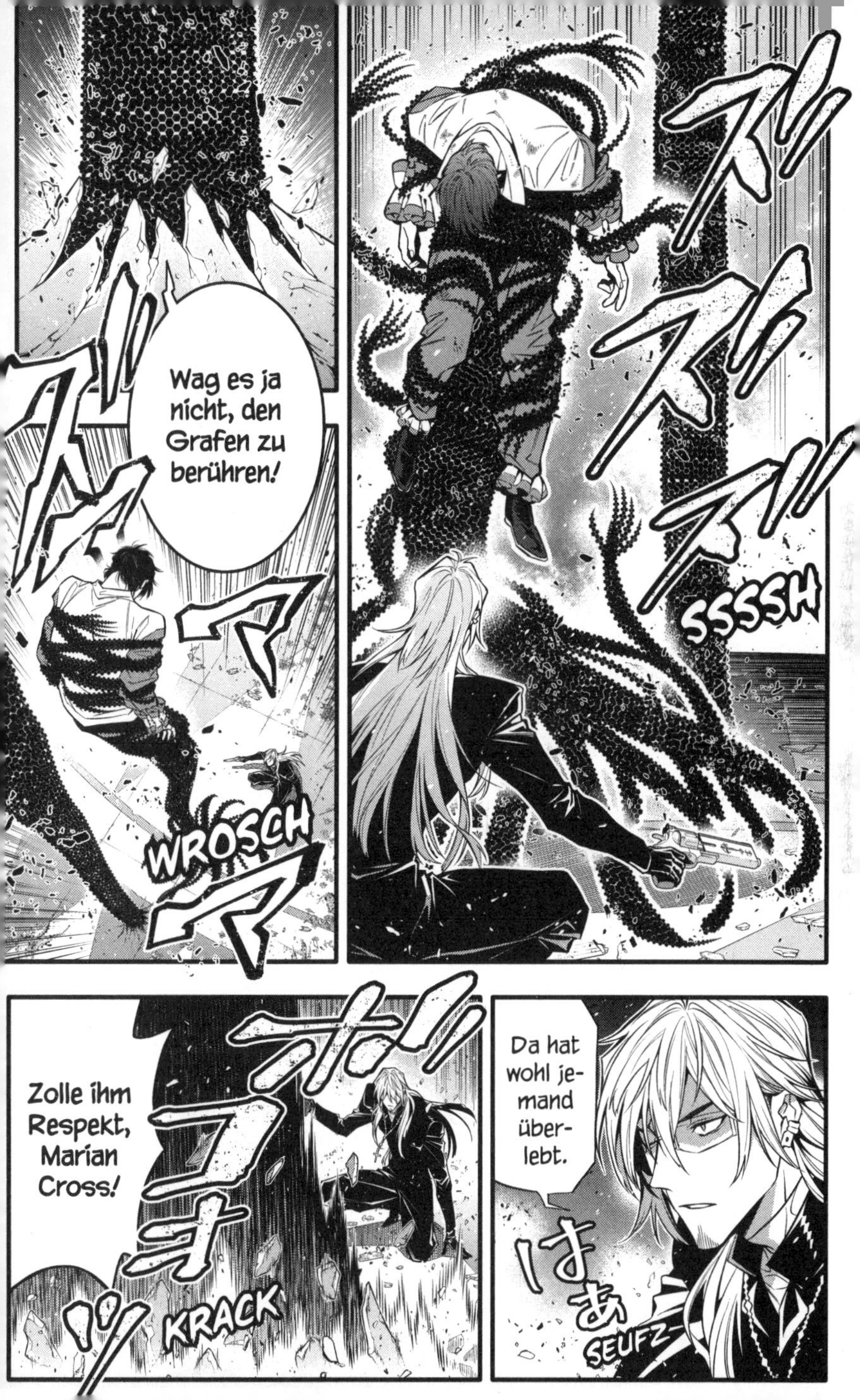
SSSSH
Wag es ja nicht, den Grafen zu berühren!
WROSCH
Da hat wohl jemand überlebt.
はあ
SEUFZ
Zolle ihm Respekt, Marian Cross!
KRACK

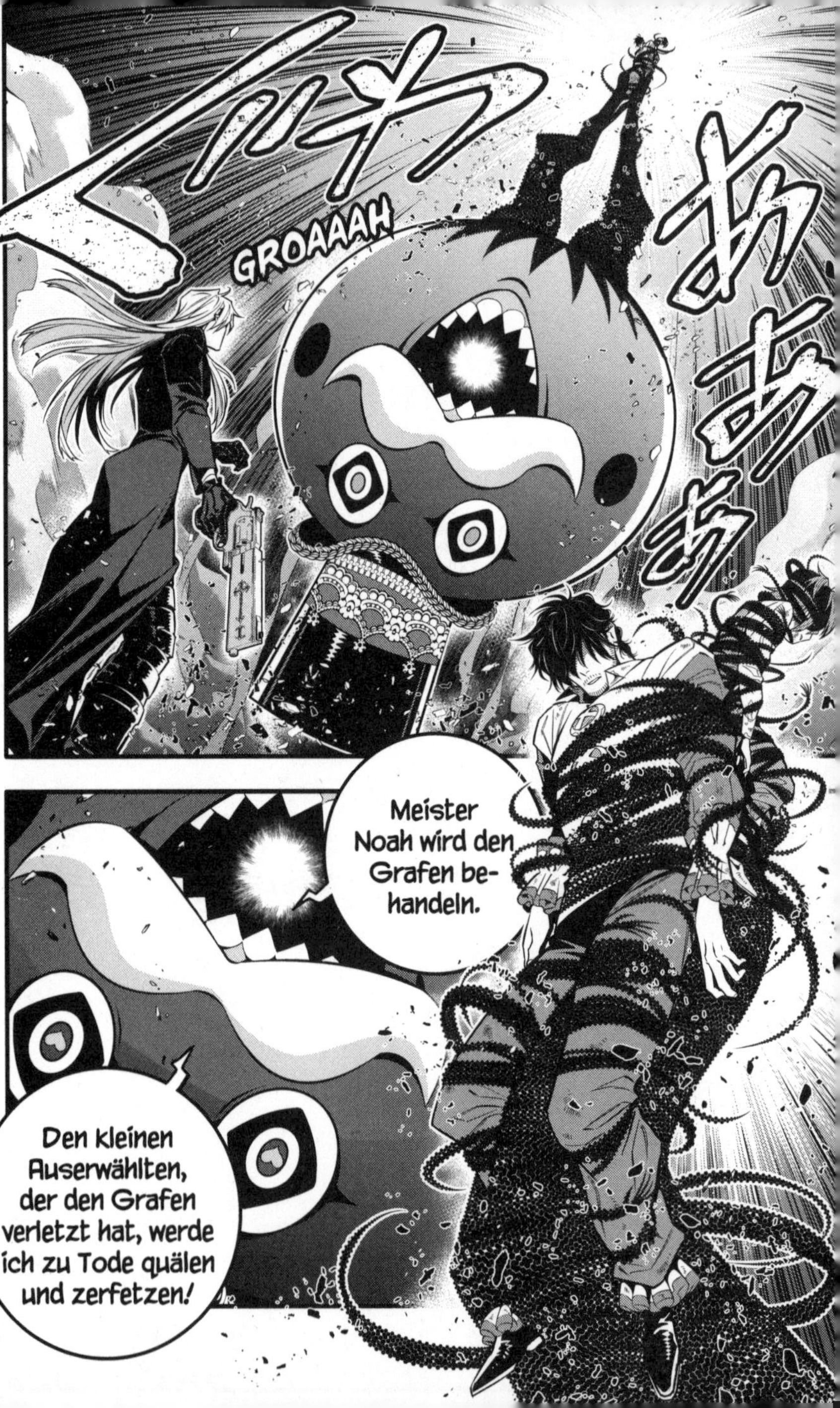
GROAAAH
Meister Noah wird den Grafen be-handeln.
Den kleinen Auserwählten, der den Grafen verletzt hat, werde ich zu Tode quälen und zerfetzen!

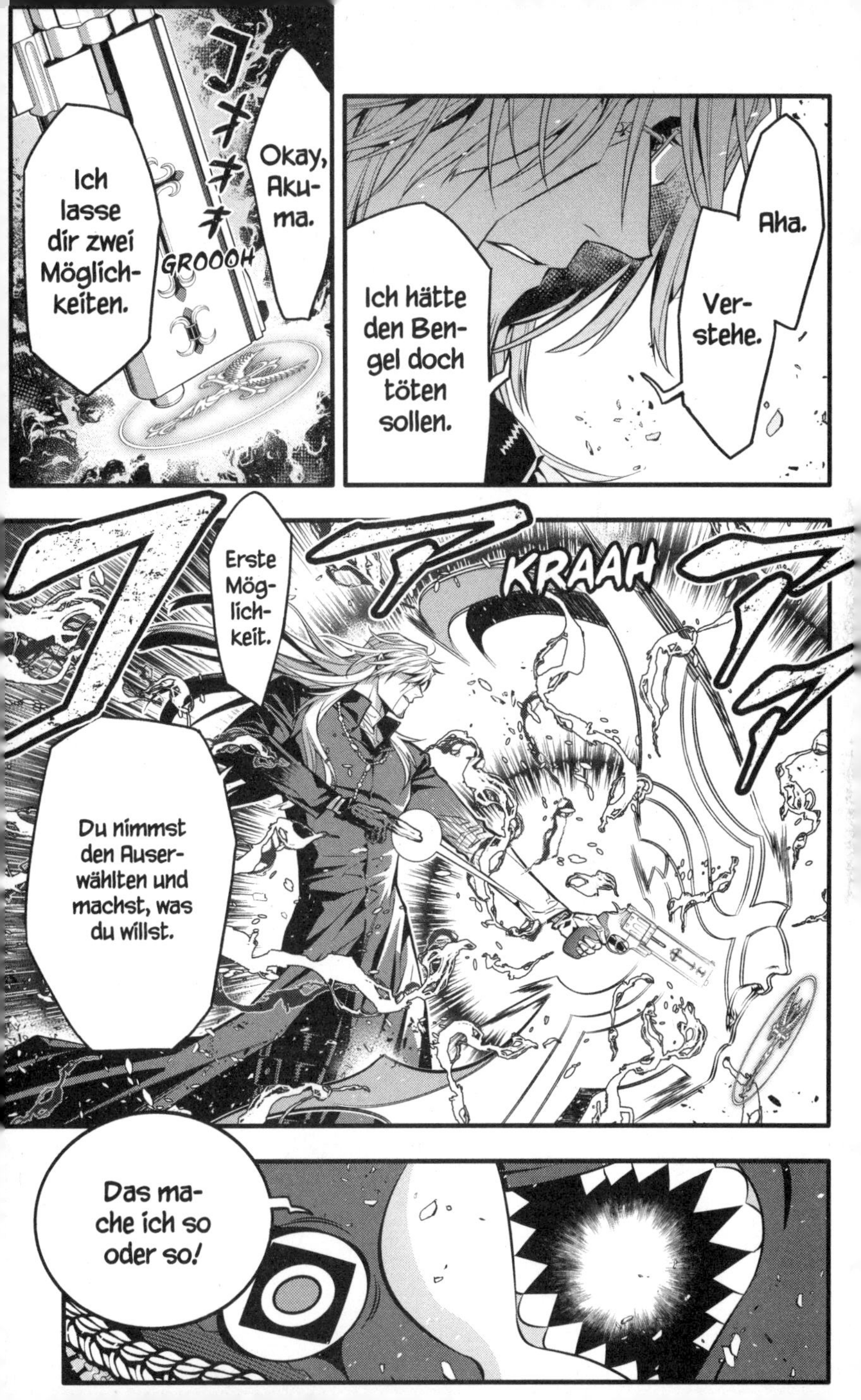
Aha.
Verstehe.
Ich hätte den Bengel doch töten sollen.
Okay, Akuma.
GROOOH
Ich lasse dir zwei Möglichkeiten.
KRAAH
Erste Möglichkeit.
Du nimmst den Auserwählten und machst, was du willst.
Das mache ich so oder so!

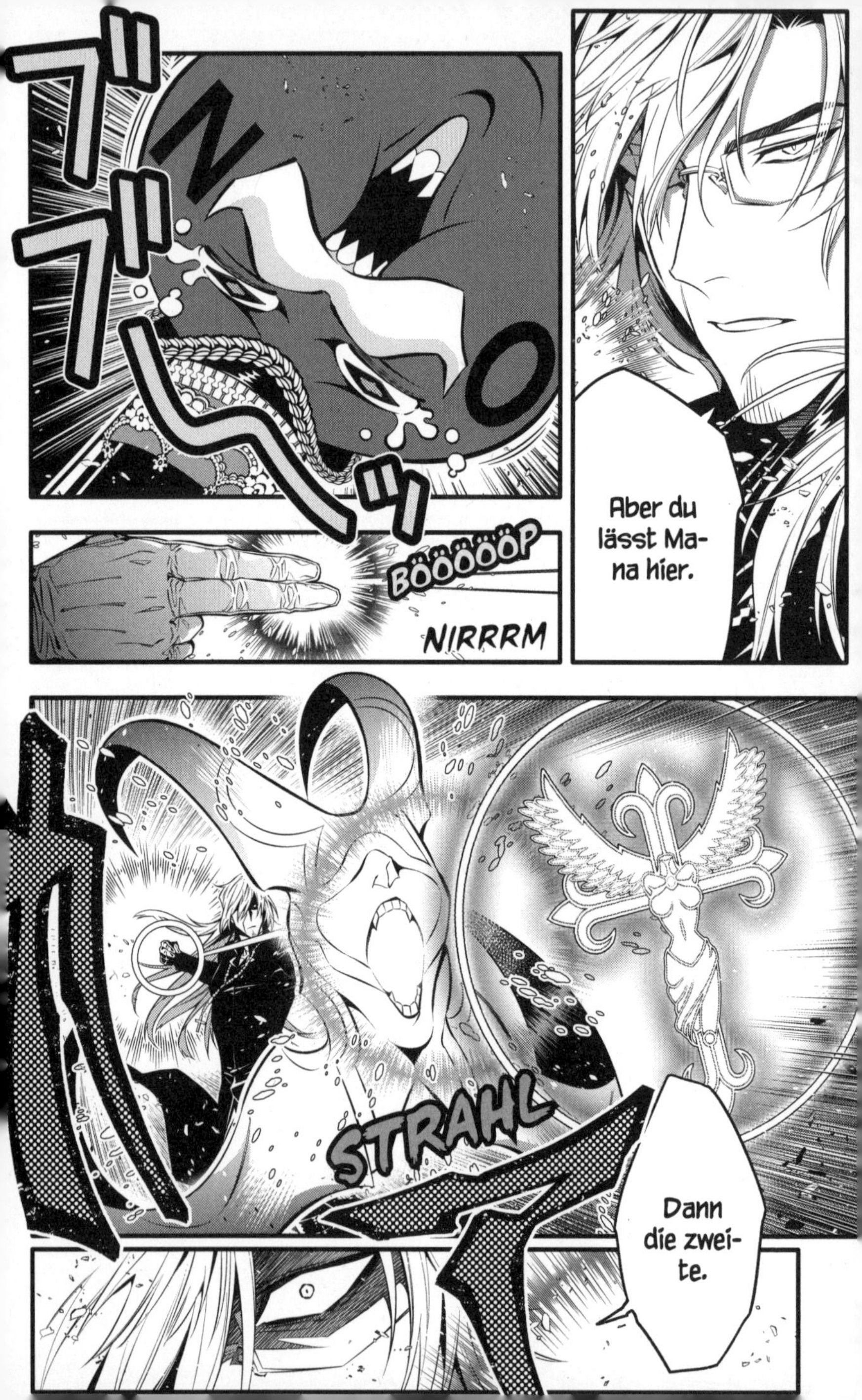

Aber du lässt Mana hier.
BÖÖÖÖÖP
NIRRRM
STRAHL
Dann die zweite.

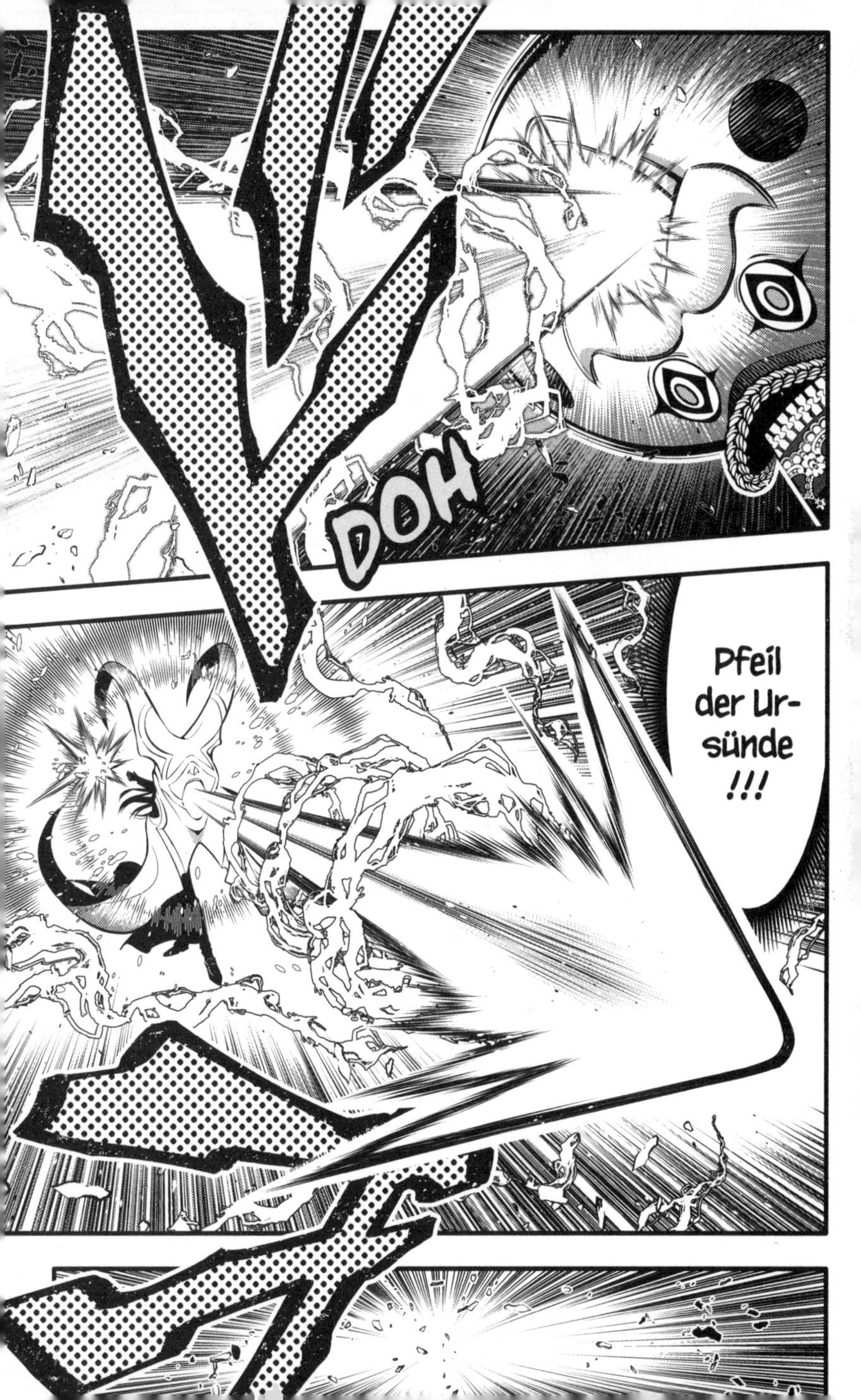
DOH
Pfeil der Ursünde !!!

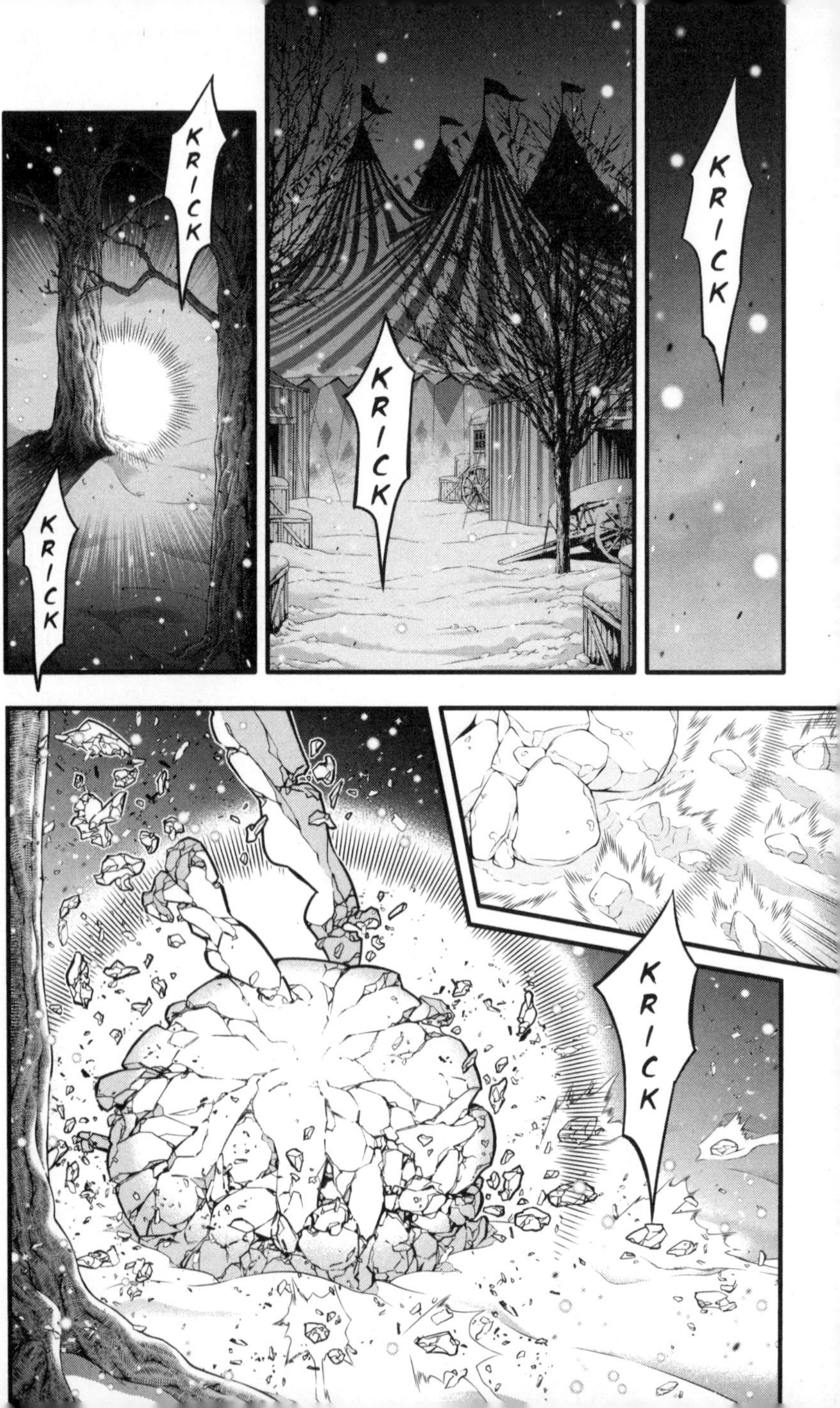
KRICK
KRICK
KRICK
KRICK
KRICK

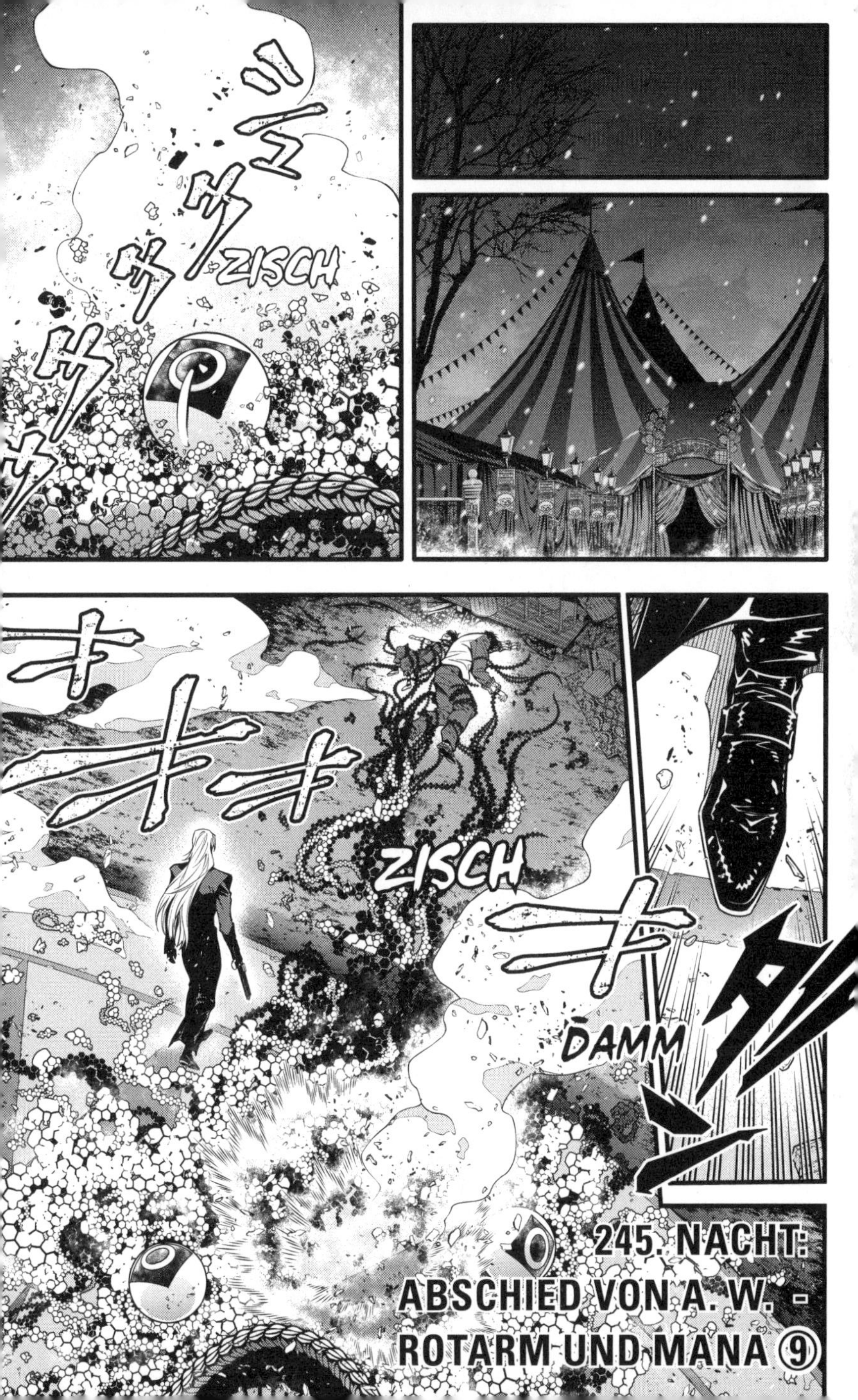

ZISCH
ZISCH
DAMM
245. NACHT:
ABSCHIED VON A. W. - ROTARM UND MANA ⑨

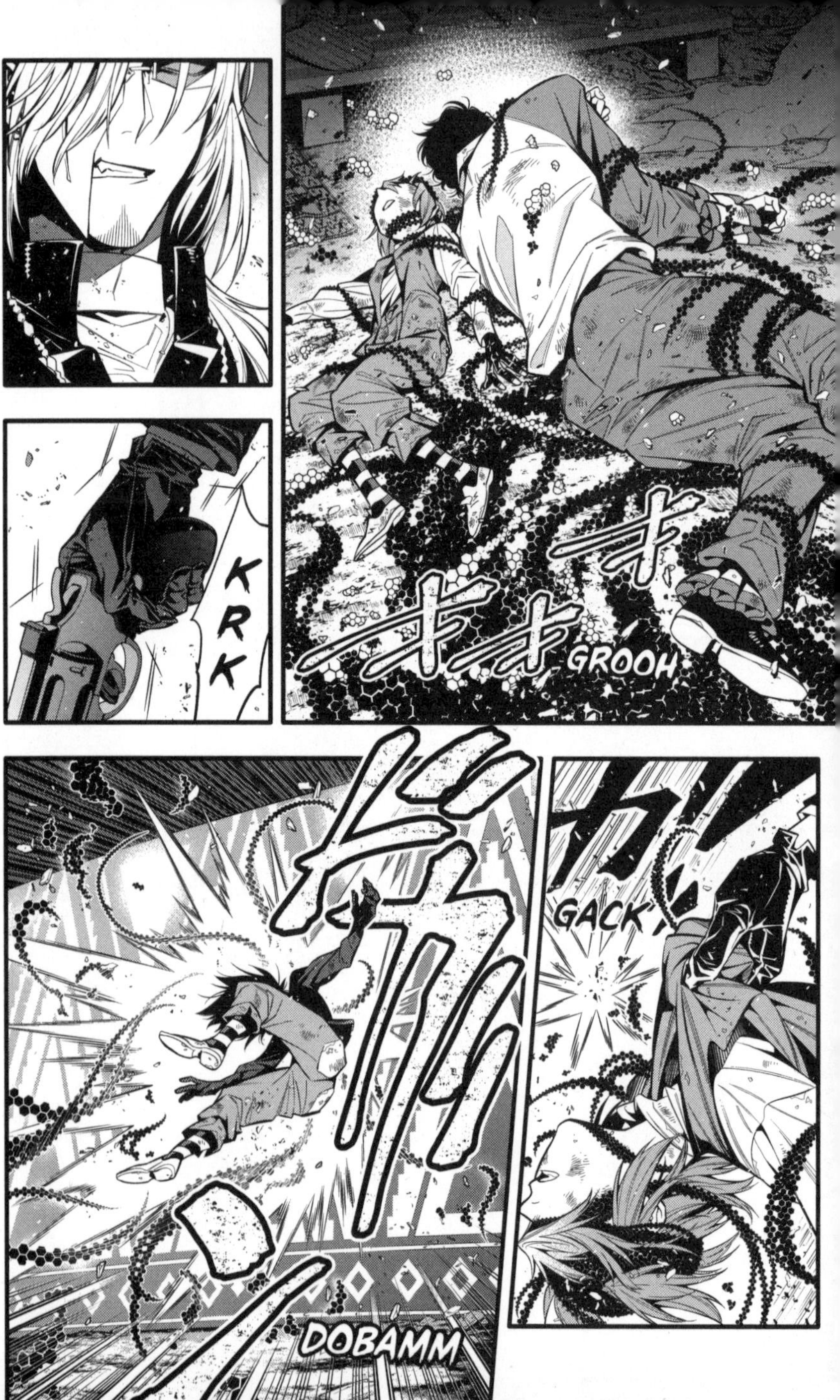
GROOH
KRK
GACK!
DOBAMM

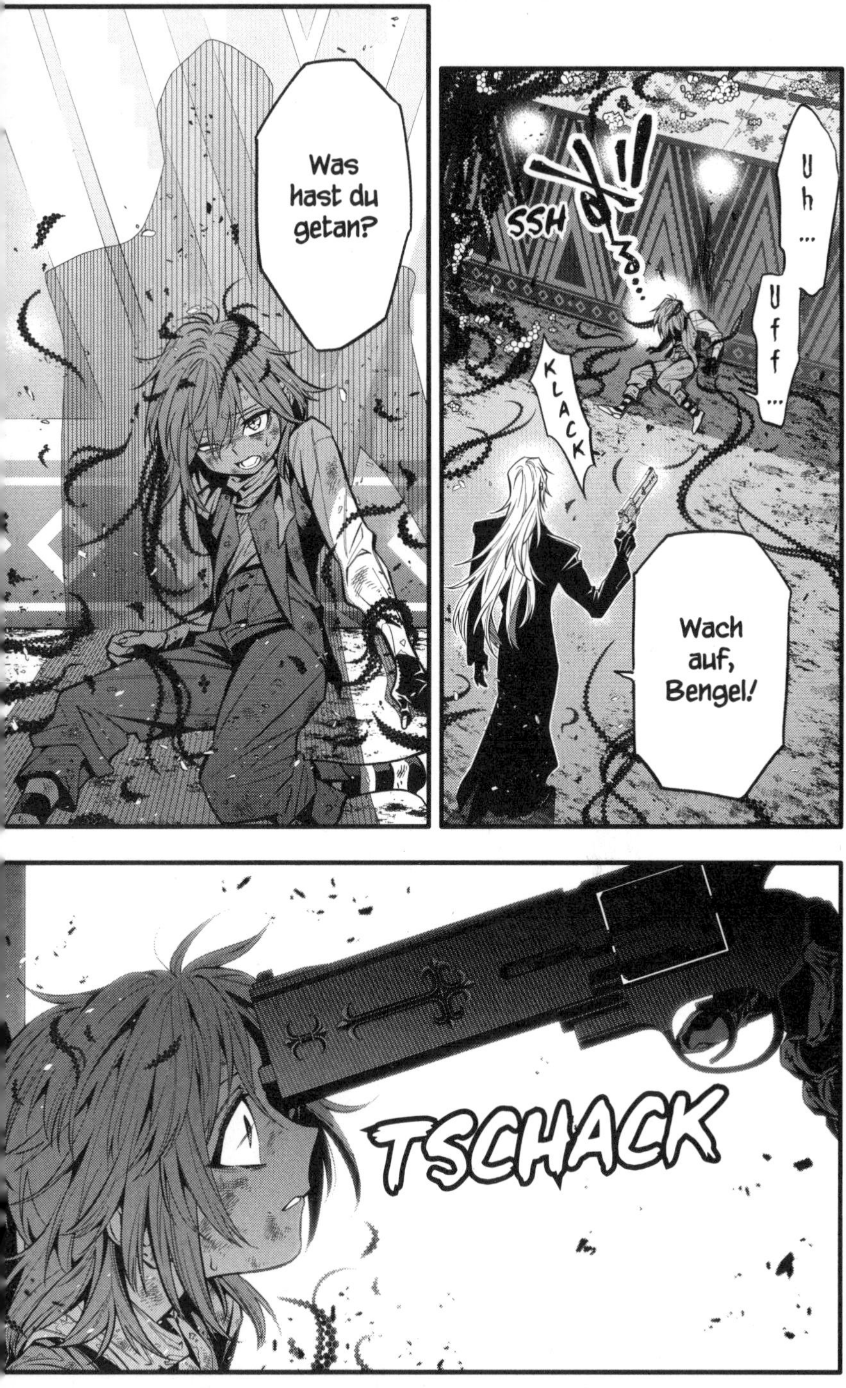
Uh ... Uff ...
SSH
KLACK
Wach auf, Bengel!
Was hast du getan?
TSCHACK

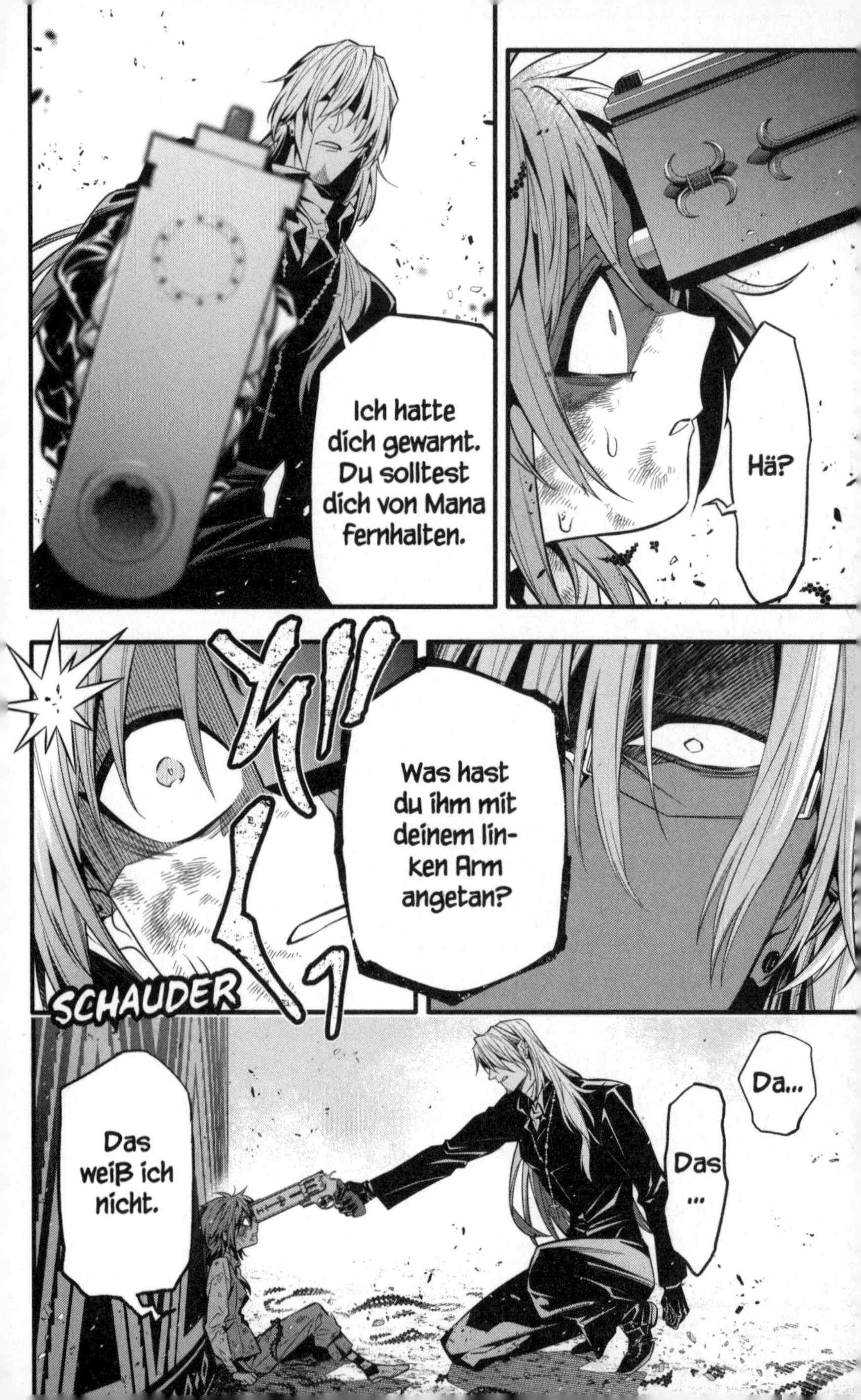
Hä?
Ich hatte dich gewarnt. Du solltest dich von Mana fernhalten.
Was hast du ihm mit deinem linken Arm angetan?
SCHAUDER
Da…
Das …
Das weiß ich nicht.

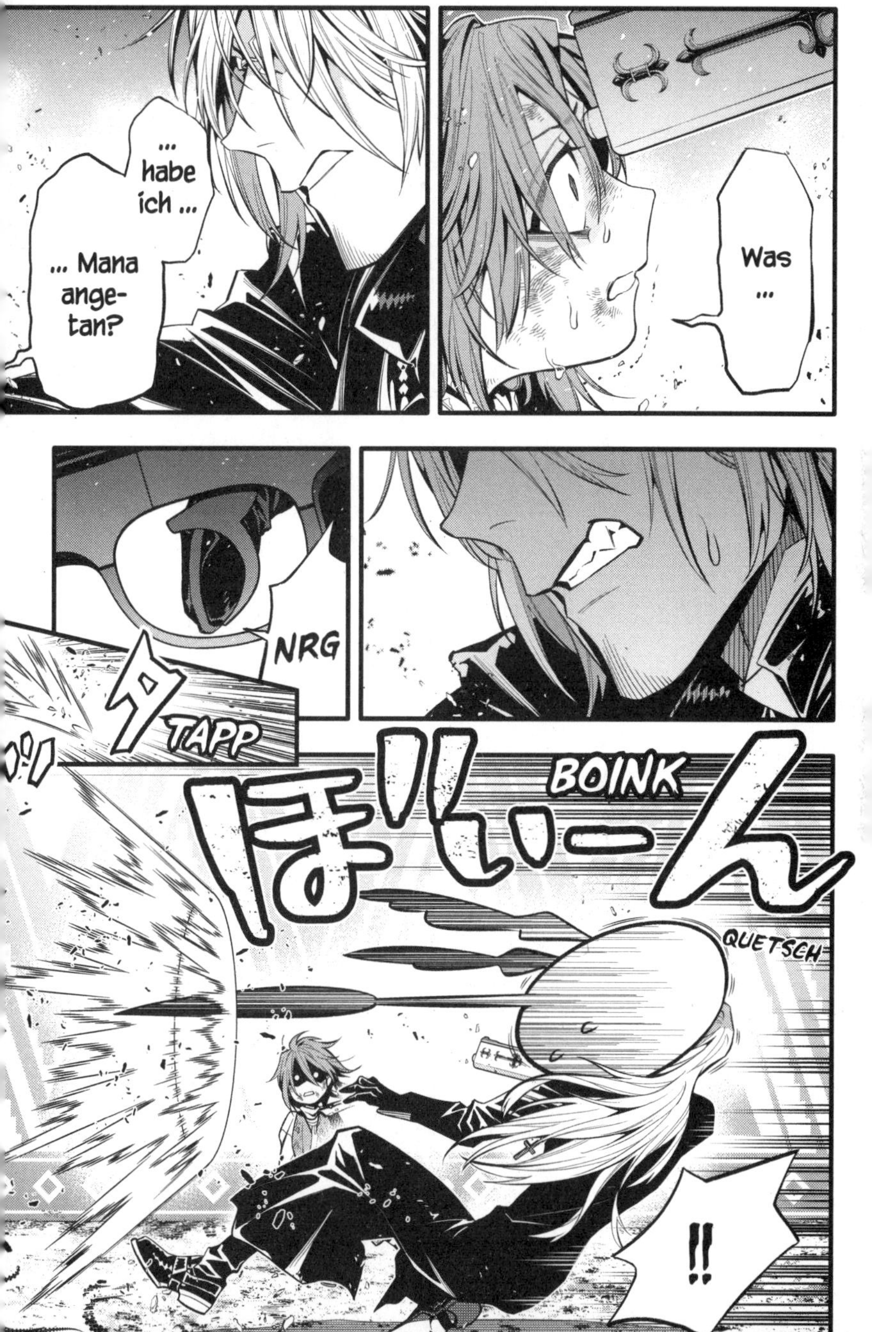
Was ...
... habe ich ...
... Mana angetan?
NRG
タ
TAPP
ぼい～ん
BOINK
QUETSCH
!!

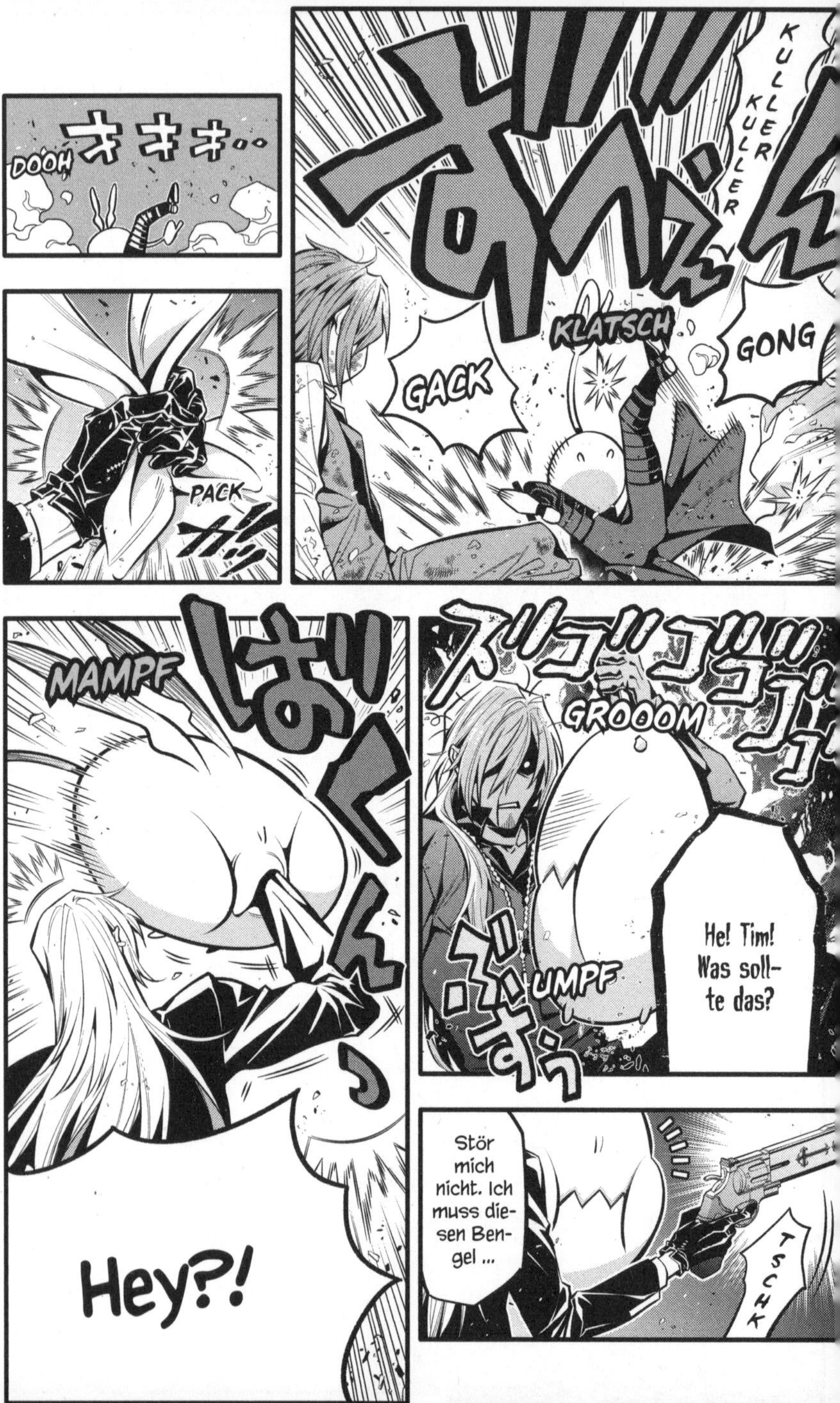

KULLER KULLER
KULLER
GONG
KLATSCH
GACK
DOOH
PACK
GROOOM
UMPF
He! Tim! Was soll-te das?
MAMPF
Hey?!
Stör mich nicht. Ich muss die-sen Ben-gel ...
TSCHK

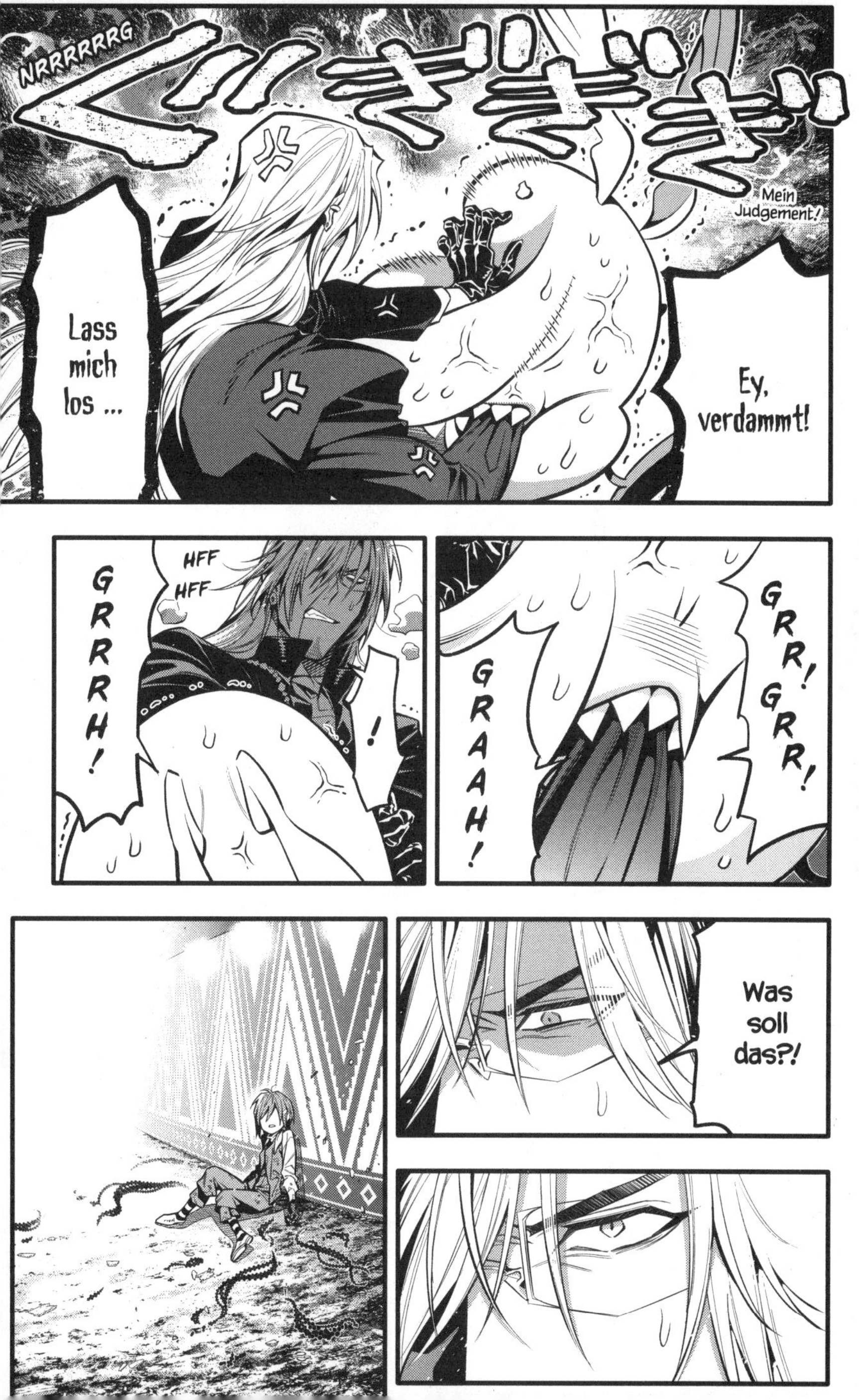
NRRRRRRG
Mein Judgement!
Ey, verdammt!
Lass mich los ...
GRRR! GRRR!
GRAAAH!
HFF HFF
GRRRRH!
!
Was soll das?!

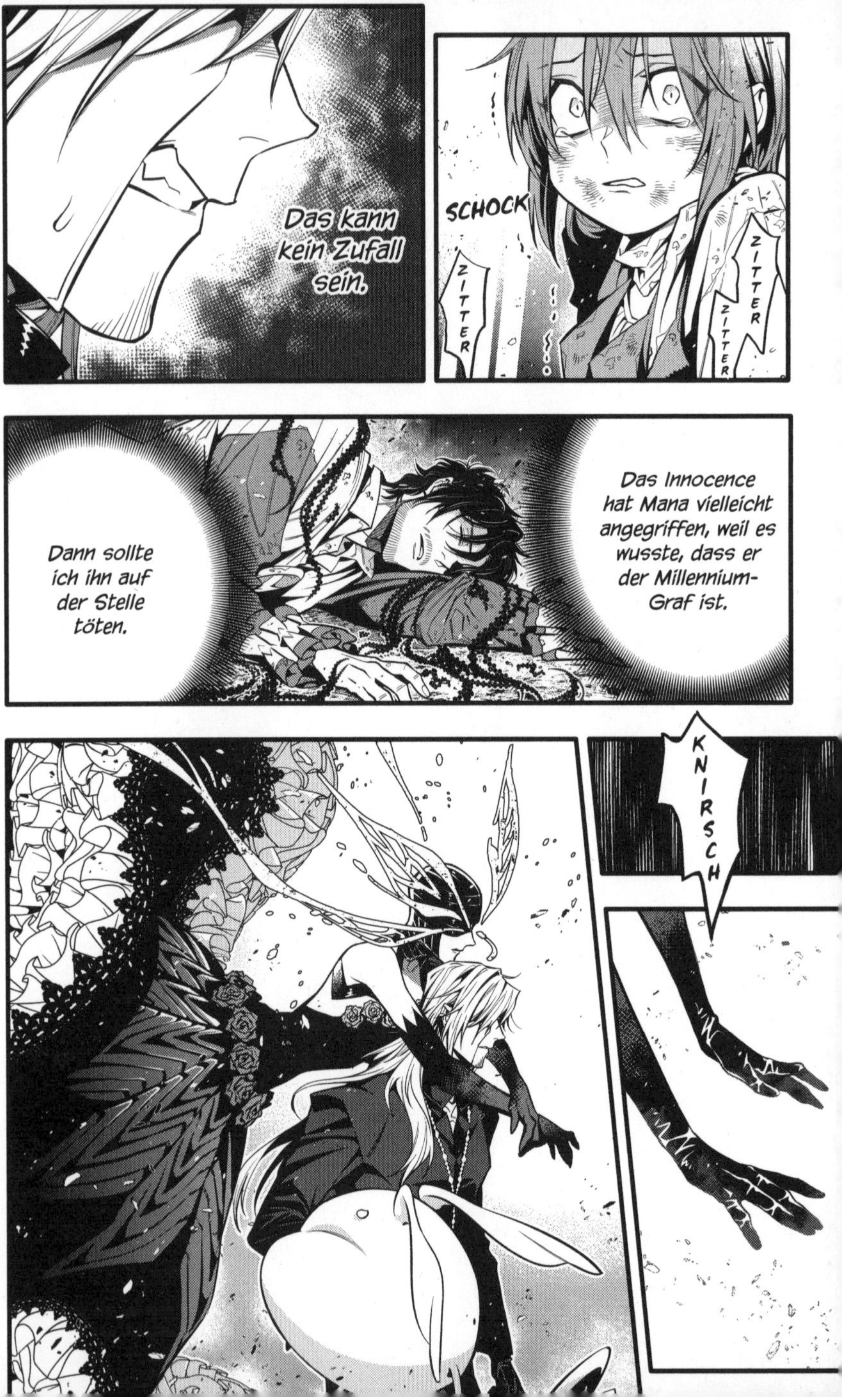
SCHOCK
ZITTER
ZITTER
ZITTER
Das kann kein Zufall sein.
Das Innocence hat Mana vielleicht angegriffen, weil es wusste, dass er der Millennium-Graf ist.
Dann sollte ich ihn auf der Stelle töten.
KNIRSCH

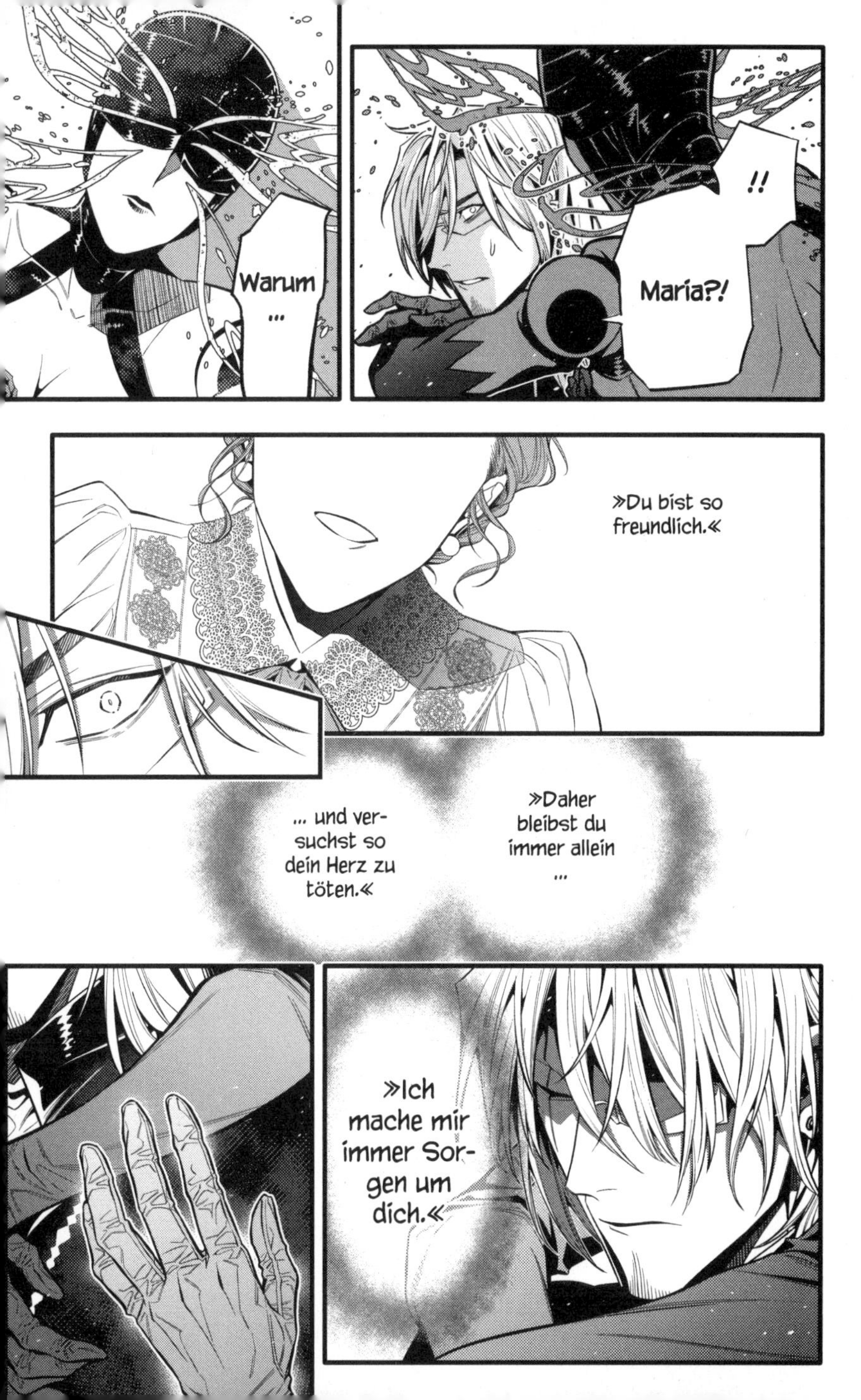
!!
Maria?!
Warum …
»Du bist so freundlich.«
»Daher bleibst du immer allein …
… und versuchst so dein Herz zu töten.«
»Ich mache mir immer Sorgen um dich.«

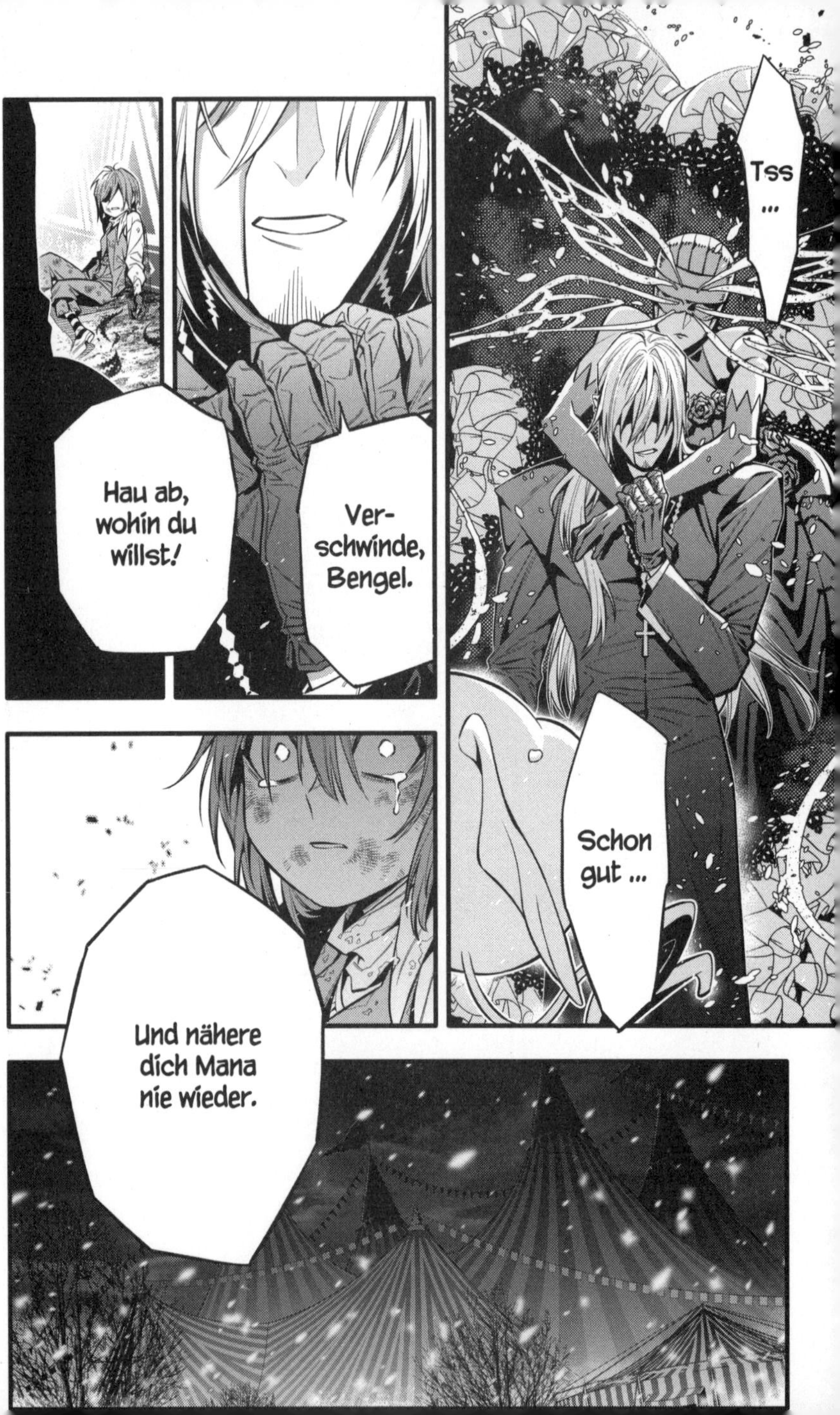
Tss ...
Schon gut ...
Ver-schwinde, Bengel.
Hau ab, wohin du willst!
Und nähere dich Mana nie wieder.

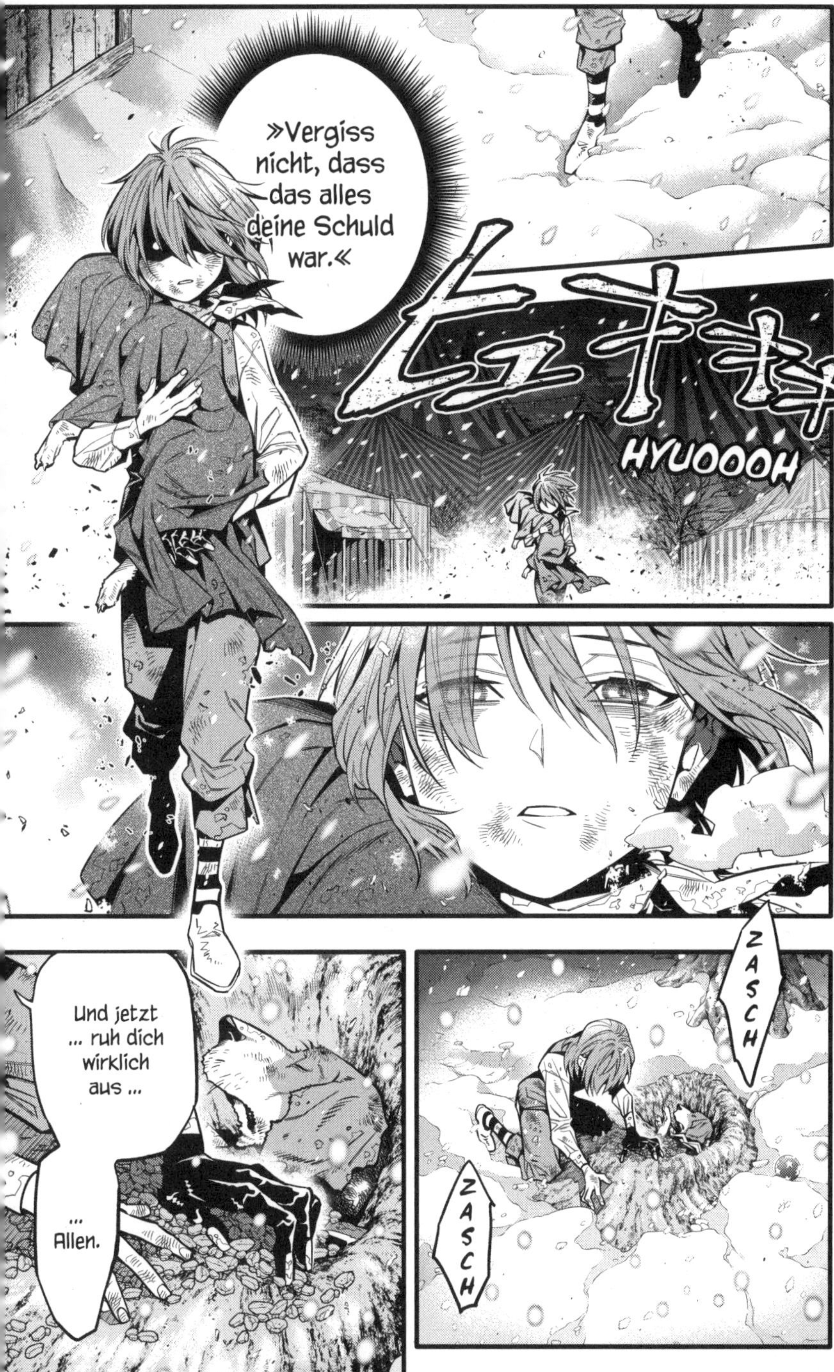
»Vergiss nicht, dass das alles deine Schuld war.«
ヒュオオオ
HYUOOOH
ZASCH
ZASCH
Und jetzt ... ruh dich wirklich aus ...
... Allen.

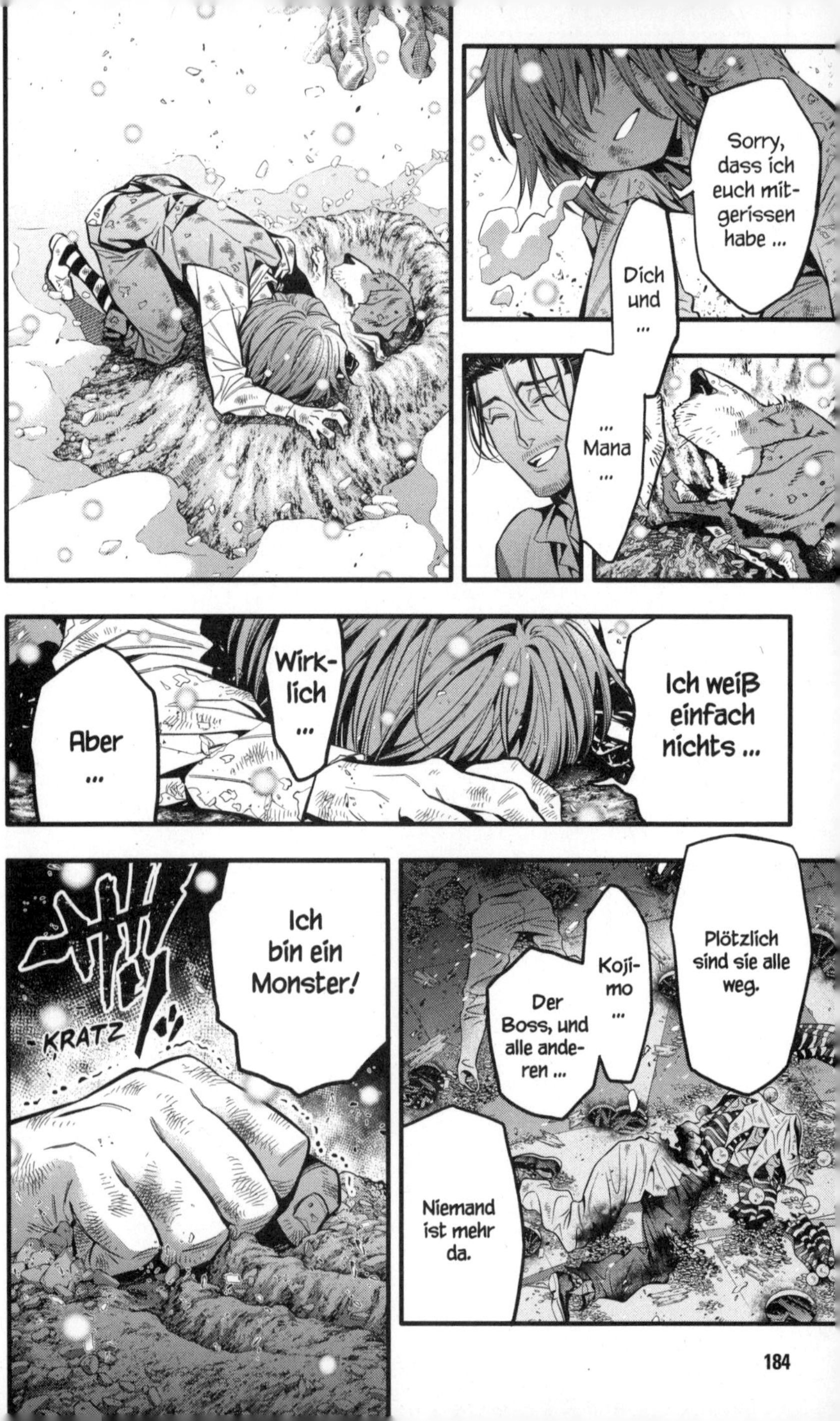

Sorry, dass ich euch mitgerissen habe ...
Dich und ...
... Mana ...
Ich weiß einfach nichts ...
Wirklich ...
Aber ...
Plötzlich sind sie alle weg.
Kojimo ...
Der Boss, und alle anderen ...
Niemand ist mehr da.
Ich bin ein Monster!
KRATZ

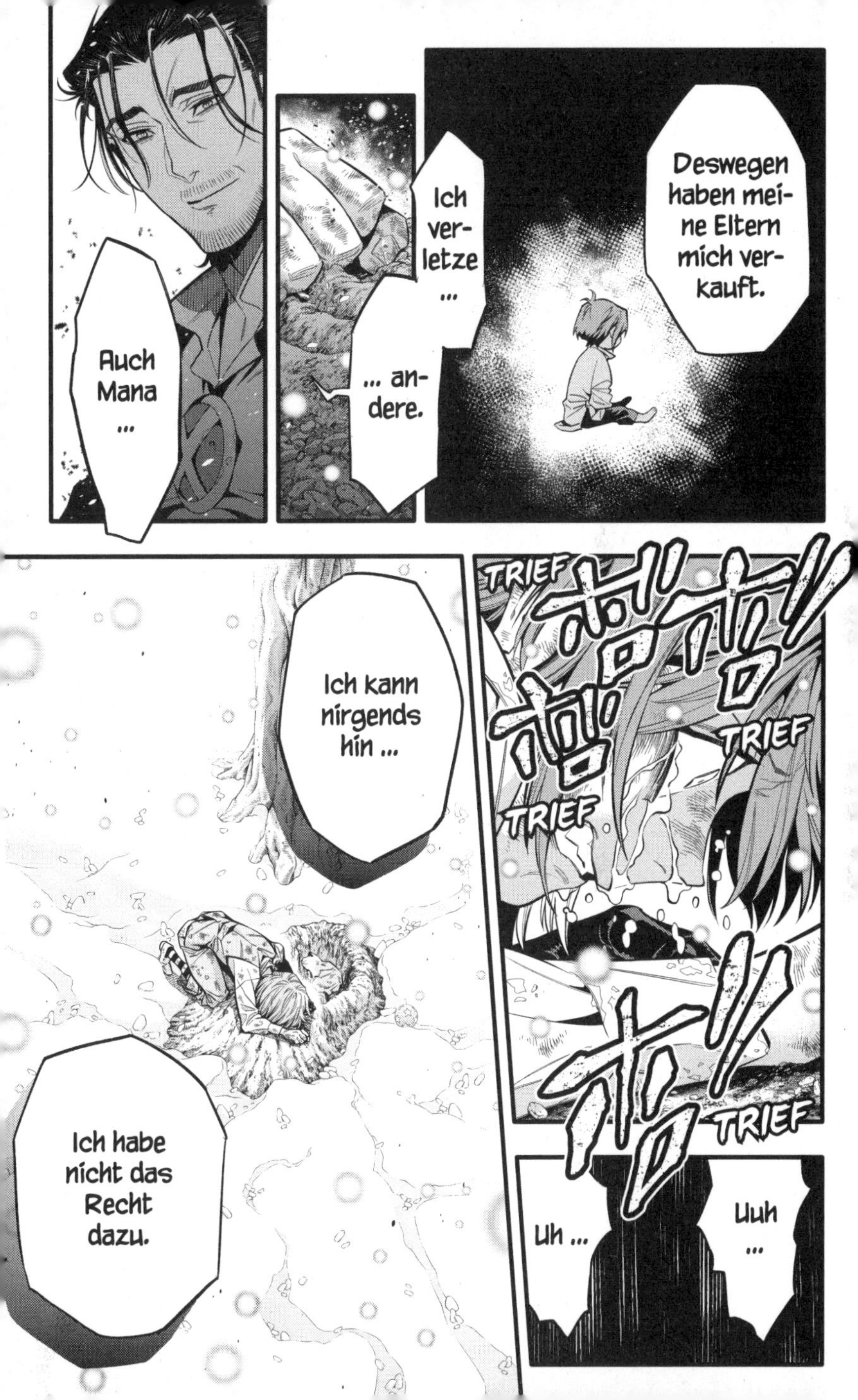
Deswegen haben meine Eltern mich verkauft.
Ich verletze ...
... andere.
Auch Mana ...
TRIEF
TRIEF
TRIEF
TRIEF
Ich kann nirgends hin ...
Ich habe nicht das Recht dazu.
Uuh ...
Uh ...

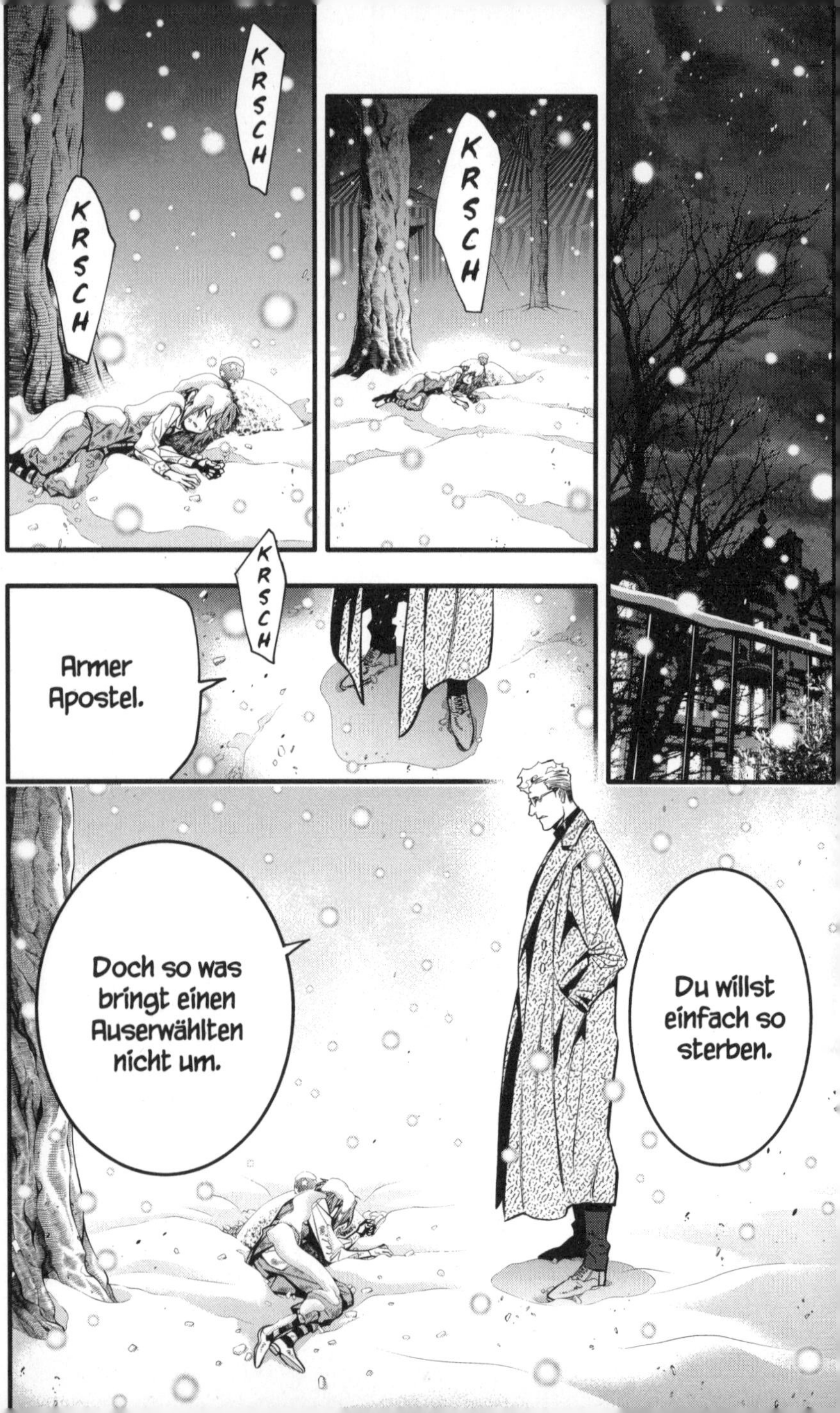
KRSCH
KRSCH
KRSCH
KRSCH
Armer Apostel.
Du willst einfach so sterben.
Doch so was bringt einen Auserwählten nicht um.

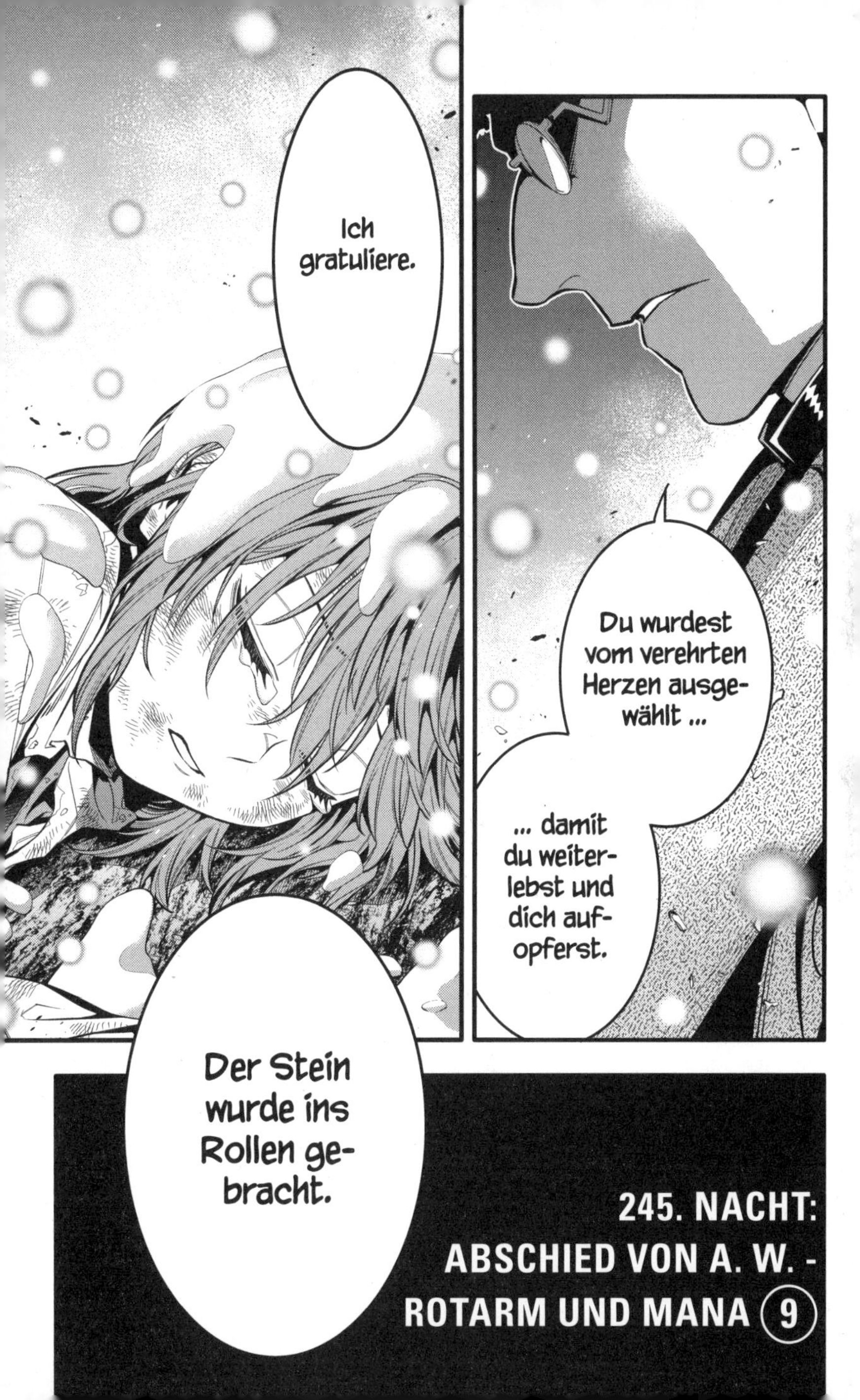
Du wurdest vom verehrten Herzen ausgewählt ...
... damit du weiterlebst und dich aufopferst.
Ich gratuliere.
Der Stein wurde ins Rollen gebracht.
245. NACHT: ABSCHIED VON A. W. - ROTARM UND MANA 9

Komuis Sprechzimmer

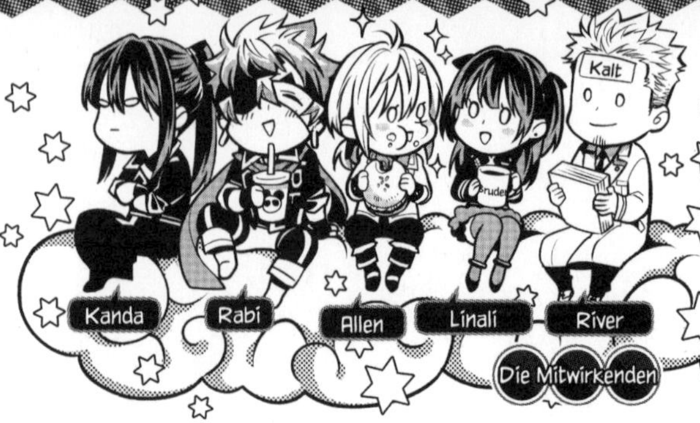

Linali: Guten Tag. Hier geht's zu Komuis Sprechzimmer. Es tut mir leid, dass mein Bruder weiterhin nicht auftaucht!
Allen: Hurra! Endlich sind wir hier zusammen!
Linali: Hach, ich bin auch froh!
(Sie halten sich an den Händen und jubeln.)
Rabi: Yippie! Ich auch! (Rabi streckt auch die Hand aus.) *KLATSCH*
(Mit einem Lächeln auf den Lippen schlägt Allen die Hand weg.)
Rabi: Autsch! Allen! Nicht mit der Linken! Nicht mit dem Innocence!
River: Na, was denn, Allen. Du darfst nicht mit links schlagen.
Allen: Tut mir leid ... Ich hatte das Gefühl, Rabi hege unanständige Gedanken in Bezug auf Linali.
Rabi: Als wäre das bei dir anders!
Kanda: Schrei nicht so rum!
River: Hach, das Gefühl hatte ich schon lange nicht mehr. (gerührt) Endlich seid ihr alle vier hier.
Rabi: Viele wollten sehen, wie sich vier Teenies ausgelassen miteinander unterhalten. Daher hat sich Hoshino richtig Mühe gegeben.
Allen: Sie hat doch nur keine Lust mehr, sich jedes Mal die Zusammensetzung zu überlegen?
Rabi: Gut möglich.
Linali: Diesmal hat ihr die Mangaredaktion klar gesagt, dass sie auf die Zeichenzahl achten muss. Beim letzten Mal war's auch wieder zu viel ... Wir dürfen also nicht zu viel reden.
River: Allen, Rabi. Vor allem ihr beide müsst aufpassen. Ihr macht immer Scherze und erhöht so die Textmenge. Kanda, du streitest dich auch nicht mit Allen, okay?
Kanda: Das hängt von der Bohnenstange ab.
Allen: Was?!
River: Hey! *SCHWITZ* Zusammenarbeiten! Die Textmenge wird diesmal echt problematisch!

Q Wie beliebt ist Gruppenführer River bei den weiblichen Ordensmitgliedern? Also so beziehungstechnisch.

River: Hä?
Rabi: Nix »Hä«. Antworte mal richtig.
River: Och ... ähm, ich dachte, es beginnt mit einer Frage an Kanda und so ... Hä? An mich? Echt jetzt? *SCHWITZ*
Kanda: Gerate nicht gleich in Panik.
Allen: Hier, hier! Ich weiß es! Es gibt einen Fanklub!
River: Hä?! *STAUN*
Rabi: Der Vorsitzende ist Jerry und alles war friedlich, aber seit Bonnaire eingetreten ist, gibt es einen Kampf um die Position des Klubchefs.
Linali: Ich habe auch Fragen zu River bekommen. Ob er in einer Beziehung ist und so.
Allen: Das ist verständlich. Im Gegensatz zu Rabi ist er männlich und unglaublich vertrauenswürdig ... Huch? River? Warum bist du so erstaunt?
Rabi: Warte mal, hast du mich gerade gedisst?
River: Ah, tut mir leid ... Solche Themen sind nichts für mich ... bzw. ich komme damit nicht klar ... Außerdem, plappert nicht zu viel, Allen und Rabi.
Allen & Rabi: Hi hi. ☆
Linali: Und, bist du liiert? *LÄCHEL*
River: Was ist los, Linali? Warum so fröhlich ... *SCHWITZ*
Linali: Wir haben ja noch nie über dieses Thema gesprochen und das macht mich jetzt froh. Sag mal, hast du eine Beziehung? Das interessiert dich doch auch, Kanda?

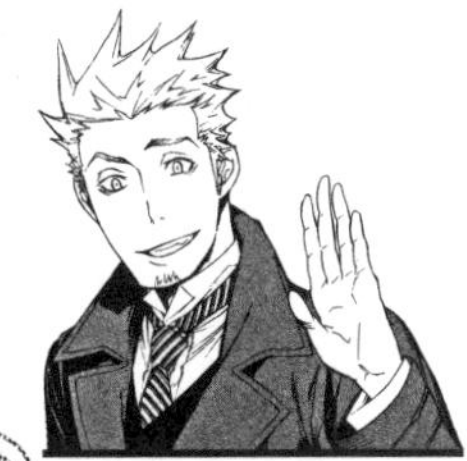

Kanda: Was weiß ich!
River: Ähm, also, aktuell ... habe ich keine Beziehung. Ich hatte mal eine. So! Ende des Gesprächs! Nächste Frage!
Allen & Rabi: Waaaas?! Mehr nicht?!
River: Nein, nein, Ruhe auf den billigen Plätzen!
Linali: ...
Kanda: Ist was, Lina?
Linali: Er sah ganz kurz sehr traurig aus. Vielleicht war es schmerzhaft ... Hätten wir das nicht fragen dürfen?
Kanda: Die Wissenschaftsabteilung ist hart im Nehmen und kann so was ab. Mach dir keinen Kopf.

Q: Seit wann ist Allen so ein Vielfraß geworden? In der Zirkuszeit hat er ja nicht wirklich viel gegessen.

Allen: Da war's eher so, dass ich nicht viel Essen bekommen habe ... Und auf meiner Reise mit Mana musste ich durchhalten, da wir nicht viel Geld hatten. Wirklich satt essen konnte ich mich erst, als mich mein Meister aufgenommen hat. Mein Essverhalten hat ihn nicht überrascht.
River: Der Marschall weiß ja, dass der Parasitentyp viel isst. Sag mal, wenn du als Kind nicht viel gegessen hast, hast du dich nicht so schnell entwickelt, oder, Allen?
Allen: Mmh ... In der Tat war ich sehr klein. Ab etwa 13 wurde ich plötzlich viel größer. Da bin ich schon froh drüber. Irgendwann werde ich größer als Kanda und Rabi sein.
Kanda: Ha, schön für dich, Bohnenstange.
Allen: Ha ha ha, ich freue mich auf den Tag, an dem ich auf Kanda herabschauen werde.
River: Hört auf, hört auf ihr beiden. *SCHWITZ*
Rabi: Er hängt sehr am Essen, nicht nur wegen seines Parasitentyps, sondern auch wegen des Traumas seiner Vergangenheit.
Linali: Marschall Cross hat dir also genug zu essen gegeben.
Allen: Also nicht wirklich er, sondern eher seine Geliebte ... Sie sind sehr wohlhabend gewesen.
Rabi: Wie beneidenswert ... Der Traum aller Männer.

Q: Ist Allen in Linali verliebt oder sieht er sie als eine gute Freundin?

River: Ah, die Frage kam auch für euch, Rabi und Kanda. Also antwortet alle nacheinander.
Allen: Hääää?! *ROTWERD*
Rabi: River! Das ist gemein! Du bist der Frage ausgewichen!
Kanda: Albern ...
Linali: Also ich liebe euch alle, aber ihr mich nicht?
Allen: Natürlich tue ich das! Du bist doch meine ... wi... wichtige ... Familie!
Rabi: I... Ich auch! Klar lieben wir ... dich!
Kanda: Albern ...!
River: Freundschaftlich oder romantisch?
Allen & Rabi & Kanda: Weiter! Nächste Frage!!! *SCHWITZ*

Q: Auf was für einen Typ Frau steht Ticky?

Allen & Rabi: Was weiß iiich!
Kanda: River, kannst du bitte vernünftigere Fragen aussuchen?
River: Dafür kann ich nichts. Hoshino wählt die Fragen aus!
Allen: Das ist uns sooooooooo egal! Echt.
Rabi: Ja, aber er hängt schon sehr an dir, Allen. Vielleicht bist du ja sein Typ?! (Allen verpasst Rabi einen Kopfstoß.)
River: He, Leute. Nicht streiten!
Linali: Oh ... Er ist in Allen verliebt?
Allen: Ist er nicht! Rabi! Laber keinen Blödsinn! *DROH*
Rabi: Allen! Achte auf deinen Tonfall!
Allen: Linali! So ist das bestimmt nicht! Der Typ mit den Naturlocken ist einfach nur pervers.
Linali: Aber du bist hübsch und hast eine geschlechtsneutrale Erscheinung ... Jetzt mache ich mir wirklich Sorgen. Pass bitte gut auf dich auf, Allen!
Allen: Ah. Uh ... Ja ... (Ich bring dich um, Rabi!)
Rabi: Uwah, ich spüre Mordlust von Allen ...

Zu Crowleys Innocence: Die Synchronität war wohl im Kampf gegen Jasdavi am höchsten. Könnte ich vielleicht den Wert erfahren, wenn es Ihnen nichts ausmacht?

Rabi: Zu diesem Thema gibt es einen Bericht von Crowley und eine Ergänzung von Hoshino. Also, als sich sein Körper nicht mehr bewegt und er nur noch mit Blut gekämpft hat, betrug die Synchronität vermutlich 100 oder mehr. Crowley sagte, das wäre möglich gewesen, weil Eliade in seiner Nähe war. Es sei also nicht nur seine eigene Kraft gewesen.
Allen: Eliade ... Das heißt, der Geist des vernichteten Akuma ist aufgetaucht? Ist so etwas überhaupt möglich?
Kanda: Es kann auch nur eine Halluzination gewesen sein. Es wurde noch nie drüber berichtet, dass die Seelen der Akuma solche Macht besitzen.
Rabi: Die Wahrheit kennt nur Crowley.
Linali: Aber wenn es keine Halluzination gewesen ist, ist das eine tolle und gleichzeitig traurige Geschichte ...
River: Nur in diesem Moment stieg sein Wert über 100. Aktuell liegt der höchste Wert bei 90 %, und es ist viel zu riskant, nur mit Blut zu kämpfen. Als sein Freund hoffe ich, dass so was nie wieder passiert.

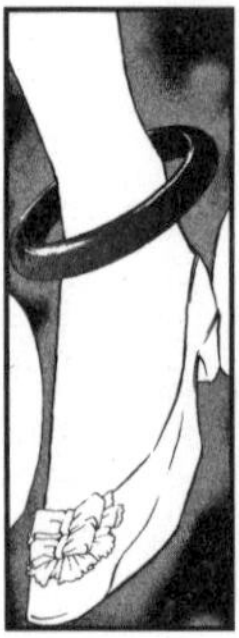

Es heißt, dass Linali süße Schuhe mag. Sammelt sie vielleicht schon welche für den Tag, an dem sie sie tragen kann?

Linali: Ha ha, ehrlich gesagt würde ich schon gern welche sammeln, aber derzeit sehe ich dazu keinen Anlass. Mein Bruder und die Leute von der Wissenschaftsabteilung haben süße Schuhe gemacht, die zur Uniform passen. Und ich habe mich entschieden, sie zu tragen, bis der Krieg vorbei ist.
Allen: Sie stehen dir gut.
Linali: Danke, Allen. Außerdem sind sie sehr angenehm zu tragen.
Rabi: Komui und die anderen aus der Abteilung waren so voller Energie, als sie an diesen Schuhen gearbeitet haben.
River: Ha ha. Alle wussten, dass Linali sich nach Schuhen gesehnt hat. Nachdem sie zum Kristalltyp geworden war, konnte sie endlich welche tragen und alle waren voller Elan. Da wir fast nur ältere Männer sind, haben wir eine Umfrage unter den Frauen gestartet ... und auch Kanda dazu angehört.
Allen: Kanda? Wieso denn?
River: Kanda war häufig mit Linali auf Missionen und hat manchmal gesehen, wie sie am Schaufenster in der Stadt stand und sich nicht mehr von der Stelle gerührt hat. Daher wollten wir wissen, auf was für Schuhe sie geachtet hat. Also danke, Kanda.
Kanda: Ruhe da.

Als Kanda den Kater hatte, sagte er, dass das wohl normal sei. Hat er sonst noch Erfahrungen gemacht, bei denen er die Veränderungen in seinem Körper gespürt hat?

Kanda: Da war was ...
Rabi: Was denn? Was denn?
Kanda: In letzter Zeit sind meine Haare sehr struppig.
Allen & Rabi: Hä?
River: Mehr nicht?
Kanda: Mehr nicht. Es ist mir nicht unangenehm. Da ich sie nur schneiden muss, ist es kein großes Problem.
Linali: Oh doch, Kanda! Ich leihe dir mein Shampoo!
Kanda: Nee, dann schneide ich sie lie...
Linali: Nein!

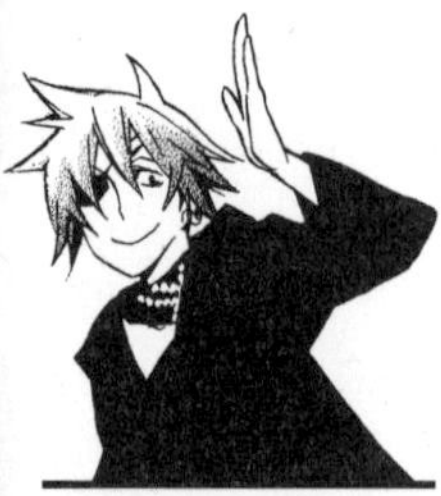

Wie gut verträgt Rabi Alkohol? Oder trinkt er nicht wegen seiner Position als Bookman?

Rabi: Nun, es ist eher so, dass ich und der Alte nicht viel vertragen. Das galt wohl auch für die bisherigen Bookmen.
Allen: Ah. So ist das also?
Linali: Stimmt. Als wir im Orden gefeiert haben, haben die Bookmen nur Alkoholfreies getrunken.
Ich habe auch gesehen, wie Jerry speziell für die Bookmen etwas bestellt hatte.
River: Stimmt, unter den Fragen zu den Bookmen war auch die, ob ein Bookman eine Partnerin haben darf. Vielleicht könnt ihr kurz darauf antworten, um die Zeichenzahl zu minimieren.
Rabi: Also nicht unbedingt eine Partnerin, aber Kinder haben ist erlaubt. Der Alte hat ja auch ein Kind.
Allen & Linali: Wo ist denn da der Unterschied?
Rabi: Hä? *SCHWITZ*

Allen & Linali: Wo ist denn da der Unterschied? (setzen einen unschuldigen Blick auf)
Kanda: ...
Rabi: Also ... für unser Volk ist es wichtig, Nachkommen zu haben ... Aber bei einer Beziehung ... sind ja Gefühle im Spiel, daher wird so etwas tunlichst vermieden ... sorry. Können wir mit der nächsten Frage weitermachen? *SCHWITZ*

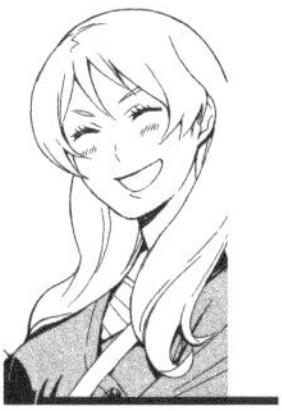

Q Emilia ist einfach so in den Orden eingetreten. War das möglich, weil es mit Timothy zu tun hatte? Exorzisten oder Finder können nach dem Eintritt nie wieder in ihr vorheriges Leben zurück, aber bei den normalen Mitgliedern ist das nicht so streng?

River: Alle Ordensmitglieder einschließlich der normalen unterliegen strengen Einschränkungen. Emilias Eintritt wurde recht schnell entschieden, weil auf den mentalen Zustand des jungen Timothy Rücksicht genommen wurde. Aber sie hat sich für Timothy dazu entschieden, beim Orden zu leben, bis der Krieg zu Ende geht. Die Kontaktaufnahme mit der Außenwelt wird überwacht und man hat nicht die gewohnten Freiheiten. Es ist nicht einfach, in jungen Jahren solch eine Entscheidung zu treffen.
Linali: Emilia tut so, als wäre das kein Problem, aber anfangs war sie wohl sehr verunsichert. Küchenchef Jerry macht sich Sorgen um sie und lädt sie jede Woche zur Teezeremonie ein.
Allen: Dank Emilia geht es Timothy gut.

Q Die Golems sind bei jedem unterschiedlich. Können alle bei der Bestellung frei wählen, was für eine Form sie wollen?

River: Man hat gewisse Freiheiten. Wenn man schon einen besitzt, sollte man ihn ja auch mögen.
Linali: Und weil sich solche Arbeiten häufen, müssen alle die Nächte durchmachen ... *SCHWITZ*
Allen: Ich hatte mich das schon immer gefragt, aber kann es sein, dass Kandas Golem sehr häufig weint? Das ist kein Zufall, oder?
Rabi: Da bin ich ganz bei dir. Hat Yu das so bestellt?
Kanda: Ich habe nichts gemacht. Jiji und die Leute hier haben mir den Golem aufgedrängt.
River: Och, ähm, ha ha. *SCHWITZ* Kanda wollte einen normalen Golem ohne Modifikation, aber Jiji meinte damals: »Für ihn bereite ich einen einzigartig emotionalen Golem vor!« Das war der Grund für die spezielle Gestaltung. Mit Tränenfunktion und so.
Linali: Jiji war nur besorgt, weil Kanda ein gefühlsloses Kind gewesen ist.
Kanda: Total unnötig.

Q Rabi fand Kandas Geburtsurkunde sehr ominös. Was hat ihn daran gestört?

Rabi: Hm? So was erkennt man doch, wenn man sich Yu anschaut. Wenn jemand etwas Heftiges schultert, sieht man es ihm an. Die Geburtsurkunde sah äußerst akkurat aus, aber sie wirkte zu verwaltungsmäßig.
River: Die Augen der Bookmen lassen sich nicht täuschen, da sie unzählige Schriften lesen.
Kanda: Mir aber auch egal.
Linali: Ich habe seit meiner Kindheit vermutet, dass Kanda ein großes Geheimnis hütet. Aber gleichzeitig dachte ich, dass ich nichts für ihn tun kann.
Allen: War das bei euch beiden so? Ich bin also der Einzige, der keine Ahnung hatte ...
Rabi: (Ehrlich gesagt zweifle ich auch an der Geburtsurkunde von Linali.)
Allen: Ist etwas, Rabi?
Rabi: Ach, gar nichts. *SCHAUDER*

Q Anita sagte, dass Marschall Cross Regen mag. Gibt es da irgendeine Anekdote?

Linali: Ist das so? Wusste ich gar nicht.
Allen: Ah, das scheint wahr zu sein. Er sagte irgendwas während meiner Ausbildungszeit.
Rabi: Was denn?
Allen: Hmm ... Was war das noch mal? Irgendwas über das Geräusch des Regens ...
Kanda: Vielleicht das Trommeln der Regentropfen? Es erinnert an die Pulsschläge der Lebewesen, daher wirkt es beruhigend. Das habe ich mal von Marschall Theodor gehört.
River: Wirklich, Kanda? Du behältst die Worte von Marschall Theodor im Gedächtnis? *STREICHEL*
Kanda: Streichle mir nicht über den Kopf!
Allen: Ich habe das Gefühl, eine unerwartete Seite am Meister kennengelernt zu haben, dadurch ist mir etwas flau ...
Rabi: Warum denn?!

Q Wie bekämpfen die Leute von der Wissenschaftsabteilung ihre Müdigkeit?

River: Also wenn Linali da ist, mit Kaffee oder Tee, den Linali mach...
Linali: Quatsch! Ich weiß, dass ihr alle irgendeine Flüssigkeit in eure Getränke hineintut, bevor ihr was trinkt.
River: Waah!
Allen: River, hier solltest du die Wahrheit sagen.
Rabi: Wir haben das auch mehrmals gesehen ... Das wird dich erleichtern.
River: Verzeiht mir! Wir nehmen manchmal das Energiemittel zum Wachmachen ein, das wir selbst hergestellt haben ... Das schmeckt und riecht nach nichts und hat keinerlei Einfluss auf den Geschmack des Tees, den du uns machst, Linali!
Linali: Darum geht es nicht. Es geht nicht um den Geschmack. Ich mache mir nur Sorgen, dass ihr alle süchtig seid. Ich will auch nicht, dass die Nebenwirkungen wieder irgendwas verursachen.
Allen: So einen Zombievorfall möchte ich nie wieder erleben.
River: Ach, etwas auf dem Level kann nur Komui entwickeln.
Rabi: Die Wissenschaftsabteilung ist auch auf einem heftigen Niveau. Habt ihr vergessen, dass ihr den Alten zum Hasen gemacht habt?
Kanda: Stellt einfach mehr Personal ein. Geld habt ihr doch genug.
River: Das tun wir schon, aber viele halten es nicht lange aus. ***HEUL***

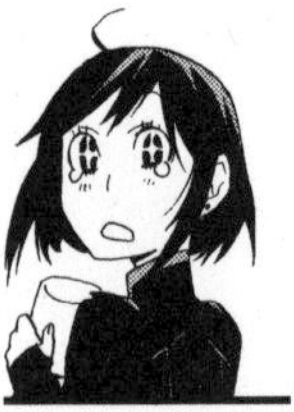

Q Linali wurde ja von der Zentralverwaltung traumatisiert. Aber was war der Anlass dafür, dass sie sich mit Inspektor Link so gut versteht und sich mit ihm über Tee unterhalten kann?

Linali: Hm, mal sehen. Anfangs kam ich gar nicht zurecht, aber die Anspannung wurde immer weniger, wenn ich sah, wie er sich tagtäglich um Allen gekümmert hat.
Rabi: Als wäre er seine Mutter.
Allen: Links Süßigkeiten schmecken fantastisch. Auch wenn er etwas nerven kann.
River: Anfangs war ich besorgt, aber ich war beruhigt, als ich gemerkt habe, dass auch solche Personen bei der Zentralverwaltung arbeiten.
Kanda: Ihr seid zu locker.

Q Allen, Kanda, Rabi und Linali – wer von euch hat die beste Handschrift? Wer schreibt einen Bericht am leserlichsten?

Allen: Ich mag diese Frage überhaupt nicht. ***SCHMOLL***
Linali: Allen, Link und Crowley haben dir das Schreiben beigebracht und es wird immer besser. Also schmoll nicht, okay?
River: Genau, Allen! Es lässt sich immer besser lesen!
Kanda: Kannst du nicht einmal einen richtigen Bericht schreiben? Ist dir das nicht peinlich?
Allen: Tut mir schrecklich leid! Ich wurde nicht gut erzogen!!
River: So, genug, stopp! Zurück zur Frage. Die schönste Schrift hat Rabi, und den leserfreundlichsten Bericht schreibt auch Rabi.
Rabi: Echt jetzt? Ich schreibe alles ganz locker.
Allen: Hnrh! ***NEIDIG***
Rabi: Allen, dein Blick macht mir Angst. Wobei ich deinen besonderem Schriftstil sehr mag ***SCHWITZ***.
Linali: Rabis Schrift ist so sauber wie im Lehrbuch. Kannst du dich etwa an alle Formen der Buchstaben erinnern?
Rabi: Ja. Die Schrift vom Alten ist genauso, oder, River?
River: Genau. Sie haben beide eine lehrbuchreif schöne Schrift, sodass ich nicht weiß, ob Rabi oder Bookman etwas geschrieben hat.
Allen: Das ist gemein.
Rabi: Anders gesagt, hat die Schrift keine Besonderheit. Hey, starr mich nicht so an, Allen!
Linali: Wer kommt an zweiter Stelle?
River: Hmm, Linali bei der Schrift, bei der Lesbarkeit Kanda! Uh! Langsam wird hier der Platz knapp! ***SCHWITZ***

Gibt es Gesichtszüge, bei denen Sie beim Zeichnen richtig in Fahrt kamen, Frau Hoshino?

Hoshino: Als Rabi sagte »Feuer ohne Rücksicht auf Verluste!« (Band 13)
Rabi: Wah, jetzt kommt auch noch Hoshino daher!
Allen: Der Platz ist wohl arg knapp jetzt.
Hoshino: Passt besser auf, wenn ihr das erkannt habt!
River: Bei Crowleys »Ich brauche keinen Sarg!« (Band 11) kam sie wohl auch voll in Fahrt.

Hat Jasdavi mal die Erfahrung gemacht, als Monster bezeichnet zu werden?

Linali: Als ich einmal mit Crowley Tee genossen habe, hat er mir erzählt, dass die Noah-Zwillinge ihm ähneln, und er das Gefühl hat, sie bald wiederzusehen. Vielleicht gibt es etwas, das ihm zu diesem Thema einfällt.
Rabi: Für ihr Alter sind sie ja viel zu arglos, daher könnten sie mentale Verletzungen mit sich herumtragen.

Taucht ein neuer Auserwählter für das Innocence verstorbener Exorzisten auf?

River: Ja, es gibt viele Fälle, in denen jemand aufgetaucht ist. Nächste Frage!
Rabi: Das war schnell.
Allen: River, haben wir wirklich nur noch so wenig Platz?
River: Allen, die Designer sind übermüdet. Wir müssen uns nach ihnen richten, wenn wir das Sprechzimmer behalten wollen!

Isst Foh auch das Essen der Menschen?

Allen: Foh soll gar nichts essen. Das hab ich gehört, als ich in der Asienzweigstelle war.
Rabi: Das Schutzgottheitsystem der Asienzweigstelle ist wirklich interessant. Die Familie Chan gehört zu denen, auf die wir Bookmen seit Generationen am meisten achten. Wisst ihr, warum die Schutzgottheit die Gestalt eines Mädchens hat?
Allen & Linali: Nein, wissen wir nicht.
Kanda: Sie sieht aus wie die verstorbene Tochter des Urgroßvaters des Leiters, der das System entwickelt hat.
Rabi: Oh, das wusstest du, Yu?
River: Von wem hast du das, Kanda?
Kanda: Alma hat's mir gesagt.

Eine Frage an Allen! Angenommen, Kanda und Cross wären im Fluss kurz vorm Ertrinken. Wen rettest du?

River: Okay!! Das ist die letzte Frage!!
Rabi: Langweilig!! Langweilig!!
Allen: Es gab doch sicher bessere Fragen!!
Linali: Wegen der Textmenge ist Hoshino in Panik ... *SCHWITZ* Lasst uns bei der Frage bleiben, okay?
Kanda: Wenn sie das aufregt, sollte sie das Sprechzimmer lassen.
Allen: Wenns sein muss ... Aber das sind ja zwei, die niemals ertrinken könnten! Ähm ... Ich würde meinen Meister bevorzugen.
Rabi: Und der Grund ist?
Allen: Weil er mein Geld gestohlen hat, das ich gespart habe, und es noch immer haben könnte!
River: Eeeeeende! Danke, dass ihr auch diesmal beim Sprechzimmer mitgemacht habt! So, Schluss, Schluss! *KLATSCH KLATSCH KLATSCH*
Linali: Hoffentlich kommen wir mit dem Platz hin.
Allen: Das sieht ... nicht gut aus.
Rabi: Dabei haben wir uns Mühe gegeben. Die arme Hoshino ...

D.Gray-man vol. 28

ROTARM UND MANA

Komui packt auch hier aus

Q Es hieß ja, du hast oft mit Marschall Cross, Baba und Mother Karten gespielt, aber wer von euch hat am häufigsten gewonnen?

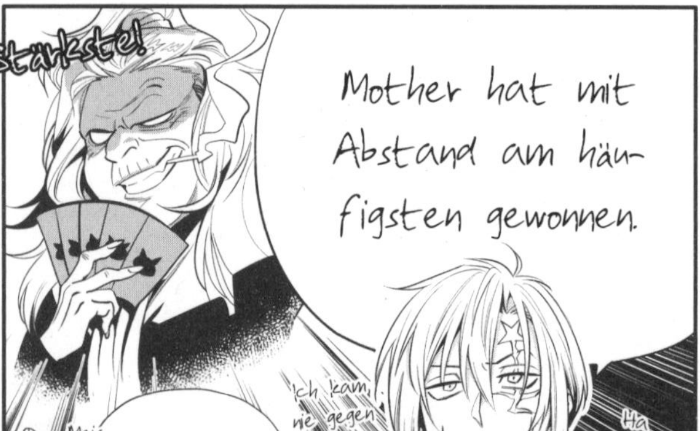

Mother war die stärkste, Allen und Baba sind auf dem gleichen Niveau, Cross ist am schwächsten

HOSHINO KATSURA

TOKYOPOP®

D.Gray-man

SHONEN JUMP MANGA

STOPP!

Dies ist die letzte Seite des Buches!
Du willst dir doch nicht den Spaß verderben
und das Ende zuerst lesen, oder?

Um die Geschichte unverfälscht und originalgetreu mitverfolgen zu können, musst du es wie die Japaner machen und von rechts nach links lesen. Deshalb schnell das Buch umdrehen und loslegen!

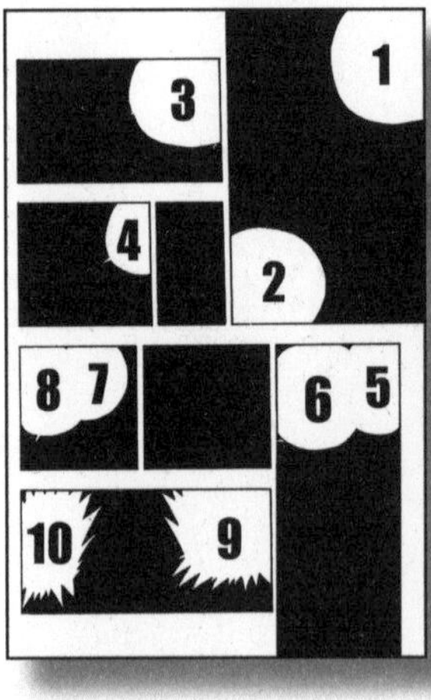

So geht's:

Wenn dies das erste Mal sein sollte, dass du einen Manga in den Händen hältst, kann dir die Grafik helfen, dich zurechtzufinden: Fang einfach oben rechts an zu lesen und arbeite dich nach unten links vor. Viel Spaß dabei wünscht dir TOKYOPOP®!